全注全译

# 资治通鉴

学习历史的优秀读本

（北宋）司马光◎著
宇枫◎编

中国华侨出版社
北京

## 图书在版编目（CIP）数据

全注全译资治通鉴 /（北宋）司马光著；宇枫编 .—北京：中国华侨出版社，2018.1（2020.10重印）

ISBN 978-7-5113-6647-4

Ⅰ.①全… Ⅱ.①司… ②宇… Ⅲ.①中国历史—古代史—编年体②《资治通鉴》—译文③《资治通鉴》—注释 Ⅳ.①K204.3

中国版本图书馆CIP数据核字（2017）第038379号

## 全注全译资治通鉴

| | |
|---|---|
| 著　　者： | （北宋）司马光 |
| 编　　者： | 宇　枫 |
| 责任编辑： | 墨　林 |
| 封面设计： | 阳春白雪 |
| 文字编辑： | 毛　毛 |
| 美术编辑： | 于鹏东 |
| 经　　销： | 新华书店 |
| 开　　本： | 720毫米×1020毫米　1/16　印张：24　字数：428千字 |
| 印　　刷： | 北京德富泰印务有限公司 |
| 版　　次： | 2018年6月第1版　2020年10月第2次印刷 |
| 书　　号： | ISBN 978-7-5113-6647-4 |
| 定　　价： | 45.00元 |

中国华侨出版社　北京市朝阳区西坝河东里77号楼底商5号　　邮编：100028
法律顾问：陈鹰律师事务所
发 行 部：（010）88866079　　　　传　　真：（010）88877396
网　　址：www.oveaschin.com　　　E－m a i l：oveaschin@sina.com

如发现印装质量问题，影响阅读，请与印刷厂联系调换。

全注全译资治通鉴

# 前言

　　《资治通鉴》是中国第一部编年体通史，其内容上起周威烈王二十三年（公元前403年），下至后周显德六年（959年），囊括了十六朝，一千三百多年的史事，并按朝代分为十六纪，共有294卷。其中数隋唐五代的部分所占比重最大。

　　《资治通鉴》全书约300万字，以时间为纲，事件为目，内容涵盖了政治、军事、民族、经济、文化、人物评价等多个方面。其所取材料除了正史以外，还有不少稗官野史、百家谱录、正集、别集、墓志、碑碣、行状、别传……周密而完备。

　　《资治通鉴》所引之书多达数百种，有极高的史实价值，但因为以"鉴前世之兴衰，考当今之得失"为目的，它又并非一部单纯叙述历史事件的书，而是有很强的政治功用。这还要从《资治通鉴》诞生的背景说起。北宋的建立，结束了中唐以后开始的战乱局面，再一次实现了国家的统一。然而，北宋的君主、大臣都十分清楚，于内，国家政治积弊甚多；于外，边疆地区又极不稳定。对此，司马光、范祖禹等大臣心急如焚，他们试图用回顾历史、总结经验教训的方式，找到解决现实问题的出路。1066年司马光献给宋英宗一本书——《通志》，即《资治通鉴》的前身。该书记述了从周威烈王二十三年（公元前403年）到秦二世三年（公元前207年），共195年的历史，讲述了秦、楚、齐、燕、韩、赵、魏七国的兴亡。司马光希望宋英宗能够从这本书中得到治世启发。宋英宗对《通志》非常满意，遂命司马光写作《历代君臣事迹》。为此，他特地下诏设置书局，拨出专款，要司马光自选助手，专事编写，并允许司马光阅览皇家图书。司马光大为感动，用了19年的时间，于宋神宗元丰八年（1085年）将该书编写完成。不过，宋神宗并没有沿用当年英宗所定的书名，而是取"鉴于往事，有资治道"之意，为该书定名"资治通鉴"。由于这个缘故，《资治通鉴》的选材非常讲究，它"删削冗长，举撮机要，专取国家盛衰，系生民休戚……先后有伦，精粗不杂"。即使不抱任何目的地阅读它，人们也会在不知不觉中，形成自己的历史观，以善为法，以恶为戒。而其在叙事之后，还有议论，人们可以通过这些议论了解司马光所在时代的价值观。

无论是在史学史上，还是在文学史上，《资治通鉴》都占有举足轻重的地位，其和司马迁的《史记》并称"史学双璧"。

一部伟大的史书不仅可以帮助人们了解过去。它就像一条深沉舒缓的大河，人们可以临河照影，把它当作了解自己的镜子，也可以以身涉河，如渔夫捕鱼一般，于其中攫取自己需要的东西，或许还会得到自己想都未曾想过的宝藏。而纵览它的奔流之貌，人们还能借它来推求未来。当然，读完这本鸿篇巨著，并不是一件容易事，既需要坚强的毅力，还需要大量的时间。因此，本书精心编选了其中最具代表性的、最精彩的篇章，让人们能够以精达全、深入浅出地体悟整部《资治通鉴》的精神。

阅读古代经典，语言文字是一大难关，古人的行文方式和今人有很大区别，再加上《资治通鉴》的语言虽然简繁得宜，飞扬生动，却并不通俗浅显，很多人对其望而却步。所以，本书在忠于原著基础上，加以优化，增添了注释、译文，并对全书进行了精编精校，保证了原文、注释、译文的严谨性、准确性。此外，为了让读者可以更直观地了解《资治通鉴》，本书还精选了多个原书中的经典事件，用现代语言编成精彩故事，以飨读者。

本书将原文、注释、译文及白话故事有机地结合起来，立体呈现，层次清晰，赏心悦目，将阅读古代经典由一件枯燥耗神的事变成一种愉悦身心的美好体验。适合广大文史爱好者阅读和收藏。可谓雅俗共赏，弥足珍贵。

# 目 录

## 周 纪
三家分晋 ·················································· 1
围魏救赵 ·················································· 16
即墨之战 ·················································· 23
长平之战 ·················································· 33

## 秦 纪
李园乱楚 ·················································· 41
荆轲刺秦 ·················································· 46

## 汉 纪
四面楚歌 ·················································· 51
昆阳之战 ·················································· 62
赤壁之战 ·················································· 70

## 魏 纪
政归司马氏 ················································ 85

## 晋 纪

桓温废立 ............................................. 101

## 宋 纪

元嘉之治 ............................................. 124

## 齐 纪

魏迁洛阳 ............................................. 148

## 梁 纪

侯景之乱 ............................................. 164

## 陈 纪

陈朝覆灭 ............................................. 200

## 隋 纪

隋军灭陈 ............................................. 205
杨广篡位 ............................................. 218

## 唐 纪

玄武门之变 ........................................... 248
贞观治道 ............................................. 273

## 后梁纪

朱温之死 ............................................. 297

## 后唐纪
后唐灭梁 …… 302

## 后晋纪
割让幽蓟 …… 335

## 后汉纪
严酷之政 …… 353

## 后周纪
高平之战 …… 358

# 周 纪

## 三家分晋

⊙ **导语**

"三家分晋"是指春秋末年，晋国被韩、赵、魏三家瓜分的事件，因此韩、赵、魏三国又被合称为"三晋"。

晋国在春秋时代曾是一个称霸的大国。到了春秋末年，周灵王十四年（公元前558年），晋国内一场长达数十年的公室与卿大夫争权的斗争，在晋悼公死后终于有了结果，晋国形成了韩、赵、魏、智、范、中行六卿专政的局面。六卿按照自己意志行事，晋国的奴隶制度也逐渐被瓦解，国君的作用日益减小。

晋平公十四年（公元前544年），吴国的延陵季子出使晋，同晋国的赵文子、韩宣子、魏献子晤谈后，做出了这样的预言："晋国之政，卒归此三家矣。"其实，此时晋国的执政者除韩、赵、魏之外，还有范、中行、智氏三家。

在与晋公室的斗争中，六卿为与晋君争夺人民，采取亩制改革，废除井田制，取消奴隶式的劳役剥削制度。周敬王七年（公元前513年），六卿在法律制度上进行了重大改革。铸刑鼎，公布范宣子的刑书，以体现新兴地主阶级的意志，动摇了奴隶主阶级的政治地位，并且损害了他们的经济利益，这预示了奴隶制国家的灭亡。

六卿势均力敌，相互约束，但心怀各异的六卿都在暗中准备扩张。周敬王二十三年（公元前497年），酝酿已久的六卿之间的兼并战争终于爆发。

赵、魏、韩、智联盟的一方，经过七八年的战争，终将范、中行二氏联盟的一方彻底消灭。周贞定五十六年（公元前453年），赵、魏、韩又联合将智氏消灭，逐渐形成了"三家分晋"的局面，成了与秦、齐、楚、燕一样的政治实体。从此，晋公室成了三家的附庸。公元前403年，周天子正式承认三家为诸侯，标志着战国时代的开始。这篇《三家分晋》讲的就是这个故事。

"三家分晋"是历史上具有划时代意义的重大事件，史学界以此作为东周时期春秋与战国的分界点。它是中国奴隶社会瓦解、封建社会确立的标志。

春秋五霸之一的晋国灭亡了，战国七雄中的韩、赵、魏三国产生了。由此，奴隶社会开始向封建社会过渡，七雄兼并的战国序幕也由此揭开。

## 【原文】

周威烈王二十三年（戊寅，公元前403年）①

初命晋大夫魏斯、赵籍、韩虔为诸侯②。

今晋大夫暴蔑其君，剖分晋国，天子既不能讨，又宠秩之，使列于诸侯，是区区之名分复不能守而并弃之也。先王之礼于斯尽矣！

或者以为当是之时，周室微弱，三晋强盛，虽欲勿许，其可得乎！是大不然。夫三晋虽强，苟不顾天下之诛而犯义侵礼，则不请于天子而自立矣。不请于天子而自立，则为悖逆之臣，天下苟有桓、文之君，必奉礼义而征之。今请于天子而天子许之，是受天子之命而为诸侯也，谁得而讨之！故三晋之列于诸侯，非三晋之坏礼③，乃天子自坏之也。

## 【注释】

①周威烈王：亦称周威王，名午，周考王之子，公元前425年—公元前402年在位。

②初命晋大夫魏斯、赵籍、韩虔为诸侯：魏的祖先与周同姓，其苗裔

始封于魏,到了魏舒,开始为晋正卿,历经三世传到魏斯这一代。赵的祖先为造父后,到了赵盾这一代开始为晋正卿。韩的祖先出于周武王,到了韩虔这一代六世皆为晋正卿。魏、赵、韩三家几代既是晋大夫,又是周的陪臣。周朝已经衰败,一个称霸的大国——晋国国君作为盟主,应"以尊王室",所以周朝封晋国国君为伯。魏斯、赵籍、韩虔三卿三分晋国,按照此周朝的王法是当诛杀的。而此时,周威烈王不但不诛杀他们,反而分封这三家为诸侯,是鼓励褒奖犯奸乱臣。所以,胡三省作注说:"通鉴始于此,其所以谨名分欤!"

③坏:毁;自坏,自毁。

## 【译文】

周威烈王二十三年(戊寅,公元前403年)

周威烈王姬午首次分封晋国大夫魏斯、赵籍、韩虔为诸侯国君。

这时晋国的三家大夫欺凌藐视国君,瓜分了晋国,作为天子的周王不仅不派兵征讨,反而还对他们加封赐爵,使他们列位于诸侯国君之中,这样做的结果,导致周王朝仅有的一点名分也不能再守定,而全部放弃了。周朝先王创下的礼教到此丧失殆尽!

有人认为当时周王室已经衰微了,而晋国三家强盛起来,就算周王不想承认他们,又怎么能做得到呢!这种说法是完全错误的。晋国三家虽然强悍,但如果他们打算不顾天下的指责公然侵犯礼义的话,就不会来请求周天子的批准,而是去自立为君了。不向天子请封而自立为国君,那就是叛逆之臣,天下如果有像齐桓公、晋文公那样的贤德诸侯,一定会尊奉周朝的礼义对他们进行征讨。现在晋国三家向天子请封,天子又批准了,他们就是奉天子之命而成为诸侯的,谁又能对他们加以讨伐呢!所以,晋国三家大夫僭位成为诸侯,不是晋国三家破坏了礼教,而是周天子自己毁坏了周朝的礼教啊!

**【原文】**

初，智宣子将以瑶为后①。智果曰："不如宵也。瑶之贤于人者五，其不逮者一也。美鬓长大则贤②，射御足力则贤，伎艺毕给则贤，巧文辩慧则贤，强毅果敢则贤；如是而甚不仁。夫以其五贤陵人而以不仁行之，其谁能待之？若果立瑶也，智宗必灭。"弗听，智果别族于太史③，为辅氏。

赵简子之子，长曰伯鲁，幼曰无恤。将置后，不知所立，乃书训戒之辞于二简，以授二子曰："谨识之！"三年而问之，伯鲁不能举其辞；求其简，已失之矣。问无恤，诵其辞甚习；求其简，出诸袖中而奏之。于是简子以无恤为贤，立以为后。

**【注释】**

①瑶：即荀瑶，又称知襄子、知瑶（智瑶），后世多称知伯（智伯）、知伯瑶（智伯瑶），由于智氏出于荀氏，故《左传》又称之荀瑶。中国春秋时期晋国卿大夫，智氏家族领主，于公元前475年在晋国执政，此后欲灭同列卿位的赵、魏、韩三家并取代晋国。公元前455年，智氏与魏、韩共同对赵氏发动晋阳之战。此后赵襄子派人向魏、韩陈说利害，魏、韩因而与赵氏联合反攻智氏，智伯被赵襄子擒杀，智氏就此衰落。

②美鬓：通鉴俗传写者多作"美须"。胡三省注作"美鬓"。

③别族：从智氏宗族分出，另立族姓。

**【译文】**

当初，智宣子准备立智伯为继承人，族人智果说："立智伯不如立智宵好。因为智伯比别人贤能的地方有五点，不如别人的地方有一点。他留有美鬓，身材高大，是一贤；擅长射箭，驾车有力，是二贤；技能出众，才艺超群，是三贤；巧言善辩，文辞优美，是四贤；坚强刚毅，果断勇敢，是五贤。虽然他有如此的贤能，但唯独没有仁德之心。如果他运用这五种贤能去驾驭别人，而用不仁之心去做恶事，谁能拥戴他呢？如果立智伯为继承人，智氏宗族必定要遭灭门之灾。"智宣子不听智果的劝告。智果为了避灾，便向太史请求脱离智族姓氏，另立为辅氏。

赵国大夫赵简子的大儿子叫伯鲁，小儿子叫无恤。赵简子将要确立继承人，却不知道立哪一个更好，于是他把日常训诫之言刻写在两块竹简上，分别交给两个儿子，并嘱咐道："用心记住上面的这些话！"过了三年，赵简子叫来两个儿子，问他们竹简上的内容，大儿子伯鲁说不出来；让他拿出竹简，却早已丢失了。赵简子又问小儿子无恤，无恤熟练地将竹简上的话背出来；问他竹简在哪儿，他立即从袖中取出来奉上。通过这件事，赵简子认为无恤贤能，便立他为继承人。

## 【原文】

简子使尹铎为晋阳，请曰："以为茧丝呼①？抑为保障乎②？"简子曰："保障哉！"尹铎损其户数。简子谓无恤曰："晋国有难，而无以尹铎为少，无以晋阳为远，必以为归。"

及智宣子卒，智襄子为政，与韩康子、魏桓子宴于蓝台。智伯戏康子而侮段规③。智国闻之，谏曰："主不备难，难必至矣！"智伯曰："难将由我。我不为难，谁敢兴之！"对曰："不然。《夏书》有之：'一人三失④，怨岂在明，不见是图。'夫君子能勤小物，故无大患。今主一宴而耻人之君相，又弗备，曰'不敢兴难'，无乃不可乎！蚋、蚁、蜂、虿⑤，皆能害人，况君相乎！"弗听。

## 【注释】

①茧丝：指敛取人民的财物像抽丝一样，不抽尽就不停止。
②保障：指待民宽厚、少敛取财物，犹如筑堡为屏障一样。
③智伯：或作"知伯"。
④三：多的意思。

⑤虿：蛇、蝎类的毒虫的古称。

## 【译文】

赵简子派尹铎去治理晋阳，尹铎请示说："您是打算让我去抽丝剥茧般地搜刮财富呢，还是去爱护那里的人民把那里建为一道使国家安全的屏障呢？"赵简子说："建为一道使国家安全的屏障。"尹铎到了晋阳，便去整理户籍，减少交税的户数，减轻百姓的负担。赵简子对儿子无恤说："晋国如果有祸乱，你不要嫌尹铎的地位低，不要怕晋阳路途遥远，一定要以他那里作为依靠。"

智宣子去世后，智伯继位执掌国政，一天，他与韩康子、魏桓子在蓝台饮宴。宴席间，智伯戏弄韩康子，又羞辱了他的国相段规。智伯的家臣智国听说此事，便劝谏道："主公，您不加提防，灾祸就一定会降临啊！"智伯说："别人的生死祸福都取决于我。我不给他们降灾祸就算不错了，谁还敢威胁我！"智国说："并不像您所说的那样。《夏书》上有这样的话：'一个人多次犯错误，结下的仇怨岂能在明处，应该在它没有表现出来时就谨慎提防。'贤德的人只有在小事上谨慎戒备，才能避免招来大祸。现在主公在一次宴会上就得罪了人家的国君和国相，事后又不加戒备，还说：'谁敢对我兴风作浪！'没有什么是不可能的，蚊子、蚂蚁、蜜蜂、蝎子是小虫子，却都能害人，何况是国君、国相呢！"智伯不听。

## 【原文】

智伯请地于韩康子①，康子欲弗与。段规曰："智伯好利而愎，不与，将伐我；不如与之。彼狃于得地②，必请于他人；他人不与，必向之以兵③，然后我得免于患而待事之变矣④。"康子曰："善。"使使者致万家之邑于智伯。智伯悦。又求地于魏桓子⑤，桓子欲弗与。任章曰："何故弗与？"桓子曰："无故索地，故弗与。"任章曰："无故索地，诸大夫必惧；吾与之地，智伯必骄。彼骄而轻敌，此惧而相亲⑥；以相亲之兵待轻敌之人，智氏之命必不长矣。《周书》曰⑦：'将欲败之，必姑辅之⑧。将欲取之，必姑与之。'主不如与之，以骄智伯⑨，然后可以择交而图智氏矣⑩，奈何独以吾为智氏质乎！⑪"桓子曰："善。"复与之万家之邑一。

## 【注释】

①请：求，要求。韩康子：名虎。晋六卿之一。

②狃：因袭，拘泥。

③向之以兵：对他使用武力。

④后：有的版本"后"作"则"。

⑤魏桓子：名驹。晋六卿之一。

⑥此：指"诸大夫"。相亲：互相团结。

⑦《周书》：此书已佚。

⑧败：击败，打败。姑：暂且。

⑨骄智伯：使智伯骄。

⑩择交：选择联盟。图：谋。

⑪奈何：为什么。质：箭靶子，目标。

## 【译文】

智伯逼韩康子割地，韩康子想不给他。段规说："智伯好利又任性，如果不给，他就会讨伐我们；不如答应他。他得到了土地会更加狂妄，一定会再向别人索要；别人不给，他必定会向对方实施武力，这样我们就可以免于祸患而等待事态的变化了。"韩康子说："好。"于是派使者把一处有万户人家的城邑送给智伯。智伯很高兴。他又向魏桓子索取土地，魏桓子想不给。任章说："为什么不给呢？"魏桓子说："无故索取土地，所以不给。"任章说："智伯无故索取土地，各个大夫必然恐惧；我们给了土地，智伯必然更加骄傲。他这样就会轻敌，我们这边因恐惧就会相互团结起来；用团结的军队来攻打轻敌的智伯，智氏的命数长不了了！《周书》上说：'想要打败它，一定要暂且帮助它。想要得到它，一定要暂时给予它。'主公不如先答应智伯的要求，以助长他的骄横，然后我们可以选择盟友共同对付智氏，又何必我们一家现在去激怒他遭受出头鸟的打击呢！"魏桓子说："好。"于是也把一块有万户人口的土地割让给智伯。

## 【原文】

智伯又求蔡、皋狼之地于赵襄子①，襄子弗与。智伯怒，帅韩、魏之甲以攻赵氏。襄子将出，曰："吾何走乎？"从者曰："长子近，且城厚完。②"襄子曰："民罢力以完之③，又毙死以守之④，其谁与我！"从者曰："邯郸之仓库实⑤。"襄子曰："浚民之膏泽以实之⑥，又因而杀之，其谁与我！其晋阳乎⑦，先主之所属也⑧，尹铎之所宽也⑨，民必和矣⑩。"乃走晋阳。

## 【注释】

① 蔡：公元前447年，楚已灭蔡。"蔡"，当作"蔺"。蔺：故城在今山西离石区。皋狼：故城在离石区西北。赵襄子：名毋恤。晋六卿之一。

② 长子：今山西长子县。完：完成。

③ 罢力：精疲力竭。罢，通"疲"。

④ 毙死以守之：即以死守之。毙，死。

⑤ 仓：藏谷之处。库：古时国家藏宝物、车马、兵甲之处。

⑥ 浚：榨取。

⑦ 其晋阳乎：还是去晋阳吧。其，表决定的语气。

⑧ 先主：指襄子之父赵简子。属：叮嘱。

⑨ 尹铎之所宽也：尹铎在晋阳待民宽厚。

⑩ 和：响应，拥护。

**【译文】**

　　智伯又向赵襄子要求割让蔡、皋狼两个地方。赵襄子拒绝了他。智伯大怒,遂率韩、魏两家的兵马一起去攻打赵氏。赵襄子准备逃跑,问道:"我到哪里去呢?"随从的人说:"长子城离这里近,而且城墙坚厚完整。"赵襄子说:"百姓用尽了气力才修好城墙,现在又要他们舍生入死地为我坚守,这时候谁能和我同心!"随从的人说:"邯郸城里的仓库充实,可以到那里去。"赵襄子说:"从老百姓那里搜刮粮食来充实仓库,又要使他们受战争之灾,有谁会来支持我!还是投奔晋阳去吧,那是先主嘱托过的地方,尹铎又待民宽厚,城里的百姓一定会和我们同舟共济的。"于是前往晋阳。

**【原文】**

　　三家以国人围而灌之,城不浸者三版;沉灶产蛙,民无叛意。智伯行水①,魏桓子御,韩康子骖乘②。智伯曰:"吾乃今知水可以亡人国也。"桓子肘康子,康子履桓子之跗③,以汾水可以灌安邑,绛水可以灌平阳也④。疵谓智伯曰⑤:"韩、魏必反矣。"智伯曰:"子何以知之?"疵曰:"以人事知之。夫从韩、魏之兵以攻赵⑥,赵亡,难必及韩、魏矣。今约胜赵而三分其地,城不没者三版,人马相食,城降有日⑦,而二子无喜志⑧,有忧色,是非反而何⑨?"明日,智伯以疵之言告二子,二子曰:"此夫谗人欲为赵氏游说,使主疑于二家而懈于攻赵氏也。不然,夫二家岂不利朝夕分赵氏之田,而欲为危难不可成之事乎!"二子出,疵入曰:"主何以臣之言告二子也?"智伯曰:"子何以知之?"对曰:"臣见其视臣端而趋疾⑩,知臣得其情故也。"智伯不悛⑪。疵请使于齐⑫。

**【注释】**

　　①行水:察看水势。行,巡视、视察。
　　②魏桓子御,韩康子骖乘:魏桓子在前居中驾车,韩康子在后为陪

乘。骖乘，又作"参乘"，陪乘或陪乘的人。

③肘：用肘触。此用作动词。履：踩。跗：脚。魏桓子、韩康子不敢明言，双方以肘、足相触，暗通其意。

④汾水可以灌安邑，绛水可以灌平阳："汾水""绛水"，当互易。汾水，流经平阳。平阳，韩康子邑，故城在今山西临汾市南。绛水，即涑水，流经安邑。安邑，魏桓子邑，故城在今山西夏县西北。

⑤疵：晋之公族。

⑥从：率领。

⑦有日：指日可待。

⑧志：意。

⑨非反而何：不是背叛又是什么。而，则。

⑩视臣端：眼睛直勾勾地看着我发愣。趋疾：很快就走过去了。

⑪悛：悔改。

⑫疵请使于齐：疵因不被智伯信任，故请求使齐以避祸。

## 【译文】

智伯、韩康子、魏桓子三家围住晋阳，并引晋水灌城，城墙没有被水浸没的地方只有三版；城中百姓的锅灶泡在水中，青蛙四处乱跳，但百姓都没有叛变的念头。一天，智伯巡视水势，魏桓子为他驾车，韩康子站在右边护卫。智伯说："我今天才知道水可以让人亡国啊！"听到这话，魏桓子用臂肘碰了一下韩康子，韩康子也会意地踩了一下魏桓子的脚背，因为用汾水可以灌魏国都城安邑，用绛水可以灌韩国都城平阳。事后，智家的谋士疵对智伯说："韩魏两家一定要反叛了！"智伯说："你是怎么知道的？"疵说："这是以人的常理推断出来的。我们联合韩、魏两家的军队攻打赵氏，一旦赵氏灭亡，随后灾难必然会降临到韩、魏两家。现在我们约定灭掉赵家后三家分割其地，晋阳城只剩三版没有淹没，城内宰马为食，指日就会降服。然而韩、魏二子并不欣喜，反倒面有忧色，这不是想反叛又是什么？"第二天，智伯把疵的话告诉了韩康子、魏桓子二人，二人说："这一定是离间小人要替赵氏游说，使主公您对我们韩、魏二家产生怀疑而放松对赵氏的进攻。不然的话，我们二家难道对眼前就可分得的赵氏土地不感兴趣，反要去干那危险万分必不可成的事情吗？"二人出去了，疵进来说："主公为什么把臣下的话告诉他们二人呢？"智伯惊奇地反问道："你怎么知道的？"疵回答说："我见他们神色慌张地看了我一眼就匆忙离去，因为他们知道我看穿了他们的心思，所以会有这种表现。"智伯仍不悔悟。于是疵请求让他出使齐国，以避大祸。

**【原文】**

赵襄子使张孟谈潜出见二子①，曰："臣闻唇亡则齿寒②。今智伯帅韩、魏以攻赵，赵亡则韩、魏为之次矣。"二子曰："我心知其然也；恐事未遂而谋泄③，则祸立至矣④。"张孟谈曰："谋出二主之口，入臣之耳，何伤也！"二子乃潜与张孟谈约，为之期日而遣之⑤。襄子夜使人杀守堤之吏，而决水灌智伯军。智伯军救水而乱，韩、魏翼而击之⑥，襄子将卒犯其前⑦，大败智伯之众，遂杀智伯，尽灭智氏之族⑧。唯辅果在⑨。

**【注释】**

①张孟谈：赵襄子家臣。潜：秘密。

②唇亡则齿寒：古谚语。见《左传·僖公五年》。

③遂：成。

④立：必定。

⑤期日：约定日期。遣之：送回张孟谈。

⑥翼而击之：左右夹击。

⑦将：带领。犯：进攻。

⑧灭智氏之族：将智氏族人全部诛灭。

⑨辅果：即智果。因不被智伯信任，乃从智氏家族分出，另立门户，姓辅氏。

## 【译文】

赵襄子派张孟谈秘密出城去见韩、魏二子，对二人说："臣听说唇亡则齿寒。现在智伯率领韩、魏两家来围攻赵家，赵氏灭亡以后，就该轮到你们两家了。"韩康子、魏桓子二人说："我们也知道会这样，只是怕事情还未发动，计谋就泄露出去，那样就要大祸临头了。"张孟谈道："计谋出自二位主公之口，只有我一人听见，有什么可担心的呢？"于是韩、魏二人便秘密地和张孟谈商议，约定好起事的日子便送他回城了。这天夜里，赵襄子派人出城杀了智氏守堤的官吏，使大水决口倒灌智伯军营。智伯的军队为救水，顿时乱作一团，韩、魏两军乘机从两侧出击，赵襄子率领士卒从正面杀过去，大败智伯军，趁势杀死智伯，又将智家族人尽行诛灭。只有智果一家因改姓辅氏得以幸免。

## 【原文】

臣光曰：智伯之亡也，才胜德也。夫才与德异，而世俗莫之能辨，通谓之贤，此其所以失人也。夫聪察强毅之谓才，正直中和之谓德。才者，德之资也；德者，才之帅也。云梦之竹，天下之劲也；然而不矫揉①，不羽括②，则不能以入坚。棠谿之金，天下之利也；然而不镕范，不砥砺，则不能以击强。是故才德全尽谓之"圣人"，才德兼亡谓之"愚人"；德胜才谓之"君子"，才胜德谓之"小人"。凡取人之术，苟不得圣人、君子而与之，与其得小人，不若得愚人。何则？君子挟才以为善，小人挟才以为恶。挟才以为善者，善无不至矣；挟才以为恶者，恶亦无不至矣。愚者虽欲为不善，智不能周，力不能胜，譬如乳狗搏人，人得而制之。小人智足以遂其奸，勇足以决其暴，是虎而翼者也，其为害岂不多哉！夫德者人之所严，而才者人之所爱；爱者易亲，严者易疏，是以察者多蔽于才而遗于德。自古昔以来，国之乱臣，家之败子，才有馀而德不足，以至于颠覆者多矣，岂特智伯哉！故为国为家者苟能审于才德之分而知所先后，又何失人之足患哉！

【注释】

① 矫揉：矫正；整饬。矫，使曲的变直；揉，使直的变曲。
② 羽括：锻炼，磨砺。《孔子家语·子路初见》："括而羽之，镞而砺之，其入之不亦深乎！"括，箭的末端。

【译文】

　　臣司马光认为：智伯的灭亡，在于他才胜过德。才与德是不同的，而世俗之人往往把二者分辨不清，把二者一概而论，认为是贤明，于是就看错了人。所谓才，是指聪明、明察、刚强、坚毅；所谓德，是指正直、公道、平和待人。才，是德的辅助；德，是才的统帅。云梦地方的竹子，天下都称为刚劲，然而如果不矫正其曲，不配上羽毛箭镞，就不能成为利箭穿透坚物。黢棠地方出产的金属，是天下最尖锐的，然而如果不经熔烧铸造，不锻打出锋，就不能作为兵器击穿硬甲。所以，德才兼备的人才能称为"圣人"；无德无才的人称为"愚人"；德胜过才的人称为"君子"；才胜过德的人称为"小人"。选取人才的方法，如果找不到圣人、君子而委任，与其选择小人，不如选择愚人。为什么这样说呢？因为君子持有才干是把它用到善事上；而小人持有才干是用来作恶的。持有才干做善事的人，能处处行善；而凭借才干作恶的人，无恶不作了。愚人即使想作恶，因为智慧不济，能力不胜任，就好像小狗扑人，人还能制服它。而小人却有足够的阴谋诡计来发挥邪恶，又有足够的能力来逞凶施暴，智慧对他来说就如给恶虎添了翅膀，危害之大可想而知了！有德的人令人尊敬，有才能的人让人喜爱；对喜爱的人容易宠信专任，对尊敬的人容易疏远，所以察选人才者经常被人的才干所蒙蔽而忘了考察他的品德。自古至今，国家的乱臣奸佞，家族的败家浪子，因为才能有余而德行不足，导致家国覆亡的多了，又岂止智伯一个人呢！所以，治国治家的人如果能审察才与德两种不同的标准，知道选择的先后顺序，又何患失去人才呢！

## 【原文】

三家分智氏之田①。赵襄子漆智伯之头②，以为饮器。智伯之臣豫让欲为之报仇，乃诈为刑人，挟匕首，入襄子宫中涂厕。襄子如厕心动，索之，获豫让。左右欲杀之，襄子曰："智伯死无后，而此人欲为报仇，真义士也，吾谨避之耳。"乃舍之。豫让又漆身为癞，吞炭为哑。行乞于市，其妻不识也。行见其友，其友识之，为之泣曰："以子之才，臣事赵孟，必得近幸。子乃为所欲为，顾不易邪？何乃自苦如此？求以报仇，不亦难乎！"豫让曰："既已委质为臣③，而又求杀之，是二心也。凡吾所为者，极难耳。然所以为此者，将以愧天下后世之为人臣怀二心者也。"襄子出，豫让伏于桥下。襄子至桥，马惊；索之，得豫让，遂杀之。

## 【注释】

①三家：指原来晋国的韩、赵、魏三家。周威烈王二十三年（公元前403年），韩、赵、魏三家共同出兵消灭了智氏，周天子只好承认三家的诸侯地位。自此，中国的历史进入了战国时代。这段故事是在周威烈王二十三年之前发生的，司马光在这里追述魏、赵、韩分晋之前的故事，用以阐述自己基本的历史观。

②漆：名词作动词，用漆涂到物体上。

③委质：臣服、归附。

## 【译文】

韩、赵、魏三家分了智氏的田地。赵襄子还把智伯的头颅涂上漆，当作自己的饮酒器具。智伯的家臣豫让想为主公报仇，就假扮为受过刑罚做苦工的人，怀揣匕首，混进赵襄子宫中打扫厕所。赵襄子在上厕所的时候，心里忽然感到一阵不安，就下令搜查，抓获了豫让。赵襄子的左右随从都想杀死豫让，赵襄子却说："智伯死了，又没有什么后人，而此人还要为他报仇，真是一个义士，我小心躲避他就好了。"然后把豫让释放了。豫让又把自己的全身涂上漆，好像得了癞病一般，还吞下火炭使声音变得嘶哑。他在集市上乞讨，就连他的结发妻子见面也认不出来。豫让走到一位朋友面前，朋友认出他后大吃一惊，流着泪对他说："以你的才干，如果投靠赵家，一定会得到重用，那时会有机会接近他。到时候你想做什么，还不是易如反掌吗？何苦自残形体以至于此呢？用这种方式来报仇，不是太难了吗？"豫让说："如果我已经委身做赵家的臣子，而又找机会去刺杀他，这是对他怀有二心。我也知道现在这种做法，要报仇是极困难的。然而之所以还要这样做，是要后世那些为人臣子而心怀不忠的人感到羞愧。"有一天，赵襄子乘车出行，豫让就埋伏在他必经的桥下。赵襄子到了桥前，所骑的马突然受惊；于是下令搜索，捕获豫让，就杀了他。

## 【原文】

襄子为伯鲁之不立也，有子五人，不肯置后。封伯鲁之子于代，曰代成君，早卒；立其子浣为赵氏后。襄子卒，弟桓子逐浣而自立；一年卒。赵氏之人曰："桓子立非襄主意。"乃共杀其子，复迎浣而立之，是为献子。献子生籍，是为烈侯。魏斯者[①]，魏桓子之孙也，是为文侯。韩康子生武子；武子生虔，是为景侯。

韩借师于魏以伐赵，文侯曰："寡人与赵，兄弟也，不敢闻命。"赵借师于魏以伐韩，文侯应之亦然。二国皆怒而去。已而知文侯以讲于己也[②]，皆朝于魏。魏于是始大于三晋，诸侯莫能与之争[③]。

## 【注释】

①魏斯：即魏文侯，中国战国时期魏国的建立者。名斯，一曰都。公元前445年，继魏桓子即位。他在位时礼贤下士，师事儒门子弟子夏、田子方、段干木等人，任用李悝、翟璜为相，乐羊、吴起为将。这些出身于小贵族或平民的士人开始在政治、军事方面发挥作用，标志着世族政治开始为官僚政治所代替。

②讲：和解。

③诸侯莫能与之争：晋在春秋时代是举足轻重的强国，三分之后，魏国是晋国的主要继承者。战国初年，魏文侯、魏武侯时期，魏国是七国中的强国。

## 【译文】

赵襄子因为赵简子没有立哥哥伯鲁为继承人，自己虽然有五个儿子，也不肯立为继承人。他封赵伯鲁的儿子于代国，称代成君，代成君早逝；又立其子赵浣为赵家的继承人。赵襄子死后，弟弟赵桓子驱逐了赵浣自立为国君；继位一年也死了。赵家的族人说："赵桓子做国君本来就不是赵襄子的主意。"大家一起杀死了赵桓子的儿子，再次迎回了赵浣，拥立为国君，即赵献子。赵献子生子名赵籍，就是赵烈侯。魏斯，是魏桓子的孙子，就是魏文侯。韩康子生子名韩武子；武子又生韩虔，被封为韩景侯。

韩国向魏国借兵攻打赵国，魏文侯说："我和赵国情同手足，我不能答应你。"赵国向魏国借兵攻击韩国，魏文侯也用同样的话拒绝了。韩、赵两国使者都怒气冲冲地离去。事后，两国得知魏文侯的外交政策，是为了使两国和解，于是都开始向魏国朝贡。魏国于是开始成为魏、赵、韩三国之首，其他诸侯国都不能跟它争锋。

# 围魏救赵

## ⊙ 导语

孙膑和庞涓是同门师兄弟，两人同在鬼谷子门下学习。后来，庞涓到了魏国，孙膑到了齐国，两个人不可避免地在战场上相遇。

齐、魏都是当时的强国，双方多次交兵，桂陵之战是两国间爆发的一场规模最大的战争。在交战中，齐国军师孙膑运用"批亢捣虚"的战法，撇开强点，攻击弱点，乘其长途跋涉、疲惫不堪之机，大破魏军。

齐国为巩固和扩张其领土范围，积极采取了一些富国强兵的政策，国力日渐强大。马陵之战，对齐国和魏国来说，都是具有决定性意义的一战。齐国以"深结韩之亲，晚承魏之弊"的策略，用减灶示弱，诱歼了魏军。齐国于桂陵之战和马陵之战中打败强魏，大获全胜，从根本上削弱了魏国的作战实力。齐国从此威震天下，形成了"诸侯东面朝齐"的局面。魏国开始走下坡路，失去了中原的霸权。

【原文】

周显王十六年（戊辰，公元前353年）

初，孙膑与庞涓俱学兵法，庞涓仕魏为将军，自以能不及孙膑，乃召之；至，则以法刑断其两足而黥之①，欲使终身废弃。齐使者至魏，孙膑以刑徒阴见②，说齐使者③；齐使者窃载与之齐。田忌善而客待之，进于威王。威王问兵法，遂以为师④。于是威王谋救赵，以孙膑为将；辞以刑馀之人不可，乃以田忌为将而孙子为师，居辎车中⑤，坐为计谋。

【注释】

①以法：按法律。这里指假借罪名。刑：施行刑罚。黥：即墨刑。在脸上刺字的一种刑罚。
②阴：暗中。
③说：用话劝说。
④以为师：即以之为师。把他尊为老师。
⑤辎车：带有帷盖的车子。

【译文】

周显王十六年（戊辰，公元前353年）

当初，孙膑与庞涓一起学兵法，庞涓到魏国做将军，他知道自己的才能不如孙膑，便召孙膑来魏国；孙膑刚到魏国，庞涓就设计依法砍断了孙膑的双脚，在他脸上刺字，想使他终身成为废人。齐国使者来到魏国，孙膑以受刑待罪人的身份暗中与他相见，说动了齐国的使者，齐使偷偷地把孙膑藏在车中带回了齐国。齐国大臣田忌把孙膑奉为座上客，又推荐给齐威王。威王向他请教兵法，于是请他当老师。这时齐威王想出兵援救赵国，便任命孙膑为大将，孙膑以自己是个受过刑的人坚决推辞，齐威王便以田忌为大将、孙膑为军师，让他坐在帘车里，为田忌出谋划策。

## 【原文】

田忌欲引兵之赵。孙子曰："夫解杂乱纷纠者不控拳①，救斗者不搏撠，批亢捣虚②，形格势禁③，则自为解耳。今梁、赵相攻，轻兵锐卒必竭于外，老弱疲于内；子不若引兵疾走魏都，据其街路，冲其方虚④，彼必释赵以自救：是我一举解赵之围而收弊于魏也。"田忌从之。十月，邯郸降魏。魏师还，与齐战于桂陵，魏师大败。

## 【注释】

①杂乱纷纠：事情好像纠缠在一起的乱丝，没有头绪。控拳：不能紧握拳头。控，控制，操纵，引申为掌握。

②批亢捣虚：撇开敌人充实的地方，冲击敌人空虚的地方。批，排除、撇开。亢，充满。

③形格势禁：（敌人）局势发生了被阻遏的变化，对原来的进攻计划必然有所顾忌。格，被阻遏。禁，顾忌。

④方虚：正当空虚处。

## 【译文】

田忌将要率兵前往赵国，孙膑说："排解两方的争斗，不能用拳脚将他们打开，更不能上手帮着一方打另一方，只能因势利导，乘虚而入，紧张的形势受到阻禁，自然就解除了。如今梁、赵两国攻战正激烈，精兵锐卒倾巢而出，国中只剩下老弱病残；您不如率军突袭魏国都城，占据交通要道，冲击他们空虚的后方，魏军一定会放弃攻赵而回兵救援；这样我们一举两得，既解了赵国之围，又给魏国以打击。"田忌听从了孙膑的计策。十月，赵国的邯郸城投降了魏国。魏军又急忙还师援救都城，在桂陵与齐国军队发生激战，结果魏军大败。

## 【原文】

魏庞涓伐韩。韩请救于齐①。齐威王召大臣而谋曰："蚤救孰与晚救②？"成侯曰："不如勿救。"田忌曰："弗救则韩且折而入于魏③，不如蚤救之。"孙膑曰："夫韩、魏之兵未弊而救之，是吾代韩受魏之兵，顾反听命于韩也。且魏有破国之志，韩见亡，必东面而愬于齐矣。吾因深结韩之亲而晚承魏之弊，则可受重利而得尊名也。"王曰："善。"乃阴许韩使而遣之。韩因恃齐，五战不胜，而东委国于齐。

## 【注释】

①韩请救于齐：据《史记·田敬仲完世家》，马陵之役起因于魏伐赵，赵与韩共击魏，赵不利，韩求救于齐。与此说异。
②蚤：同"早"。
③弗：不。

## 【译文】

魏国庞涓率军攻打韩国。韩国派使者向齐国求救。齐威王召集大臣商议说："是早救好呢，还是晚救好呢？"成侯邹忌建议："不如不救。"田忌不同意，说："我们坐视不管，韩国很快就会灭亡，被魏国吞并。还是早些出兵救援为好。"孙膑却说："如今韩国、魏国的军队士气正是旺盛的时候，我们前去救援，其实是我们代替韩国承受魏国的打击，反而听命于韩国了。这次魏国有吞并韩国的野心，等到韩国感到亡国已经迫在眉睫时，一定会向东再来恳求齐国，那时我们再发兵，一来可以加深与韩国的亲密关系，二来则可以趁魏国军队疲弊之时给以痛击，这正是一举两得，名利双收。"齐威王说："说得好！"于是暗中答应韩国使臣，让他先回去，却迟迟不出兵。韩国自以为有齐国来援救，便奋力抵抗，但经过五次大战都大败而归，只好把国家的命运寄托在东方齐国身上。

**【原文】**

齐因起兵，使田忌、田婴、田盼将之，孙子为师，以救韩，直走魏都。庞涓闻之，去韩而归。魏人大发兵，以太子申为将，以御齐师。孙子谓田忌曰："彼三晋之兵素悍勇而轻齐①，齐号为怯。善战者因其势而利导之②。《兵法》：'百里而趣利者蹶上将③，五十里而趣利者军半至。④'"乃使齐军入魏地为十万灶，明日为五万灶，又明日为二万灶⑤。庞涓行三日，大喜曰："我固知齐军怯，入吾地三日，士卒亡者过半矣！⑥"乃弃其步军⑦，与其轻锐倍日并行逐之⑧。孙子度其行⑨，暮当至马陵⑩，马陵道狭而旁多阻隘，可伏兵，乃斫大树⑪，白而书之曰⑫："庞涓死此树下！"于是令齐师善射者万弩夹道而伏⑬，期日暮见火举而俱发⑭。庞涓果夜到斫木下，见白书，以火烛之⑮，读未毕，万弩俱发，魏师大乱相失⑯。庞涓自知智穷兵败，乃自刭⑰，曰："遂成竖子之名！⑱"齐因乘胜大破魏师，虏太子申。

**【注释】**

① 三晋之兵：这里指魏国的士兵。春秋末年，韩、赵、魏三家分晋，史称三晋。

② 因其势而利导之：是说既然魏兵素轻齐兵，不妨假装示之以怯，顺应魏兵认为齐兵胆怯的思想，让齐兵伪装胆怯逃亡，目的是诱导魏军深入。

③ 趣利：趣，同"趋"。是速进争利之义，利指会战的先机之利，即先

敌到达会战地点，取得战势之便。蹶：受挫折，折损。"上将"，即上将军，战国以来，上将军是最高的军事统帅。

④五十里而趣利者军半至：今本《孙子·军争》述军争之法曰："是故卷甲而趋，日夜不除，倍道兼行，百里而争利，则擒三将军，劲者先，疲者后，其法十一而至；五十里而争利，则蹶上将军，其法半至；三十里而争利，则三分之二至。"这里讲述的是蹶上将于五十里而争利，与此不同。这段话的意思是说两军争利，距离愈长，速度愈快，愈难保持行军动作的协调一致，掉队的人愈多。

⑤又明日为二万灶：孙膑为了迷惑魏军，故意仿照军争之法，逐日减少做饭用的灶炊，让魏军以为齐军大量掉队。

⑥过半：孙膑减灶从十万至五万又至二万，似其兵力已仅存不足三分之一，故谓"过半"。

⑦弃其步军：战国时期，双方作战往往采取车兵、骑兵和步兵混同作战，车兵和骑兵行进速度较快，而步兵较为慢。庞涓以为，眼下齐军到达会战的地点，兵力已经不足三分之一了，所以敢于丢下行进速度较慢的步兵与齐军争利。

⑧轻锐：轻兵锐卒，指速度快、体力好的士兵。倍日并行：两天的路程一天走到。

⑨度：揣度，估计。

⑩马陵：齐地，在今河北大名东南；一说在今山东莘县西南。

⑪斫：用斧斤砍削。

⑫白：刮去树皮使白木露出。书：写。

⑬弩：一种用弩机控制发射的弓。

⑭期：约定。

⑮以火烛之：取火照亮树干上的字。烛，照，照亮。

⑯相失：队形被打乱，士兵失去各自的相对位置，彼此不相照应。古代行军、宿营、作战皆有固定队形，失去队形则不能作战。

⑰乃自刭：于是自杀了。

⑱竖子：是骂人话，犹言小子。

## 【译文】

　　齐国这时才发兵，任命田忌、田婴、田盼为将军，孙膑为军师，前去救援韩国，他们仍旧用老办法，直捣魏国的都城。庞涓听说后，急忙放弃攻打韩国，回兵救援国都。魏国集中了全部兵力，任命太子申为将军，抵抗齐国军队。孙膑对田忌说："魏、赵、韩一带的兵士向来剽悍勇猛，看不起齐国士兵，不过齐国士兵的名声也确实不佳。善于指挥作战的将军必须做到因势利导，扬长避短。《孙子兵法》上说：'从一百里外去奔袭会损失上将军，从五十里外去奔袭则只有一半军队能到达。'"于是就下令齐国军队进入魏国地界后，第一天做饭修造十万个灶，第二天减为五万个灶，第三天再减为两万个灶。庞涓率兵追击齐军三天，见到如此情形，大笑着说道："我早就知道齐兵生性胆怯，进入我国三天的时间，士兵就已逃散一多半了。"于是丢掉步兵，亲自率领轻兵锐卒日夜兼程追击齐军。孙膑估计魏军当晚将到达马陵。马陵这个地方道路狭窄而多险隘，可以埋伏重兵，孙膑便派人刮去一棵大树的树皮，在白树干上写上大字："庞涓死于此树下！"又从齐国军队中挑选万名优秀射箭手沿路埋伏，约定天黑后看见有火把亮光就万箭齐发。果然，庞涓在夜里赶到那棵树下，看见白树干上隐隐约约有字，便令人举火把照看，还未读完，便见两边箭如雨下，魏军顿时大乱，溃不成军。庞涓自知大势已去，便拔剑自刎了，临死前叹息道："到底让孙膑这小子成名了！"齐军乘势大破魏军，俘虏了魏国大将太子申。

# 即墨之战

⊙ **导语**

　　公元前284年，燕昭王任命乐毅为上将军，统率燕、秦、韩、赵、魏五国的军队攻齐。齐湣王骄傲自恃，开始并未料到燕国会联合诸国攻齐，及至发现联军已攻入齐国时，才匆忙任命触子为将。触子率军渡过济水，西进拒敌。

　　双方在济水之西展开决战，史称"济西之战"。

　　齐军由于连年征战，士气低落。齐湣王为迫使将士死战，以挖祖坟、行杀戮的法令相威胁，更使将士离心、斗志消沉。结果，当联军进攻时，齐军一触即溃，遭到惨败。触子逃亡，不知下落，副将达子收拾残兵，退保都城临淄。

　　齐军主力被消灭后，秦韩两军撤走。乐毅派魏军南攻宋地，命赵军北取河间，乐毅自率燕军向临淄实施战略追击，继续追歼齐军，并攻占了齐国的国都临淄。

　　齐湣王被迫出逃，后被楚相淖齿所杀。

　　乐毅攻克临淄后，采取德政，以收取民心。他申明军纪，严禁掳掠，废除了残暴法令和苛捐杂税。然后兵分五路，以彻底消灭齐军，占领齐国全境。仅六个月的时间，燕军就攻取了齐国七十余城，只剩下莒和即墨（今山东平度东南）两城未被攻克。

　　乐毅又重新调整部署，集中右军和前军攻莒，左军和后军攻即墨。即墨军民在守将战死之后，共推齐宗室田单为将，坚守抗燕。莒和即墨，成为齐国当时抗燕的两个坚强堡垒。燕军围攻莒和即墨一年未下，乐毅遂改用攻心战，命燕军撤至距两城九里的地方设营筑垒。并下令凡城中居民有出来的不加拘捕，有困难的予以赈济，以争取齐民。如此相持三年之久，两城依然未被攻下。此战即所谓的"即墨保卫战"，或曰"即墨之战"。

田单智谋超群，知己知彼，在国破城围、双方力量对比悬殊的形势下，坚守孤城，麻痹燕军。并且利用敌人的矛盾和弱点，积极创造反攻条件。在时机成熟时，田单下令以"火牛阵"进行夜间突袭，出其不意，攻其不备，最终战胜了燕军。

"即墨之战"是战国时期的著名战役之一，也成为中国战争史上以弱胜强的典型战例。

## 【原文】

燕师乘胜长驱①，齐城皆望风奔溃。乐毅修整燕军②，禁止侵掠，求齐之逸民③，显而礼之④。宽其赋敛，除其暴令，修其旧政，齐民喜悦。乃遣左军渡胶东、东莱；前军循泰山以东至海，略琅邪⑤；右军循河、济，屯阿、鄄以连魏师；后军旁北海以镇抚千乘⑥；中军据临淄而镇齐都。祀桓公、管仲于郊，表贤者之闾，封王蠋之墓。齐人食邑于燕者二十馀君，有爵位于蓟者百有馀人。六月之间，下齐七十馀城，皆为郡县。

## 【注释】

①燕师乘胜长驱：燕昭王二十八年（公元前284年），燕昭王拜乐毅为上将军，联合秦、韩、赵、魏四国共同伐齐，激战于济西，大败齐军。乐毅率燕军乘胜攻克齐七十二城，直入都城临淄。

②乐毅：战国后期杰出的军事家，拜燕上将军，受封昌国君，辅佐燕昭王振兴燕国，报了强齐伐燕之仇。他统率燕国等五国联军攻打齐国，创造了中国古代战争史上以弱胜强的著名战例。修整：同"休整"。

③逸民：古代称节行超逸、避世隐居的人。

④显：露出。

⑤略：进攻。

⑥旁：靠近。北海：今山东省临淄东北沿海一带。镇抚：安抚。千乘：今山东省博兴西。《齐记》载："千乘城，在齐城西北百五十

里，有南北二城，相去二十余里，其一城县治，一城太守治。千乘郡，其治所在千乘县。高帝置。莽曰建信。属青州。"

## 【译文】

燕国军队乘胜长驱直入，齐国大小城池望风崩溃。乐毅整肃燕军纪律，禁止侵掠，寻访齐国的隐士高人，致以荣誉礼待。还放宽人民赋税，革除苛刻的法令，恢复齐国过去治理国家的良好传统，齐国人民都十分喜悦。乐毅于是就调左军在胶东、东莱渡过胶水；前军沿着泰山脚下向东到达渤海，进攻琅邪；右军顺着黄河、济水而下，屯扎在东阿、鄄城，与魏国军队相连；后军靠近北海，安抚千乘，中军占据临淄，镇守齐国国都。他还亲自到城郊祭祀齐桓公、管仲，旌表齐国贤良人才所住里巷的大门，赐封王蠋的陵墓。经过收敛人心，齐国人接受燕国的封号、领取俸禄的有二十余人；接受燕国爵位的有一百多人。六个月之内，燕军攻下齐国七十余座城池，都设立郡县治理。

## 【原文】

初，燕人攻安平，临淄市掾田单在安平①，使其宗人皆以铁笼傅车。及城溃，人争门而出，皆以折车败，为燕所擒；独田单宗人以铁笼得免，遂奔即墨②。是时齐地皆属燕，独莒、即墨未下③，乐毅乃并右军、前军以围莒，左军、后军围即墨。即墨大夫出战而死。即墨人曰："安平之战，田单宗人以铁笼得全④，是多智习兵。"因共立以为将以拒燕。乐毅围二邑，期年不克，乃令解围，各去城九里而为垒，令曰："城中民出者勿获，困者赈之，使即旧业，以镇新民。"三年而犹未下。或谗之于燕昭王曰："乐毅智谋过人，伐齐，呼吸之间克七十馀城，今不下者两城耳，非其力不能拔，所以三年不攻者，欲久仗兵威以服齐人，南面而王耳。今齐人已服，所以未发者，以其妻子在燕故也。且齐多美女，又将忘其妻子。愿王图之！"昭王于是置酒大会，引言者而让之曰⑤："先王举国以礼贤者，非贪土地以遗子孙也。遭所传德薄，不能堪命，国人不顺。齐为无道，乘孤国之乱以害先王。寡人统位，痛之入骨，故广延群臣，外招宾客，以求报雠⑥；其有成功者，尚欲与之同共燕国。今乐君亲为寡人破齐，夷其宗庙，报塞先仇，齐国固乐君所有，非燕之所得也。乐君若能有齐，与燕并为列国，结欢同好，以抗诸侯之难，燕国之福，寡人之愿也。汝何敢言若此！"乃斩之。赐乐毅妻以后服，赐其子以公子之服；辂车乘马，后属百两，遣国相奉而致之乐毅，立乐毅为齐王。乐毅惶恐不受，拜书，以死自誓。由是齐人服其义，诸侯畏其信，莫敢复有谋者。

## 【注释】

①田单：临淄人，战国时田齐宗室远房的亲属，任齐都临淄市掾（秘书），后来到赵国做将相。市掾：管理市场的官员。

②即墨：今莱州。

③"独莒、即墨未下"句：只有莒城、即墨没有沦陷。莒城，又称莒州，位于山东省东南部。

④"田单宗人以铁笼得全"句：田单是齐国田氏远房的贵族，曾在临淄做过小吏，齐国都城临淄被攻陷时，田单携家人乘车逃到安平。一路上见到逃难的车辆十分拥挤，他估计燕军还要来追，就把车轴用铁皮包起来。过了不久果然燕军追来，齐人争相逃命，一路上许多车辆为夺路互相碰撞，车子撞断了车轴，无法行走，只有田单的车顺利地逃到了即墨。

⑤引：拉。

⑥雠：同"仇"。

## 【译文】

当初，燕国军队攻打齐国安平时，临淄市一个小官田单正在城中，他预先让家族人都用铁皮包上车轴头。到了城破的时候，人们争相涌出城门，都因为车轴相互碰断，车辆损坏难行，被燕军俘虏，只有田单一族因用铁皮包裹车轴得以幸免，逃到了即墨。当时齐国大部分地区都被燕军占领，仅有莒城、即墨未沦陷。乐毅于是就集中右军、前军包围莒城，集中左军、后军包围即墨。即墨大夫出阵战死。即墨人士说："安平之战，田单一族人因铁皮包轴得以保全，是因为田单足智多谋，熟悉兵事。"于是共同拥立田单为守将来抵御燕军。乐毅包围两城，一年未能攻克，于是就下令解除包围，左军、后军都退到即墨城外九里处修筑营垒，下令说："城中的百姓出来不要抓捕他们，有饥饿的赈济他们，让他们各操旧业，以安抚新占地区的百姓。"过了三年，两城还未攻下。有人在燕昭王面前挑拨说："乐毅智谋过人，进攻齐国，一口气攻克了七十余城。现在只剩下两座城没有攻破，不是他的兵力不能攻下，之所以三年未攻克，是他想倚仗兵威来收服齐国人心，自己好南面称王呀。如今齐国人心已服，他之所以还不行动，是因为他的妻子、儿子在燕国。况且齐国多有美女，他早晚将忘记妻子。希望大王早些防备！"燕昭王听罢下令设置盛大酒宴，拉出说此话的人斥责道："先王倡导在全国礼待贤明的人，不是为了多得土地留给子孙。他不幸碰到继承人缺少德行，不能完成大业，使国内人民怨愤不从，无道的齐国趁着我们国家动乱之机残害先王。我即位以后，对此痛心疾首，所以才广泛邀请群臣，对外招揽宾客，以求报仇。能使我成功的人，我愿意和他分享燕国大权。现在乐毅亲自征战，为我大破齐国，平毁齐国宗庙，报了旧仇，齐国本来就应归乐毅所有，不是燕国该得到的。乐毅如果能拥有齐国，与燕国成为大周的诸侯国，两国结为友好邻邦，共同抵御其他诸侯国的来犯，这正是燕国的福气、我的心愿啊！你怎么敢说这种话呢！"于是将那人处死。又赏赐乐毅妻子以王后的服饰，赏赐他的儿子以王子的服饰，配备君王车驾乘马，及上百辆属车，派宰相送到乐毅那里，立乐毅为齐王。乐毅十分惶恐，不敢接受，一再拜谢，写下辞书，并宣誓以死效忠燕王。从此齐国人敬服乐毅的德义，各诸侯国也敬畏他的信义，没有敢再来算计乐毅的了。

**【原文】**

　　顷之①，昭王薨②，惠王立③。惠王自为太子时，尝不快于乐毅④。田单闻之，乃纵反间于燕⑤，宣言曰："齐王已死，城之不拔者二耳。乐毅与燕新王有隙⑥，畏诛而不敢归⑦，以伐齐为名，实欲连兵南面王齐。齐人未附⑧，故且缓攻即墨以待其事⑨。齐人所惧，唯恐他将之来，即墨残矣⑩。"燕王固已疑乐毅，得齐反间，乃使骑劫代将⑪，而召乐毅。乐毅知王不善代之⑫。遂奔赵。燕将士由是愤惋不和⑬。

**【注释】**

①顷之：过了一些时候，不久。

②薨：诸侯去世叫薨。

③惠王：昭王的儿子姬乐资。

④尝：曾经。不快：有矛盾。

⑤纵：施行。反间：反间计，挑拨离间的计策。

⑥新王：新即位的王，指惠王。隙：裂痕，引申为怨仇。

⑦畏诛：怕遭杀害。

⑧附：归附，投降。

⑨且：暂且。待其事：等待即墨一带的人慢慢归附乐毅。

⑩残：破灭。

⑪骑劫：燕将。代将：代替乐毅带兵。

⑫王不善代之：惠王派骑劫代替乐毅带兵，不怀好意。

⑬愤惋：愤恨惋惜。不和：不平。

**【译文】**

　　不久，燕昭王去世，燕惠王即位。惠王做太子的时候，就与乐毅有矛盾。田单听说了，便派人到燕国去施行反间计，散布说："齐王已经死了，齐国的城池没有被攻下的只有两座了。乐毅和燕国新君有怨仇，害怕被杀而不敢回燕国，他以征伐齐国为名，实际上是想联合齐军在齐国南面称王。只是齐国的民众还没有归附，所以乐毅缓攻即墨是为了等待齐国民众归附他。齐国人所害怕的，是燕国改派其他大将来，到那时即墨城就破灭了。"燕惠王本来就怀疑乐毅，听了齐国挑拨离间的话，便派骑劫去代替乐毅统率部队，而且召乐毅回国。乐毅知道惠王派骑劫来代替他不怀好意，于是就投奔赵国去了。燕军将士为此都愤愤不平，内部开始不和。

【原文】

田单令城中人食，必祭其先祖于庭①，飞鸟皆翔舞而下城中②。燕人怪之，田单因宣言曰："当有神师下教我。"有一卒曰："臣可以为师乎？"因反走③。田单起引还，坐东向④，师事之⑤。卒曰："臣欺君。"田单曰："子勿言也！"⑥因师之。每出约束，必称神师。乃宣言曰："吾唯惧燕军之劓所得齐卒⑦，置之前行⑧，即墨败矣！"燕人闻之，如其言⑨。城中见降者尽劓⑩，皆怒，坚守，唯恐见得⑪。单又纵反间，言"吾惧燕人掘吾城外冢墓⑫，可为寒心⑬！"燕军尽掘冢墓，烧死人。齐人从城上望见，皆涕泣⑭，共欲出战，怒自十倍⑮。

【注释】

①庭：庭院。

②翔舞：盘旋飞舞。

③因反走：转身就跑。因，即。

④坐东向：请这个士卒面向东而坐。古代以面向东而坐为尊。

⑤师事之：用对待老师的礼节侍奉他。

⑥子勿言：你不要说穿。这里田单叮嘱他不要把神师的假象说穿。

⑦劓：劓刑，割去鼻子。

⑧前：列。

⑨如其言：按照他的话做了。

⑩城中：城中的人。

⑪见得：被俘。

⑫冢墓：坟墓。

⑬寒心：心寒，害怕，担忧。

⑭涕泣：掉泪抽泣。

⑮怒自十倍：比往常增加了十倍的愤怒。

## 【译文】

田单命令城中的民众，在吃饭前必须先在庭院里祭祀他们的祖先，飞鸟争吃祭饭都盘旋落到城中。燕国人远远望见感到很惊讶，田单又让人散布说："马上就会有神师降临来教导我。"有个士兵说："我可以当神师吗？"说完话转身就跑。田单连忙起身拉他回来，请他坐在向东的上座，奉为神师。这个士兵说："我骗您的。"田单说："你不要说话了！"于是把他当神师。此后，每次发布号令，一定声称是神师教导的。田单又令人散布说："我只害怕燕国人割掉齐国俘虏的鼻子，作战时把他们赶到队伍的前面，那样即墨城就完了！"燕国人听到田单这番话，果然这样做了。即墨城里的人一见被俘的人全都被割去了鼻子，都十分愤怒，更加坚守城池，唯恐被俘。田单又派人施行反间计，说："我怕燕国人挖掘城外的祖坟，那样实在是让人心寒！"燕军又中计，把城外的坟墓都挖了，焚烧死尸。齐国人在城头上望见这一切，都悲愤得流泪抽泣，纷纷要求出战，怒气倍增。

## 【原文】

田单知士卒之可用，乃身操版、锸①，与士卒分功②；妻妾编于行伍之间③；尽散饮食飨士④。令甲卒皆伏⑤，使老、弱、女子乘城⑥，遣使约降于燕；燕军皆呼万岁。田单又收民金得千镒⑦，令即墨富豪遗燕将，曰："即降⑧，愿无虏掠吾族家！"燕将大喜，许之，燕军益懈⑨。

【注释】

①身操版、锸：亲自拿着筑墙和掘土的工具。

②分功：分担工作。

③行伍：军队的编制。

④飨士：让士卒吃。

⑤甲卒皆伏：披甲的战士都埋伏起来。伏，埋伏。

⑥乘城：登城守卫。

⑦镒：二十两为一镒。

⑧即降：就要投降了。

⑨益懈：渐渐松懈。

【译文】

田单知道这时士卒都做好了死战的准备，于是就亲自拿着筑墙和掘土的工具，和士卒一道修筑工事；他将自己的妻妾也编入部队；又把吃的喝的全部分发给士卒。然后，他命令披甲的士卒全部埋伏起来，派老弱的兵丁和妇女们登城守卫，并派使者和燕国的军队相约投降的事宜；燕国将士齐声高呼万岁。田单又在城中百姓间募集到一千镒金银，让即墨城里的富豪们偷偷送给燕军将领，说："齐军就要投降了，希望贵军受降后不要虏掠我们的家族！"燕军将领非常高兴，便答应了他们的请求。燕军将士的戒备就渐渐松懈下来。

【原文】

田单乃收城中，得牛千馀，为绛缯衣①，画以五采龙文，束兵刃于其角②，而灌脂束苇于其尾③，烧其端，凿城数十穴④，夜纵牛，壮士五千随其后。牛尾热，怒而奔燕军。燕军大惊，视牛皆龙文，所触尽死伤。而城中鼓噪从之⑤，老弱皆击铜器为声，声动天地。燕军大骇⑥，败走。齐人杀骑劫，追亡逐北⑦，所过城邑皆叛燕，复为齐。田单兵日益多，乘胜，燕日败亡，走至河上⑧，而齐七十馀城皆复焉⑨。乃迎襄王于莒⑩；入临淄，封田单为安平君⑪。

## 【注释】

①绛缯衣：大红色的薄绢所制成的被服。

②兵刃：打仗的兵器，一般是指冷兵器。最常见的兵刃有刀、剑等。

③灌脂束苇于其尾：把灌着油脂的干芦苇缚在牛尾上。

④穴：洞穴。

⑤城中鼓噪从之：城中的人群一齐呼喊，跟随在后面。

⑥大骇：大惊。

⑦追亡逐北：追赶逃跑败亡的敌人。

⑧河上：黄河边上。

⑨复：收复。

⑩襄王：名法章，公元前283年至公元前265年在位。

⑪安平君：田单当初起于安平，所以以安平君为封号。

## 【译文】

田单又派人在城里收集，得到一千多头牛，用深红色的薄绢披在牛身上，在上面画上五彩龙纹，在牛角上绑上锋利的刀子，把灌有油脂的干芦苇绑在牛尾上，点燃它的尾端，在城墙上凿了几十个洞，趁夜把牛放出去，五千名精壮的士卒跟随在牛群后面。那些牛的尾巴烧得疼痛难当，拼命地向燕军狂奔。燕国将士大惊失色，火光中隐约看到牛身上都有龙的花纹，被牛碰上的不是死就是伤。此时，即墨城里的人也聚众呐喊，老弱兵丁全都敲击铜器，发出的声响震天动地。燕军将士惊慌失措，纷纷败逃。齐国人杀死了燕军主将骑劫，追杀逃跑的燕军，一路上经过的城池全都背叛燕国，重新成了齐国的城邑。田单的兵力不断增加，乘胜追击，燕军天天都在逃跑，一直逃到黄河边上，齐国的七十多座城池都被田单收复了。于是，田单从莒迎回襄王；襄王回到临淄，封田单为安平君。

# 长平之战

⊙ 导语

战国中晚期，秦国任用商鞅实行变法，经过多代努力，国势日益强盛。秦国先后西并巴、蜀，东侵三晋，南攻荆楚，取得了军事、政治、外交各方面的胜利。至秦昭王时，秦国已成为战国七雄中实力最强的国家。当时秦周边的韩、魏、燕、赵四国，为了遏制秦的扩张，建立了盟友关系。其中，最强的是赵国，最弱的是魏国。秦采用"远交近攻"的战略，从公元前268年起，先出兵攻魏，迫使魏亲附于己。接着又大举攻韩，韩王异常恐惧，遂谴使入秦，表示愿意献上党郡（今山西长治）求和。上党太守冯亭不愿献地入秦，为了促成韩、赵两国联合抗秦，他将上党郡献给了赵国。赵王贪利受地，将上党并入了自己的版图。秦王闻之大怒，于公元前261年命左庶长王龁率军攻打上党，赵军不敌，退守长平（今山西高平西北）。赵王闻秦军东进，派大将廉颇率赵军主力抵达长平，以图夺回上党。战国时期规模空前的长平之战由此揭开序幕。

廉颇率赵军主力抵达长平，由于秦强赵弱，赵军屡战屡败。廉颇改变战略方针，转攻为守，依托有利地形，筑垒固守，以逸待劳，使秦军陷入疲惫。两军在长平一带相持不下。秦采用离间手段，派人去邯郸收买赵王的左右权臣，离间赵王与廉颇的关系。于是赵王命赵括接替廉颇为将。秦王见离间计得逞，立即任命骁勇善战的武安君白起为上将军，代替王龁出任秦军统帅。

公元前260年，赵括统率赵军向秦军发起了大规模进攻，遭到秦军主力的坚强抵抗，赵军受挫。秦昭王亲赴河内（今河南沁阳）进行增援。赵括率赵军强行突围，在战斗中被秦军乱箭射死。赵军失去主将，斗志全无，全部解甲投降。这四十万赵军降卒，除幼小的二百四十人外，全部被白起坑杀。秦军终于取得了长平之战的彻底胜利。

长平之战中，秦军共歼灭赵军四十五万人，取得了军事上的重大胜利。赵国受创，从此衰落下去。这一仗不仅大大地削弱了赵国，而且也镇服了东方各国，为秦国后来完成统一大业创造了极为有利的条件。

## 【原文】

周赧王五十三年（己亥，公元前262年）

楚人纳州于秦以平。

武安君伐韩①，拔野王。上党路绝，上党守冯亭与其民谋曰②："郑道已绝，秦兵日进，韩不能应，不如以上党归赵。赵受我，秦必攻之；赵被秦兵，必亲韩；韩、赵为一，则可以当秦矣。"乃遣使者告于赵曰："韩不能守上党，入之秦，其吏民皆安于赵，不乐为秦。有城市邑十七，愿再拜献之大王！"赵王以告平阳君豹，对曰："圣人甚祸无故之利。"王曰："人乐吾德，何谓无故？"对曰："秦蚕食韩地③，中绝，不令相通，固自以为坐而受上党也。韩氏所以不入于秦者，欲嫁其祸于赵也。秦服其劳而赵受其利，虽强大不能得之于弱小，弱小固能得之于强大乎！岂得谓之非无故哉？不如勿受。"王以告平原君，平原君请受之。王乃使平原君往受地，以万户都三封其太守为华阳君，以千户都三封其县令为侯，吏民皆益爵三级。冯亭垂涕不见使者，曰："吾不忍卖主地而食之也！"

## 【注释】

①武安君：历朝历代国之能安邦胜敌者均号"武安"，最早出自西周，武安者，以武功治世、威信安邦誉名。"君"是卿大夫的一种新爵号。白起数立战功，秦封其为武安君，这里指白起。

②冯亭：（？—公元前260年），战国时期韩国人。公元前262年，秦国武安君白起伐韩，取野王邑。上党与韩国本土的道路被断绝。一方面韩国派阳城君到秦国谢罪，割上党之地请和。另一方面，派遣韩阳，通知上党靳黈撤离上党，靳黈不肯，韩桓惠王派冯亭接替他的位置。

③蚕食：蚕吃桑叶。像蚕吃桑叶那样一步步侵占。比喻逐步侵占。

## 【译文】

周赧王五十三年（己亥，公元前262年）

楚国把州陵献给秦国，以求和平。

秦国武安君白起进攻韩国，攻克野王。上党与外界的通道被切断。上党郡守冯亭与民众商议说："现在去都城新郑的道路已经断绝，秦国军队每日都在不断向这里推进，韩国又无法接应，不如把上党献给赵国。赵国如果接受我们，秦国必定进攻他们；赵国面对秦国军队的进攻，一定会与韩国联合；韩、赵联合起来，就可以抵挡秦国了。"于是派使者去告诉赵国说："我们韩国无法守住上党，如今想把上党献给秦国，但郡中的官员和百姓都心向赵国，不愿做秦国的属下。我们现有大邑共十七个，愿意恭敬地把这些献给赵王！"赵王把这件事告诉平阳君赵豹，赵豹说："圣人认为接受无缘无故的利益是不好的兆头。"赵王说："别人仰慕我的恩德，怎么说是无缘无故呢？"赵豹回答说："秦国蚕食吞并韩国的土地，从中切断上党与都城新郑的道路，不使它们相通，本来以为可坐待上党归降。韩国人之所以不把它献给秦国而献给赵国，就是想把患祸转嫁给赵国。秦国付出千辛万苦而赵国却坐收其利，即使我们强大也不能这样从弱小手中夺取土地，何况我们本来就弱小，怎么能与强大的秦国相争呢！这难道还不是无缘无故吗？不如不接受上党。"赵王又把此事告诉平原君赵胜，赵胜却劝赵王接受。赵王于是派赵胜前去接收，封冯亭为华阳君，赐给他三个拥有万户百姓的城做封地；又封其县令为侯，赐给三个拥有千户百姓的城做封地，官吏都加爵三级。冯亭不愿见赵国使者，垂着泪说："我不忍心出卖国家的土地而作为自己的俸禄啊！"

## 【原文】

五十五年（辛丑，公元前260年）

秦左庶长王龁攻上党①，拔之。上党民走赵。赵廉颇军于长平，以按据上党民②。王龁因伐赵。赵军数战不胜，亡一裨将、四尉。赵王与楼昌、虞卿谋，楼昌请发重使为媾③。虞卿曰："今制媾者在秦；秦必欲破王之军矣，虽往请媾，秦将不听。不如发使以重宝附楚、魏，楚、魏受之，则秦疑天下之合从，媾乃可成也。"王不听，使郑朱媾于秦，秦受之。王谓虞卿曰："秦内郑朱矣。"对曰："王必不得媾而军破矣。何则？天下之贺战胜者皆在秦矣。夫郑朱，贵人也，秦王、应侯必显重之以示天下。天下见王之媾于秦，必不救王；秦知天下之不救王，则媾不可得成矣。"既而秦果显郑朱而不与赵媾。

## 【注释】

①王龁：战国末期秦国大将，经历三代秦王，为秦国宿将，曾与蒙骜、王陵交替征战。在长平之战中，为初期和后期的秦军统帅。始皇帝二年（公元前245年），王龁战死。现有多部史书记载。

②按据：谓屯兵支援。

③媾：连合，结合，交好。

## 【译文】

五十五年（辛丑，公元前260年）

秦国派左庶长王龁率兵进攻上党，不久就攻破了。上党百姓被迫逃往赵国。赵国派廉颇率军驻守在长平，以接应上党逃来的百姓。王龁于是挥师攻打赵国。赵军迎战，几战都没取胜，一员副将和四名都尉先后阵亡。赵王与楼昌、虞卿商议，楼昌建议派地位高的使节与秦国交好。虞卿反对说："和与不和，控制权都在秦国；秦国现在已下决心要打败赵军，我们即使去求和，秦国的将领也不会同意。我们不如派使者用贵重的珍宝拉拢楚国、魏国。一旦楚国、魏国接受，那么秦国就会疑心各国重新结成了抗秦阵线，那时与秦国交好才可成功。"赵王不听虞卿的意见，仍派郑朱赴秦国求和。秦国接待了郑朱。赵王便对虞卿说:"秦国接纳郑朱了。"虞卿回答说:"大王肯定见不到和谈成功而赵军就被击破了。为什么这样说呢?各国都派使者赴秦国庆贺胜利。郑朱是赵国地位很高的人,秦王、应侯肯定会把郑朱来求和的事向各国宣扬。各国看到赵王派人去向秦国求和,一定不会再出兵援救赵国;秦国知道赵国孤立无援,就越发不肯与赵国讲和了。"不久,秦国果然大肆宣扬郑朱来使,而不与赵国进行和谈。

**【原文】**

秦数败赵兵,廉颇坚壁不出。赵王以颇失亡多而更怯不战,怒,数让之[①]。应侯又使人行千金于赵为反间,曰:"秦之所畏,独畏马服君之子赵括为将耳!廉颇易与,且降矣!"赵王遂以赵括代颇将。蔺相如曰:"王以名使括,若胶柱鼓瑟耳[②]。括徒能读其父书传,不知合变也。"王不听。初,赵括自少时学兵法,以天下莫能当;尝与其父奢言兵事,奢不能难,然不谓善。括母问其故,奢曰:"兵,死地也,而括易言之。使赵不将括则已;若必将之,破赵军者必括也。"及括将行,其母上书,言括不可使。王曰:"何以?"对曰:"始妾事其父,时为将,身所奉饭而进食者以十数,所友者以百数,王及宗室所赏赐者,尽以与军吏士大夫;受命之日,不问家事。今括一旦为将,东乡而朝,军吏无敢仰视之者;王所赐金帛,归藏于家,而日视便利田宅可买者买之。王以为如其父,父子异心,愿王勿遣!"王曰:"母置之,吾已决矣!"母因曰:"即如有不称,妾请无随坐!"赵王许之。

**【注释】**

①让:责备。

②胶柱鼓瑟:柱,瑟上调节声音的短木。瑟,一种古乐器。是用胶把柱粘住以后奏琴,柱不能移动,就无法调弦。意指固执拘泥,不知灵活变通。

## 【译文】

　　赵军与秦军交战屡屡失败，廉颇便下令赵兵坚城固守，拒不出战。赵王以为廉颇损失惨重后更加胆怯，不敢迎战，气愤得多次斥责他。这时应侯范雎又派人带上千金去赵国施行反间计，到处散布谣言说："秦国所畏惧的，只是马服君赵奢的儿子赵括做大将。廉颇极易对付，不久他就快投降了！"赵王听说后就任用赵括代替廉颇去率领军队。蔺相如劝阻道："大王因为赵括有名望就重用他，这就像是粘住调弦的琴柱再弹琴呀！赵括只知道死读他父亲留下的兵书，不知道在战场上随机应变。"赵王不听。起初，赵括从小学习兵法时，就自以为天下无人可与之相比。他曾与父亲赵奢讨论兵法，赵奢也难不倒他，但赵奢始终不说他有才干。赵括的母亲询问原因，赵奢说："带兵打仗，就是出生入死，而赵括谈起来却很随便。赵国不用他为大将则已，如果一定用他，灭亡赵军的一定是赵括。"待到赵括将要出发时，他的母亲急忙上书赵王，指出赵括不能担当重任。赵王问："为什么？"赵括的母亲回答说："当年我侍奉赵括的父亲，他做大将时，亲自去捧着饭碗招待的有几十位，他的朋友有几百人，大王及宗室王族给他的赏赐，他全部分发给将士和周围的人。他自接受命令之日起，就不再过问家事。而赵括刚刚做了大将，就向东高坐，接受拜见，大小军官没人敢抬头正脸看他。大王赏给他的金银绸缎，全部拿回家藏起来，每天忙于察看有什么良田美宅可买的就买下。大王您以为他像他的父亲，其实他们父子用心完全不一样。请大王千万不要派他去。"赵王说："老太太你不要再说了，我已经决定了。"赵括母亲便说："万一赵括出了什么差错，我请求不要连累我。"赵王同意了赵母的请求。

## 【原文】

　　秦王闻括已为赵将，乃阴使武安君为上将军而王龁为裨将，令军中："有敢泄武安君将者斩！"赵括至军，悉更约束，易置军吏，出兵击秦师。武安君佯败而走，张二奇兵以劫之。赵括乘胜追造秦壁，壁坚拒不得入；奇兵二万五千人绝赵军之后，又五千骑绝赵壁间。赵军分而为二，粮道绝。武安君出轻兵击之，赵战不利，因筑壁坚守以待救至。秦王闻赵食道绝，自如河内发民年十五以上悉诣长平①，遮绝赵救兵及粮食。齐人、楚人救赵。赵人乏食，请粟于齐②，齐王弗许。周子曰："夫赵之于齐、楚，扞蔽也，犹齿之有唇也，唇亡则齿寒；今日亡赵，明日患及齐、楚矣。救赵之务，宜若奉漏瓮沃焦釜然③。且救赵，高义也；却秦师，显名也；义救亡国，威却强秦。不务为此而爱粟，为国计者过矣！"齐王弗听。

## 【注释】

①诣：到。
②粟：小米，中国古称稷或粟。这里指军粮。
③瓮：陶制盛器，小口大腹。

## 【译文】

秦王听说赵王任用赵括为大将，便暗地里派武安君白起为上将军，改王龁为副将，下令军中："有谁胆敢泄露白起为上将军的消息，格杀勿论！"赵括来到军中，将原来的规定全部废除，更换军官，下令出兵攻打秦军。白起佯装战败逃走，预先布置下两支奇兵准备截击。赵括不知其计，乘胜追击，直捣秦军营垒，秦军坚守不出，赵军无法攻克。这时，秦军一支二万五千人的奇兵已经切断了赵军的后路，另外一支五千人的骑兵也堵截住赵军返回营垒的通道。赵军被一分为二，粮道也被断绝。白起下令精锐轻军前去袭击赵军，赵军接连失利，只好坚筑营垒等待援兵。秦王听说赵军的粮草通道已经被切断，便亲自到河内征发十五岁以上的男子全部调往长平，阻断赵国的救兵及粮草救济。有些齐国人、楚国人增援赵国。赵军缺乏粮草，向齐国请求救济，齐王不同意。周子说："赵国对于齐国、楚国来说，是一道屏障，就像牙齿外面的嘴唇一样，唇亡则齿寒；

今天赵国一旦灭亡，明天灾祸就会降临到齐国和楚国的头上。因此救援赵国这件事，应该像捧着漏瓦罐去浇烧焦了的铁锅那样，刻不容缓。何况救援赵国表现出的是高尚的道义；抵抗秦军，更是显示威名的好事；必须主持正义救援亡国，击退秦国以显示兵威。眼下不倾尽全力救赵国反而爱惜粮食，这样为国家谋划真是大错啊！"齐王不听。

## 【原文】

九月，赵军食绝四十六日，皆内阴相杀食①。急来攻垒，欲出为四队，四五复之②，不能出③。赵括自出锐卒搏战，秦人射杀之。赵师大败，卒四十万人皆降。武安君曰："秦已拔上党，上党民不乐为秦而归赵。赵卒反覆，非尽杀之，恐为乱。"乃挟诈而尽坑杀之④，遗其小者二百四十人归赵，前后斩首虏四十五万俘虏；赵人大震。

## 【注释】

①内：指内部。

②四五复之：连续四五次反复冲杀。

③出：指突围。

④挟诈：暗用欺骗诡计。坑杀：陷之于坑而杀，即活埋。

## 【译文】

到了九月，赵军已经断粮四十六天，赵军开始暗中残杀，互相吞食。赵括心急，便下令赵军进攻秦军营垒，打算派出四队人马，连续四五次反复冲杀，仍无法突围出去。赵括亲自率领精兵上阵肉搏，被秦兵射死。赵军于是大败，四十万士兵全部投降秦国。白起说："当初秦军已攻克上党，上党百姓却不愿归秦而去投奔赵国。赵国士兵反复无常，不全部杀掉，恐怕会有后乱。"于是使用奸计把赵国降兵全部活埋，只放出二百四十个年龄较小的回到赵国，长平之战前后共杀死四十五万俘虏，赵国大为震惊。

# 秦 纪

## 李园乱楚

⊙ **导语**

俗话说："害人之心不可有，防人之心不可无。"春申君聪明一世，糊涂一时，他没想到一个小小的李园，竟能将他置于死地。当朱英向他提出警告的时候，他还一笑置之，最后不但相位不保，连身家性命也没有了。

春申君是楚国贵族，为战国四公子之一，曾以辩才出使秦国，并上书秦王说秦楚应友好相处。当时楚太子完到秦国当人质并被扣留，春申君以命相保，设计将太子送回，随后他也回到楚国，被任为楚相。春申君曾率兵救赵，又曾率六国诸侯军攻秦。后因贪图富贵中李园圈套而被杀。

对于春申君其人，司马迁做了大体公允的评价："春申君之说秦昭王，及出身遣楚太子归，何其智之明也！后制于李园，旄矣。"春申君以身徇君是对暴秦恃强凌弱行为的一种抗争，在一定程度上维护了楚国的利益，是值得称道的明智之举。但他"招致宾客，以相倾夺"，无非是把宾客当作显示富贵的摆设，他不可能得到真正的贤才。即使有朱英那样的人，最终也只能恐祸及身而远去。

朱英探知到李园豢养刺客的情况，预见李园在楚考烈王死后，必定会因为与春申君争权而抢先下手谋害他。朱英将自己的预见告知了春申君，提醒他对李园进行必要的防范，并建议抢先下手除掉李园。可惜，春申君对李园没有正确的认识，对李园准备谋害自己的行为也没有丝毫察觉，因此，他拒不采纳朱英的意见。

俗话说："当断不断，反受其乱。"说的就是春申君失去了杀李园的机会吧？

## 【原文】

昭襄王九年（癸亥，公元前238年）

楚考烈王无子，春申君患之，求妇人宜子者甚众①，进之，卒无子。赵人李园持其妹欲进诸楚王②，闻其不宜子，恐久无宠，乃求为春申君舍人③。已而谒归④，故失期而还⑤。春申君问之，李园曰："齐王使人求臣之妹⑥，与其使者饮，故失期⑦。"春申君曰："娉入乎⑧？"曰："未也。"春申君遂纳之。既而有娠，李园使其妹说春申君曰："楚王贵幸君⑨，虽兄弟不如也。今君相楚二十馀年而王无子，即百岁后将更立兄弟⑩，彼亦各贵其故所亲，君又安得常保此宠乎！非徒然也，君贵，用事久，多失礼于王之兄弟，兄弟立，祸且及身矣⑪。今妾有娠而人莫知，妾幸君未久，诚以君之重，进妾于王，王必幸之。妾赖天而有子男⑫，则是君之子为王也。楚国尽可得，孰与身临不测之祸哉⑬！"春申君大然之。乃出李园妹，谨舍而言诸楚王⑭。王召入，幸之，遂生男，立为太子。

## 【注释】

①宜子：宜于生子。

②持：带着。

③舍人：王公贵族的侍从宾客，亲近左右。

④谒：请求。

⑤故：故意。

⑥使：派遣。

⑦故：所以。

⑧娉：通"聘"。以礼物订婚。

⑨幸：宠幸。

⑩即：如果。

⑪且：将要。

⑫子男：儿子。

⑬"孰与身临不测之祸哉"这一句的意思说：这与身遭意外的祸患相比，哪样好？

⑭谨舍：严密地安排住所。

## 【译文】

昭襄王九年（癸亥，公元前238年）

楚考烈王没有儿子，春申君为此十分忧虑，他遍寻很多能生育的妇女进献给楚王，虽然进献了不少，但是她们最终还是没能为楚王生下儿子。有个叫李园的赵国人，带着他的妹妹来，想进献给楚王，可听说楚王不能生儿子，便担心时间一长，自己的妹妹会失去楚王的宠幸。于是他请求服侍春申君，做春申君的舍人。没过多久，李园告假回赵国探亲，故意超过了请假的期限才返回来。春申君询问他晚回来的原因，李园说："齐国国君派使者来求娶我的妹妹，我陪使者饮酒，所以延误了归期。"春申君说："已经下过聘礼订婚了吗？"李园回答道："还没有。"于是春申君便纳李园的妹妹为妾。没过多久，李园的妹妹怀了身孕，李园便让她去劝说春申君道："楚王非常宠信您，即使是他的亲兄弟也比不上。如今您担任楚国的相国已经二十多年了，而楚王依旧还没有儿子。照此情景下去，他去世以后必将立他的兄弟为国君，而新国君也必定要使他的旧亲信分别得到显贵，这样的话，您又如何能永久地保持住您的荣宠地位呀！不仅如此，由于您受到楚王的宠幸，长期执掌国事，肯定对楚王的兄弟有过许多失礼的地方，一旦他们登上王位，您就要大祸临头了。现在我怀有身孕的事还没有人知道，况且我受您宠爱的时间还不长，倘若以您的尊贵身份，将我进献给楚王，一定会得到他的恩宠。如果我靠着上天的恩赐生下一个男孩，那么将来继位为王的就是您的儿子了。这样一来，楚国便全是您的了,这与在新君主统治下身临难以预料的灾祸相比,哪一个结果更好呢?"于是春申君就同意了,将李园的妹妹送出府,安置在一个馆舍中住下,然后向楚王推荐她。楚王很快就召李园的妹妹入宫,并且很宠爱她。没过多久,李园的妹妹果然生了个儿子,被立为太子。

## 【原文】

李园妹为王后,李园亦贵用事,而恐春申君泄其语,阴养死士①,欲杀春申君以灭口;国人颇有知之者②。楚王病,朱英谓春申君曰:"世有无望之福③,亦有无望之祸。今君处无望之世④,事无望之主⑤,安可以无无望之人乎!"春申君曰:"何谓无望之福?"曰:"君相楚二十馀年矣,虽名相国,其实王也。王今病,旦暮薨,薨而君相幼主,因而当国⑥,王长而反政⑦,不即遂南面称孤,此所谓无望之福也。""何谓无望之祸?"曰:"李园不治国而君之仇也,不为兵而养死士之日久矣。王薨,李园必先入,据权而杀君以灭口,此所谓无望之祸也。""何谓无望之人?"曰:"君置臣郎中,王薨,李园先入,臣为君杀之,此所谓无望之人也。"春申君曰:"足下置之⑧。李园,弱人也,仆又善之⑨。且何至此!"朱英知言不用,惧而亡去。后十七日,楚王薨,李园果先入,伏死士于棘门之内⑩。春申君入,死士侠刺之⑪,投其首于棘门之外;于是使吏尽捕诛春申君之家。太子立,是为幽王。

## 【注释】

①阴:暗中。死士:冒死的刺客。

②国人:住在国都的人。

③无望:不期而至,非常。

④无望之世:指生死无常的世间。

⑤无望之主:喜怒无常的君主。

⑥因而当国:代少主掌握国政。

⑦反:同"返"。归还。

⑧置：放弃。

⑨仆：对自己的谦称。

⑩棘门：寿州的城门。

⑪侠：通"夹"。从两侧夹住。

## 【译文】

李园的妹妹成为王后以后，李园的地位也随着显赫起来，在朝廷当权主事。但是他又深怕春申君将他曾指使妹妹说过的那些话泄露出去，便暗中收养刺客，想让他们杀春申君灭口；楚国人中有不少知道这件事情的。没过多久，楚王卧病不起。朱英便对春申君说："世上有未预料到而来的福气，也有不期而至的祸患。如今您处在生死变化不定的乱世之中，为喜怒无常的君王卖命，身边怎么能没有不期而至的人呢？"春申君问道："什么叫'未预料到而来的福气'呢？"朱英答道："您担任楚国的相国二十多年了，虽然名义上是相国，可实际上已经相当于国君了。现在楚王病危，随时都有可能死去，一旦楚君病故，您就可以辅佐幼主，从而执掌国家大权，等到幼主成年后再还政给他，或者干脆就南面而坐，自称为王。这就是所谓的'未预料到而来的福气'了。"春申君又问："那什么是'不期而至的祸患'呢？"朱英说："李园虽然不治理国事，但他却是您的仇敌，他不管理军务统领军队，却长期以来豢养一些勇士。这样一来，一旦楚王去世，李园必定会抢先进入宫廷篡权，并且杀您灭口。这即是所谓的'未预料到而来的灾祸'。"春申君又问道："这样说来，'不期而至的人'又是怎么回事呢？"朱英回答说："您将我安置在郎中的职位上，一旦楚王去世，李园抢先入宫时，我就替您先杀了他，以此除掉后患。这就是所谓的'不期而至的人'。"春申君说："您要放弃这种打算。李园是个软弱的人，况且我对他又很好，哪至于发展到如此地步呀！"朱英知道自己的建议不会被春申君采纳，他担心发生变故累及自己，便先逃亡了。十七天后，楚王去世，李园果然抢先进宫，将他豢养的刺客埋伏在宫门里面。等到春申君一进来，勇士们立即上前两面夹击，将他刺杀，并割下他的头颅扔到宫门外面。接着，李园又派出官吏把春申君的家人全部捕杀。随后，太子芈悍继位，是为幽王。

# 荆轲刺秦

## ⊙ 导语

公元前228年，秦攻灭赵国。此后，秦国兵临易水，威胁燕国。当时燕国由燕王喜之子太子丹主持朝政。

太子丹决定派刺客去胁迫秦王嬴政。经田光引见，太子丹结识了著名的侠士荆轲。荆轲开始婉拒太子丹命他刺杀秦王的要求，但太子丹将他尊为上卿，并给予他极为优厚的礼遇，因此荆轲答应了他的请求。

公元前227年，荆轲携带着燕国督亢的地图和樊於期的首级，前往秦国刺杀秦王嬴政。太子丹到易水边为他送行，荆轲临别而歌，歌声慷慨悲凉，然后与秦舞阳乘车前往秦国都城咸阳。

荆轲来到秦国后，秦王在咸阳宫隆重地召见了他。荆轲在献燕国督亢地图时，图穷匕首见，刺秦王不中，被杀。秦舞阳也被侍从的武士砍杀于朝堂台阶之下。

秦王大怒，命大将王翦攻打燕国。公元前222年，秦军攻打辽东，俘获燕王喜，燕国灭亡。

## 【原文】

太子闻卫人荆轲之贤①，卑辞厚礼而请见之。谓轲曰："今秦已虏韩王，又举兵南伐楚，北临赵。赵不能支秦，则祸必至于燕。燕小弱，数困于兵，何足以当秦！诸侯服秦，莫敢合从②。丹之私计愚，以为诚得天下之勇士使于秦，劫秦王，使悉反诸侯侵地，若曹沫之与齐桓公③，则大善矣；则不可，因而刺杀之，彼大将擅兵于外而内有乱，则君臣相疑，以其间，诸侯得合从，其破秦必矣。唯荆卿留意焉！"荆轲许之。于是舍荆卿于上舍，太子日造门下④，所以奉养荆轲，无所不至。及王翦灭赵，太子闻之惧，欲遣荆轲行。荆轲曰："今行而无信，则秦未可亲也。诚得樊将军首与燕督亢之地图⑤，奉献秦王，秦王必说见臣⑥，臣乃有以报。"太子曰："樊将军穷困来归丹，丹不忍也！"荆轲乃私见樊於期曰："秦之遇将军，可谓深矣，父母宗族皆为戮没！今闻购将军首，金千斤，邑万家，将奈何？"於期太息流涕曰："计将安出？"荆卿曰："愿得将军之首以献秦王，秦王必喜而见臣，臣左手把其袖，右手揕其胸⑦，则将军之仇报而燕见陵之愧除矣！"樊於期曰："此臣之日夜切齿腐心也！"遂自刎⑧。太子闻之，奔往伏哭，然已无奈何，遂以函盛其首⑨。太子豫求天下之利匕首，使工以药淬之⑩，以试人，血濡缕⑪，人无不立死者。乃装为遣荆轲，以燕勇士秦舞阳为之副，使入秦。

## 【注释】

①荆轲：战国末期卫人，好读书击剑，卫人称为"庆卿"，后到燕国，被当地人称为荆卿。由燕国田光推荐给太子丹，拜为上卿。公元前227年，荆轲带燕督亢地图和樊於期首级，前往秦国进献。秦王大喜，在咸阳宫隆重召见。献图时，图穷匕首现，刺秦王不中，被杀。

②合从：即"合纵"，泛指联合。

③曹沫之与齐桓公：曹沫，鲁国人。齐桓公和鲁会盟，曹沫劫持齐桓公，逼迫他答应尽数归还侵夺鲁国的土地。

④造：到。

⑤督亢：今河北涿州东南有督亢陂，其附近定兴、新城、固安诸县一带即战国燕督亢，是燕国的膏腴之地。

⑥说：同"悦"。

⑦揕：刺。

⑧自刎：割颈自杀。

⑨函：匣子。这里作动词用，指用盒子装上。

⑩淬：浸染。

⑪濡缕：沾湿一缕。形容沾湿范围极小，引申指力量微弱。

**【译文】**

太子丹听说卫国人荆轲贤能，便携带厚礼，以谦卑的言辞请求见他。太子丹对荆轲说："现在秦国已经俘虏了韩王，又乘势举兵向南进攻楚国，向北逼近赵国；赵国无力对付秦国，那么灾难就要降临到燕国头上了。燕国又小又弱，多次被战争拖累，哪里还能抵挡得住秦国啊！各诸侯国都屈服秦国，没有哪个国家再敢合纵抗秦了。我个人的计策很愚鲁，认为如果能获得一位天下勇猛的勇士，让他前往秦国，劫持秦王，迫使秦王将兼并来的土地还给各国，就像曹沫当年逼迫齐桓公归还鲁国丧失的领土一样，如此当然是最好的了；假如不行的话，便乘机杀了秦王。到那时，秦国的大将拥兵在外，而国内发生动乱，那么君臣之间一定会相互猜疑，趁此时机，各国如果能够合纵抗秦，就一定可以打败秦国。希望你留心这件事情啊！"荆轲答应了太子丹。于是，太子丹安排荆轲住进上等客舍，他天天亲往舍中探望，凡是能够供给荆轲的东西，没有不送到的。等到秦将王翦灭了赵国，太子丹听说后非常害怕，便想送荆轲出行。荆轲说："我现在前往秦国，但是没有令秦人信任我的理由，不一定能接近秦王。倘若能得到樊将军的头颅和燕国督亢的地图，把它们献给秦王，秦王必定很高兴召见我，那时我才能刺杀他来回报您。"太子丹说："樊将军在穷途末路时投奔我，我不忍心杀他啊！"于是，荆轲私下里去见樊於期说："秦国对待你，可以说是残酷至极了，你的父母、宗族都被诛杀或没收为官奴！现在听说秦国悬赏黄金千斤、万户封地来买你的头颅，你打算怎么办呢？"樊於期流泪叹息道："能想出什么办法呢？"荆轲说："希望能得到你的头颅献给秦王，秦王见此一定高兴而召见我，那时我左手拉住他的袖子，右手持匕首刺他的胸膛，那么你的大仇就可以得报，而且燕国遭受的耻辱也可以消除了！"樊於期说："这正是我日夜渴望实现的事情！"于是，樊於期拔剑自刎。太子丹听说后，急奔而来，伏在尸体上痛哭，但已经无可奈何了，于是就用匣子装起樊於期的头颅。太子丹已预先找到了天下最锋利的匕首，命令工匠把匕首烧红浸入毒药中，又用这染毒的匕首试刺人，只渗出一丝血，没有不立即死去的。于是准备行装送荆轲出发，又派燕国的勇士秦舞阳做他的助手，让二人作为使者前往秦国。

## 【原文】

始皇帝下二十年（甲戌，公元前227年）

荆轲至咸阳①，因王宠臣蒙嘉卑辞以求见，王大喜，朝服，设九宾而见之②。荆轲奉图以进于王，图穷而匕首见③，因把王袖而揕之；未至身，王惊起，袖绝。荆轲逐王，王环柱而走。群臣皆愕，卒起不意④，尽失其度。而秦法，群臣侍殿上者不得操尺寸之兵⑤，左右以手共搏之，且曰："王负剑⑥！"负剑，王遂拔以击荆轲，断其左股⑦。荆轲废，乃引匕首擿王⑧，中铜柱。自知事不就，骂曰："事所以不成者，以欲生劫之，必得约契以报太子也！"遂体解荆轲以徇⑨。王于是大怒，益发兵诣赵，就王翦以伐燕⑩，与燕师、代师战于易水之西，大破之。

## 【注释】

①咸阳：秦国都城，今陕西咸阳。

②九宾：为古代宾礼中最隆重的礼仪，主要有九个迎宾赞礼的官员延迎上殿。

③图穷而匕首见：地图打开到最后，里面藏着的匕首露了出来。图，地图。穷，尽。见，同"现"。

④卒：同"猝"。

⑤兵：武器。

⑥负：背。

⑦股：腿。

⑧擿：投掷。

⑨徇：示众。

⑩王翦：秦著名将领，在秦始皇统一六国的战争中立有大功。荆轲事件之后，秦王派王翦攻打燕国，在易水西击破燕军主力，逼迫燕王逃到辽东，平定了燕蓟。

## 【译文】

始皇帝下二十年（甲戌，公元前227年）

荆轲到达秦国都城咸阳，通过秦王的宠臣蒙嘉，用谦卑的言辞求见秦王；秦王非常高兴，穿上朝会时穿的礼服，安排朝会大典接见荆轲。荆轲捧着地图进献给秦王，图卷全部展开后，匕首露了出来，荆轲乘机抓住秦王的袍袖，举起匕首刺向秦王；没等荆轲近身，秦王已惊恐地跃起，挣断袍袖。荆柯随即追逐秦王，秦王绕着柱子奔跑。这时，殿上的群臣都大吃一惊，事发突然，群臣全都失去了常态。秦国法律规定，在殿上侍从的群臣不得携带任何武器，众人只好徒手上前搏击荆轲，并喊道："大王把剑推到背上去！"于是秦王将剑推到背上，随即拔出剑来回击荆轲，砍断了他的左大腿。荆轲肢体受伤，就把匕首向秦王投了过去，却击中了铜柱。荆轲知道行刺之事已经无法完成，就大骂道："此事所以不能成功，只是想活捉你，迫使你订立契约，归还所兼并的土地，以此来报答燕太子！"于是，荆轲被分尸示众。秦王为此勃然大怒，增派军队到赵国，同王翦的大军攻打燕国，秦军在易水以西与燕军和代王的军队会战，大败燕、代军。

# 汉 纪

## 四面楚歌

⊙ **导语**

楚汉战争,是继秦末农民战争后,项羽和刘邦之间进行的一场长达五年之久的争夺战。

由于项羽分封不公,引起了诸侯和功臣的不满,他们先后反楚。公元前202年初,韩信率汉军向项羽发动进攻。当时汉军有三十万,项羽军有十万。韩信初战诈败而退,项羽率兵追击韩信,陷入韩信的十面埋伏中。楚军连环中伏,韩信趁势反击,汉军主力从左右两翼夹击楚军,楚军大败。

项羽退守垓下,被汉军及诸侯军重重包围。楚军在夜间听到四面都是楚歌,以为汉已尽得楚地,士气消沉。项羽率八百壮士乘夜突围,渡过淮河后,身边只剩下百余骑。汉军穷追不舍,项羽退至乌江,自觉无颜面对江东父老,自刎身亡。

有关"楚汉战争"的史料在《资治通鉴》中并不是最早和最详尽的,但是所有的记载都沿着时间的推进而展开。其间双方力量对比的变化,不同人物对于情势的不同理解和反应,都使得这一事件的铺陈显得特别生动。《资治通鉴》用了相当详尽的篇幅记述了项羽的最后时刻。而且《资治通鉴》一改以往历史描述项羽"意忌信谗""优柔寡断"的形象,在生死胜败之际,我们可以看到一个令人同情的末路英雄。

## 【原文】

汉太祖高皇帝三年（丁酉，公元前204年）

汉王谓陈平曰①："天下纷纷，何时定乎？"陈平曰："项王骨鲠之臣②，亚父、钟离昧、龙且、周殷之属③，不过数人耳。大王诚能捐数万斤金④，行反间⑤，间其君臣，以疑其心；项王为人，意忌信谗，必内相诛，汉因举兵而攻之，破楚必矣。"汉王曰："善！"乃出黄金四万斤与平，恣所为⑥，不问其出入。平多以金纵反间于楚军，宣言："诸将钟离昧等为项王将，功多矣，然而终不得裂地而王，欲与汉为一，以灭项氏而分王其地。"项王果意不信钟离昧等。

## 【注释】

①陈平：刘邦谋臣。足智多谋，锐意进取，屡以奇计辅佐刘邦定天下，汉初被封为曲逆侯。

②骨鲠之臣：忠直敢于直言进谏的属下。

③亚父：即范增，项羽的主要谋士，被尊称为"亚父"。钟离昧：楚王项羽的大将。龙且、周殷：均为项羽的大将。

④捐：舍弃。

⑤间：离间。

⑥恣：放纵，没有拘束。

## 【译文】

汉太祖高皇帝三年（丁酉，公元前204年）

汉王刘邦对陈平说："天下纷扰混乱，什么时候才能太平呢？"陈平说："项王身边正直忠心的臣子，亚父、钟离昧、龙且、周殷这些人，只不过几个而已。大王如果能拿出数万斤金，行反间计，离间他们君臣，让他们互生疑心；项王为人，易于猜忌，易听信谗言，这样一来，君臣之间起了疑心，他们内部必定互相残杀，我们借机发兵去攻打他们，一定能够击败楚军。"汉王说："好！"便拿出黄金四万斤交给陈平，任由他自己掌握，不过问他使用的情况。陈平用许多黄金在楚军中进行离间活动，扬言说："各位将领如钟离眛等，他们为项王领兵打仗，立了那么多功劳，然而却终究不能分得一块土地而称王，现在他们要跟汉联合，消灭项氏，瓜分楚国的土地，各自称王。"项王果然有所猜忌，不再信任钟离眛等人。

## 【原文】

夏，四月，楚围汉王于荥阳①，急；汉王请和，割荥阳以西者为汉。亚父劝羽急攻荥阳；汉王患之②。项羽使使至汉，陈平使为大牢具③。举进，见楚使，即伴惊曰："吾以为亚父使，乃项王使！"复持去，更以恶草具进楚使④。楚使归，具以报项王；项王果大疑亚父。亚父欲急攻下荥阳城，项王不信，不肯听。亚父闻项王疑之，乃怒曰："天下事大定矣，君王自为之，愿请骸骨归⑤！"未至彭城⑥，疽发背而死⑦。

## 【注释】

①荥阳：今河南荥阳西。

②患：担心，担忧。

③大牢具：即太牢具。盛牲的食具叫牢，大的即太牢，太牢盛牛、羊、豕三牲，因此宴会或祭祀时并用三牲也称为太牢。这里指用丰盛的酒食款待。

④恶草具：粗糙简陋的待客食具。

⑤请骸骨：请求退休。

⑥彭城：今江苏徐州。

⑦疽：指毒疮。

## 【译文】

夏季，四月，楚军在荥阳包围了汉王，形势紧急；刘邦向项羽请求议和，将荥阳以西地区划为汉。亚父范增劝项羽急攻荥阳，汉王十分担心。项羽派使者到刘邦处，陈平准备了丰盛的酒食，命人端去款待楚国的使者，一见楚使，就假装吃惊地说："我以为是亚父的使者，原来是项王派来的！"又让人把东西端走，改换成粗劣的酒食送给楚使食用。楚使回去后把这些情况如实禀报给项王，项王果然对亚父起了疑心。亚父急着要攻下荥阳城，项王不信任他，不肯听他的建议。亚父闻听项王对他有疑心，于是怒气冲冲地说："天下大局已定，君王好自为之，请让老臣告老还乡吧。"范增还未到彭城，就因背上的毒疮发作死去。

## 【原文】

五月，将军纪信言于汉王曰①："事急矣！臣请诳楚②，王可以间出。"于是陈平夜出女子东门二千馀人，楚因四面击之。纪信乃乘王车，黄屋，左纛③，曰："食尽，汉王降。"楚皆呼万岁，之城东观。以故汉王得与数十骑出西门遁去，令韩王信与周苛、魏豹、枞公守荥阳。羽见纪信，问："汉王安在？"曰："已出去矣。"羽烧杀信。周苛、枞公相谓曰："反国之王，难与守城！"因杀魏豹。

## 【注释】

①纪信：刘邦手下将领，在"楚汉之争"中保护刘邦有功。
②诳：欺骗。
③纛：古时军队或仪仗队的大旗。

## 【译文】

五月，将军纪信对汉王说："势态紧急！请让臣用计策迷惑一下楚军，您可以趁机离开荥阳城。"于是陈平在夜里将二千多名女子放出城东门，楚军即刻便从四面围击她们。纪信于是乘汉王的车，车上张黄盖，左边竖着汉王的旗帜，驶到楚军面前，说道："我军的粮食已经吃光了，汉王前来乞降。"楚人都山呼万岁，涌到城东来围观。汉王借此机会带着数十骑从西门出城逃走，令韩王信与周苛、魏豹、枞公守荥阳。项羽见到纪信，问："汉王在哪里？"纪信回答道："已经出城走了。"项羽烧死了纪信。周苛、枞公商议说："背叛汉国的君王魏豹，很难让人和他一道守城！"于是杀了魏豹。

## 【原文】

太祖高皇帝四年（戊戌，公元前203年）

八月，项羽自知少助；食尽，韩信又进兵击楚①，羽患之。汉遣侯公说羽请太公②。羽乃与汉约，中分天下，割鸿沟以西为汉③，以东为楚。九月，楚归太公、吕后，引兵解而东归。汉王欲西归，张良、陈平说曰："汉有天下太半，而诸侯皆附；楚兵疲食尽，此天亡之时也。今释弗击④，此所谓'养虎自遗患'也⑤。"汉王从之。

## 【注释】

①韩信：刘邦大将，汉初著名军事家。

②太公：汉王刘邦的父亲。

③鸿沟：即鸿沟。古代最早沟通黄河和淮河的人工运河。西汉时期又称狼汤渠。

④释：放弃。

⑤养虎自遗患：留着老虎不除掉，就会成为后患。比喻纵容坏人坏事，留下后患。

## 【译文】

太祖高皇帝四年（戊戌，公元前203年）

八月，项羽自知楚军缺乏援助，粮草即将用尽，韩信又进兵击楚，项羽心中非常忧虑。汉王派侯公见项羽，劝说他放回太公。于是项羽和汉王约定，平分天下，洪沟以西划归汉，洪沟以东划归楚。九月，项羽放还了太公和吕后，带兵解阵东行归去。汉王打算西归关中，张良、陈平劝阻说："汉已拥有大半个天下，诸侯也都前来归附；楚兵疲惫不堪，粮草将尽，这是上天让我们灭楚的最好时机。今天放走楚军而不去追击，这就是所谓的'饲养猛虎给自己留下后患'呀！"汉王听从了他们的建议。

## 【原文】

太祖高皇帝五年（己亥，公元前202年）

冬，十月，汉王追项羽至固陵①，与齐王信、魏相国越期会击楚②；信、越不至，楚击汉军，大破之。汉王复坚壁自守，谓张良曰："诸侯不从，奈何？"对曰："楚兵且破③，二人未有分地，其不至固宜；君王能与共天下，可立致也④。齐王信之立，非君王意，信亦不自坚；彭越本定梁地，始，君王以魏豹故拜越为相国⑤；今豹死，越亦望王，而君王不早定。今能取睢阳以北至谷城皆以王彭越⑥，从陈以东傅海与韩王信⑦。信家在楚，其意欲复得故邑。能出捐此地以许两人，使各自为战，则楚易破也。"汉王从之。于是韩信、彭越皆引兵来。

## 【注释】

①固陵：古地名，今河南淮阳西北。

②齐王信：即韩信，时为齐王。魏相国越：即彭越，汉初著名将领。拜魏相国，又被封为梁王。

③且：将要，快要。

④致：招致，引来。

⑤魏豹：六国时魏国的公子。

⑥睢阳：今河南商丘南。谷城：今山东东阿。

⑦陈：陈州，相当于今河南周口地区。

## 【译文】

太祖高皇帝五年（己亥，公元前202年）

冬季，十月，汉王追击项羽到了固陵，与齐王韩信、魏相国彭越约定日期合击楚军。但是韩信、彭越的军队没有来，楚军攻打汉军，汉军大败。汉王只好重新坚固营垒加强防守，并对张良说："诸侯不听我的，怎么办？"张良答道："楚军即将被打败，而韩信、彭越二人没有分封到明确的土地，他们不按约期前来会合是必然的。君王如果能与他们一起共分天下，就可以立即把他们召来。齐王韩信的封立，不是您的本意，韩信自己也不放心。彭越平定了梁地，当初，您因为魏豹的缘故封彭越为魏国相国；现在魏豹死了，彭越也在等着您封他为王，但您却不早做决定。现在，您可以把从睢阳以北到谷城的土地都封给彭越，把从陈县以东到沿海一带的区域封给齐王韩信。韩信的家乡在楚地，他的本意是想要重新得到自己故乡的土地。假如您答应分割这些土地给他们二人，让他们为各自的利益而战，那么楚军就很容易攻破了。"汉王听从了张良的建议。于是韩信、彭越都率军前来。

## 【原文】

十一月，刘贾南渡淮，围寿春，遣人诱楚大司马周殷。殷畔楚，以舒屠六，举九江兵迎黥布，并行屠城父，随刘贾皆会。

十二月，项王至垓下[①]，兵少，食尽，与汉战不胜，入壁；汉军及诸侯兵围之数重。项王夜闻汉军四面皆楚歌，乃大惊曰："汉皆已得楚乎？是何楚人之多也！"则夜起，饮帐中，悲歌慷慨，泣数行下；左右皆泣，莫能仰视。于是项王乘其骏马名骓[②]，麾下壮士骑从者八百馀人[③]，直夜，溃围南出驰走。平明[④]，汉军乃觉之，令骑将灌婴以五千骑追之[⑤]。项王渡淮，骑能属者才百馀人[⑥]。至阴陵[⑦]，迷失道，问一田父，田父绐曰"左"。左，乃陷大泽中，以故汉追及之。

【注释】

①垓下：古地名，在今安徽灵璧东南。

②骓：毛色青白相杂的马。

③麾下：指将帅的部下。

④平明：天刚亮的时候。

⑤灌婴：汉初名将。

⑥属：连接，跟着。

⑦阴陵：春秋楚邑。为项羽兵败后迷失道处，汉时置县。故城在今安徽定远西北。

【译文】

十一月，刘邦的堂兄刘贾南渡淮河，包围了寿春，派人去诱降楚国的大司马周殷。周殷即反叛楚国，用舒地的兵力屠灭了六县，并调发九江的部队迎接黥布，一同去屠灭了城父县，接着随同刘贾等人一齐会合。

十二月，项王到了垓下，兵少粮尽，与汉军交战未能取胜，便退守营垒；这时汉军和诸侯的军队将项王的军营重重包围起来。项王夜里听见汉军阵营中到处传唱楚歌，于是惊问道："汉军已经得到所有楚国的土地了吗？怎么楚人这么多！"项王便连夜起身，在帐中饮酒，慷慨悲歌，泪下数行；身边的人也都哭泣，不忍心抬头看他。于是项王骑上他的骏马骓，带领八百多名壮士骑从，当夜突围往南奔驰。天大亮时，汉军才发觉，便命令骑将灌婴率五千骑兵追击。项王渡过淮河的时候，相随的骑兵能跟得上他的才一百多人。项羽一行人到阴陵时迷了路，便向一农夫问路，农夫骗他们说"向左"。项羽等向左走，却陷入大沼泽地中，汉军因此追上了他们。

【原文】

项王乃复引兵而东，至东城①，乃有二十八骑；汉骑追者数千人。项王自度不得脱，谓其骑曰："吾起兵至今，八岁矣；身七十馀战，未尝败北，遂霸有天下。然今卒困于此，此天之亡我，非战之罪也！今日固决死，愿为诸君快战，必溃围，斩将，刈旗②，三胜之，令诸君知天亡我，非战之罪也。"乃分其骑以为四队，四乡。汉军围之数重。项王谓其骑曰："吾为公取彼一将。"令四面骑驰下，期山东为三处。于是项王大呼驰下，汉军皆披靡③，遂斩汉一将。是时，郎中骑杨喜追项王④，项王瞋目而叱之⑤，喜人马俱惊，辟易数里⑥。项王与其骑会为三处，汉军不知项王所在，乃分军为三，复围之。项王乃驰，复斩汉一都尉⑦，杀数十百人；复聚其骑，亡其两骑耳。乃谓其骑曰："何如？"骑皆伏曰："如大王言！"

### 【注释】

①东城：今安徽定远东南。

②刈旗：砍断敌旗。刈，砍断。

③披靡：草木随风倒伏，比喻军队溃败。

④郎中骑：骑兵禁卫官。当时的武职名称。

⑤瞋目：睁大眼睛。叱：大声责骂。

⑥辟易：惊慌地退避，避开。

⑦都尉：武官名。始置于战国，位略低于将军。秦时设郡，掌郡内军事。西汉时为郡守之辅佐，掌全郡军事。

### 【译文】

项王于是再领兵向东走，到东城，相随的只有二十八个骑兵了；而汉军骑兵追逐前来的有几千人。项王估计不能脱身，便对他的骑兵们说："我从起兵到现在，已经八年了，身经七十多次战斗，不曾失败过，这才称霸于天下。但是今天最终被困在这里，这是上天要灭亡我啊，不是我用兵有什么过错！今天定要一决生死，愿为你们痛快地打一仗，一定突出重围，斩杀敌将，拔取敌旗，接连三次取胜，让你们知道这是天要亡我，不是我用兵的过错。"于是分二十八骑为四队，向四个方向冲杀。汉军将他们重重包围。项王对他的骑兵们说："看我为你们斩杀他一员将领！"命令骑士们从四面奔驰而下，约定在山的东边分三处会合。于是项王大声呼喝着策马飞奔而下，汉军随即都溃败散乱，项王就斩杀了一员汉将。这时，郎中骑杨喜追击项王，项王瞪着双眼厉声呵叱他，杨喜人马都受到惊吓，退避了好几里地。项王与他的骑兵们分三处会合，汉军不知道项王究竟在哪里，于是分兵三路，又把他们包围起来。项王随即奔驰冲杀，又斩杀了汉军的一名都尉，杀死汉军近百人，重新聚拢他的骑兵，至此仅仅损失了两名骑士。项王就对他的骑兵们说："怎么样？"骑兵们都敬服地说："正如大王所说。"

## 【原文】

于是项王欲东渡乌江①，乌江亭长船待②，谓项王曰："江东虽小，地方千里，众数十万人，亦足王也。愿大王急渡！今独臣有船，汉军至，无以渡。"项王笑曰："天之亡我，我何渡为！且籍与江东子弟八千人渡江而西，今无一人还；纵江东父兄怜而王我，我何面目见之！纵彼不言，籍独不愧于心乎！"乃以所乘骓马赐亭长，令骑皆下马步行，持短兵接战。独籍所杀汉军数百人，身亦被十余创。顾见汉骑司马吕马童③，曰："若非吾故人乎？"马童面之，指示中郎骑王翳曰："此项王也。"项王乃曰："吾闻汉购我头千金，邑万户；吾为若德④。"乃自刎而死。王翳取其头；余骑相蹂践争项王⑤，相杀者数十人；最其后，杨喜、吕马童及郎中吕胜、杨武各得其一体；五人共会其体，皆是，故分其户，封五人皆为列侯⑥。

## 【注释】

①乌江：在安徽和县境内。

②亭长：秦汉时每十里为一亭，设亭长一人，掌治安、诉讼等事。

　船：使船靠岸。

③骑司马：项羽自立建立郡国后采用的新的军事官职。

④德：情义，恩惠。

⑤蹂践：踩踏。

⑥列侯：爵位名。秦制爵分二十级，彻侯位最高。汉承秦制，为避汉武帝刘彻讳，改彻侯为通侯，或称列侯。

【译文】

这时项王想东渡乌江，乌江亭长把船停在岸边等着他，并对项王说："江东虽然狭小，土地方圆千里，民众几十万人，却也足够用以称王的了。望大王赶快渡江！现在只有我有船，汉军即使追到，也无法过江。"项王笑着说："上天要灭亡我，我还要渡江做什么！况且我与江东子弟八千人渡江西征，如今没有一人回去；纵使江东父兄怜惜我，仍然视我为王，可我又有何面目去见他们！即便他们不说什么，难道我就无愧于心吗！"于是把自己所骑的骓送给了亭长，命令他的骑兵都下马步行，手持短兵器迎战。仅项王一人就杀死汉军几百人，项王自己也身受十多处伤。项王回头看见汉军骑司马吕马童，就说："你不是我的老朋友吗？"吕马童看到了，指给中郎骑王翳说："这就是项王！"项王便说道："我听说汉王以千金悬赏我的头颅，分给享用万户赋税的封地，我就把这份好处留给故人吧。"于是自刎而死。王翳取下项王的头颅。其余的骑兵相互践踏争抢项王的躯体，互相残杀的有几十个人。到了最后，杨喜、吕马童和郎中吕胜、杨武各夺得项王的一部分肢体。五个人把项王的肢体会合拼凑到一起，都对得上，在封赏时，将悬赏的封地分为五份，五人都被封为列侯。

【原文】

楚地悉定，独鲁不下；汉王引天下兵欲屠之。至其城下，犹闻弦诵之声；为其守礼义之国，为主死节，乃持项王头以示鲁父兄，鲁乃降。汉王以鲁公礼葬项王于谷城①，亲为发哀，哭之而去。诸项氏枝属皆不诛。封项伯等四人皆为列侯，赐姓刘氏；诸民略在楚者皆归之。

## 【注释】

①谷城：宋白曰："宋州谷熟县，古谷城也。"一说位于山东省西南部。楚汉战争时，东平一带曾是项羽的根据地，驻扎着项羽的后方精锐部队，故项羽死后葬此。《皇览》中亦载"县（谷城）东十五里有项羽冢"。墓原有封土，高10米左右，直径100米，墓前原有碑刻四方，汉柏数株。后代名士多有前来凭吊者，如清代进士德清人俞樾在《项王墓》诗中有"已置头颅生赠客，还留魂魄战死神"之句。

## 【译文】

楚地全部平定了，唯独鲁县仍不投降。汉王刘邦率领天下的兵马，打算屠灭它。大军抵达城下，仍然能听到城中礼乐弦诵的声音；由于鲁县是信守礼义的故国，为自己的君主尽忠守节，汉军便拿出项羽的头颅给鲁县的父老看，鲁县父老这才投降。汉王用葬鲁公的礼仪把项羽葬在谷城，并亲自为项羽发丧举哀，哭了一阵后离去。对项羽的家族亲属都不加杀害，还把项伯等四人都封为列侯，赐他们刘姓，将过去被掳掠到楚国来的百姓们都交给他们统治。

# 昆阳之战

## ⊙ 导语

王莽篡汉后，施行了一系列违反社会经济发展规律的政治措施，导致阶级矛盾日趋激化，广大民众纷纷揭竿而起，反抗新朝的统治。一时间，新莽王朝处于众叛亲离、风雨飘摇的境地。

新莽地皇四年（公元23年）二月，绿林军推举汉室后裔刘玄为帝，恢复汉制，年号更始。更始政权建立后，绿林军主力北上，围攻战略要地宛城（今河南南阳）。同时派王凤、王常和刘秀等人统率部分兵力，迅速攻下昆阳（今河南叶县）、定陵（今河南舞阳北）、郾县（今河南郾城南）等地，与围攻宛城的主力形成犄角之势。

为了对付更始军，王莽派遣大司空王邑和司徒王寻率领优势兵力与农民军进行决战。王邑、王寻率军至昆阳城下，列营百余座，猛攻昆阳。刘秀等人说服了不愿出兵的诸营守将，率领步骑万余人驰援昆阳。刘秀亲率千余援军步骑为前锋，斩杀王邑军数十人，取得了初战的胜利，大大鼓舞了士气。

在刘秀的猛烈进攻下，更始军内外夹攻，打得王邑全军一败涂地。王邑军的将卒纷纷逃命，互相践踏，积尸遍野，只有王邑、严尤等少数人狼狈逃脱，窜入洛阳。

"昆阳之战"使起义军歼灭了王莽军的主力，取得了辉煌胜利。随后起义军兵分两路，乘胜直趋长安，彻底推翻了王莽政权。

昆阳之战，是绿林、赤眉起义中决定性的一战。它聚歼了王莽赖以维持统治的军队主力，为起义军胜利进军洛阳、长安，最终推翻新莽统治创造了有利的条件。

## 【原文】

淮阳王更始元年（癸未，公元23年）①

春，正月甲子朔②，汉兵与下江兵共攻甄阜、梁丘赐③，斩之，杀士卒二万馀人。王莽纳言将军严尤、秩宗将军陈茂引兵欲据宛④，刘縯与战于淯阳下，大破之，遂围宛。先是，青、徐贼众虽数十万人，讫无文书、号令、旌旗、部曲；及汉兵起，皆称将军，攻城略地，移书称说。莽闻之，始惧。

## 【注释】

①更始：刘玄称帝的年号。

②甲子朔：正月初一。

③甄阜、梁丘赐：王莽的官员。

④宛：今河南省南阳市。

## 【译文】

淮阳王更始元年（癸未，公元23年）

春季，正月甲子朔（初一），汉军与下江兵共同攻打甄阜、梁丘赐的军队，斩甄阜、梁丘赐，杀死王莽军队士卒二万余人。王莽的纳言将军严尤与秩宗将军陈茂率军前进，打算驻防宛城，汉缤军与他们在淯阳城会战，大破严尤、陈茂军，接着包围宛城。在此之前，青州和徐州的盗贼虽有几十万人，但一直没有文书、号令、旗帜、军队组织。但等到汉兵起事，大家都自称将军，攻打城市，掠夺土地，传递文书，声讨王莽的罪恶。王莽听到了，开始担心害怕起来。

## 【原文】

三月，王凤与太常偏将军刘秀等徇昆阳、定陵、郾①，皆下之。

王莽闻严尤、陈茂败②，乃遣司空王邑驰传③，与司徒王寻发兵平定山东④；征诸明兵法六十三家以备军吏，以长人钜毋霸为垒尉⑤，又驱诸猛兽虎、豹、犀、象之属以助威武⑥。邑至洛阳⑦，州郡各选精兵，牧守自将，定会者四十三万人，号百万；馀在道者，旌旗、辎重⑧，千里不绝。夏，五月，寻、邑南出颍川⑨，与严尤、陈茂合。

## 【注释】

①王凤：农民起义军领袖，新莽王朝末年，与王匡等在绿林山（今湖北京山一带的大洪山地区）领导农民起义。绿林军在王匡、王凤等人的

领导下,力量极为强大,终于推翻了新莽王朝的反动统治。更始帝封其为成国上公。昆阳:今河南叶县。定陵:今河南省舞阳县。郾:今河南省漯河市郾城区。

②严尤:时任纳言大将军。陈茂:时任秩宗大将军,都是王莽的将领。这是指他们在宛城一带被刘秀的哥哥所打败。

③司空:西汉成帝改御史大夫为司空。御史大夫在汉代本是丞相的副职。传:古代驿所备的车辆叫传车,这个传就是传车的简称。

④司徒:西汉哀帝时改丞相为司徒。山东:当时称崤山以东的广大地区,不是指今天的山东省。

⑤垒尉:主持营垒的武将。

⑥犀、象:犀牛、大象。

⑦洛阳:今河南洛阳。

⑧辎重:辎是一种有帷盖的大车,辎重本是指出行时所带的包裹箱笼,但后来多用指军用物资。

⑨颍川:今河南禹县,在昆阳之北。

## 【译文】

三月,王凤和太常偏将军刘秀等率领汉军攻掠昆阳、定陵、郾等城,一连都攻了下来。

王莽得知严尤、陈茂兵败,就派遣司空王邑乘坐飞快的传车前往,和司徒王寻一起发兵去平定崤山以东地区。同时征召通晓六十三家兵法的人为军官,任用巨人钜毋霸为垒尉,又赶来虎、豹、犀、象等猛兽以助军威。王邑到了洛阳,各州郡选派精锐的兵士,由州郡的长官亲自带领,定期会集起来的有四十三万人,号称百万;其余尚未会集在路上的军队,旌旗、辎重,千里不绝。夏季,五月,王寻、王邑向南到了颍川,与严尤、陈茂的部队会合。

**【原文】**

诸将见寻、邑兵盛，皆反走，入昆阳，惶怖，忧念妻孥①，欲散归诸城。刘秀曰："今兵谷既少而外寇强大，并力御之，功庶可立；如欲分散，势无俱全。且宛城未拔，不能相救；昆阳即拔，一日之间，诸部亦灭矣。今不同心胆，共举功名，反欲守妻子财物邪！"诸将怒曰："刘将军何敢如是！②"秀笑而起。会候骑还③，言："大兵且至城北，军陈数百里，不见其后。"诸将素轻秀，及迫急，乃相谓曰："更请刘将军计之。"秀复为图画成败④，诸将皆曰："诺。"时城中唯有八九千人，秀使王凤与廷尉大将军王常守昆阳，夜与五威将军李轶等十三骑出城南门，于外收兵。

**【注释】**

①妻孥：妻子儿女。

②刘将军：刘秀。

③会：恰巧。

④图画：图谋策划。

**【译文】**

汉军的将领们看到王寻、王邑军队声势浩大，都往回跑，退到昆阳城，惊慌不安，担忧妻子儿女，想从这里分散到原来占据的城邑去。刘秀对他们说："现在城内兵寡粮缺，而城外敌军又很强大，集中兵力抵抗敌军，也许可以立功；如果分散，势必不能保全。况且咱们的部队还没有攻下宛城，不能前来救援；一旦昆阳被敌军占领，只要一天的工夫，我军各部就会遭到歼灭。现在怎么能不同心协力，共立功业，反而贪生怕死想要守着妻子和财物呢！"将领们大怒说："刘将军怎么敢这样说！"刘秀笑而起身。正在此时，侦察的骑兵回来，报告说："王寻大军即将到达城北，军队连绵百里，看不到它后面的人马。"将领们一向轻视刘秀，到了这样急迫的时候，才互相商量道："再去请刘将军谋划这件事。"于是刘秀又分析情况，制定具体行动方案，将领们听了后都说："是。"当时城中只有八九千人，刘秀让王凤和廷尉大将军王常守卫昆阳，当夜自己同五威将军李轶等十三人骑马驰出昆阳城的南门，在外面募集士兵。

## 【原文】

　　时莽兵到城下者且十万，秀等几不得出。寻、邑纵兵围昆阳，严尤说邑曰："昆阳城小而坚，今假号者在宛，亟进大兵，彼必奔走；宛败，昆阳自服。"邑曰："吾昔围翟义①，坐不生得以见责让，今将百万之众，遇城而不能下，非所以示威也。当先屠此城，喋血而进，前歌后舞，顾不快邪！"遂围之数十重，列营百数，钲鼓之声闻数十里，或为地道、冲𫐐撞城；积弩乱发，矢下如雨，城中负户而汲。王凤等乞降，不许。寻、邑自以为功在漏刻，不以军事为忧。严尤曰："《兵法》：'围城为之阙'，宜使得逸出以怖宛下。"邑又不听。

## 【注释】

　　①翟义：东郡太守，起兵反抗王莽。后兵败，自杀。

## 【译文】

　　当时开到昆阳城下的王莽军队将近十万人，刘秀等人几乎不能出城。王寻、王邑指挥大军包围了昆阳，严尤向王邑献策说："昆阳城小而坚固，现在假冒皇帝名号的刘玄在宛城，我们大军迅速向宛城进兵，刘玄必定逃跑；宛城的汉军一旦失败，昆阳城里的汉军将不战而降。"王邑说："我以前围攻翟义，因没有活捉到他而受到责备，如今我带领百万大军，遇城竟绕道而过，不能攻下，这就不能显示军威了。应当先攻陷屠杀此城，踏着血泊前进，前歌后舞，难道不痛快吗！"于是把昆阳包围了几十层，列营上百个，钲鼓之声响彻几十里，还挖掘地道，使用冲车来攻城；集中了所有弓弩向城内乱射,矢下如雨,城内的人为了躲避飞矢,背着门板出外打水。王凤等乞求投降,不被理睬。王寻、王邑自以为片刻就可成功,并不担心作战的事。严尤建议说:"《兵法》上说:'围城要留下缺口',现在应让被围之敌得以逃出,到宛城传播失败的消息,从而使围攻宛城的绿林军害怕以动摇其军心。"王邑又不听取这个建议。

## 【原文】

刘秀至郾、定陵,悉发诸营兵;诸将贪惜财物,欲分兵守之。秀曰:"今若破敌,珍宝万倍,大功可成;如为所败,首领无馀,何财物之有!"乃悉发之。六月己卯朔①,秀与诸营俱进,自将步骑千馀为前锋,去大军四五里而陈;寻、邑亦遣兵数千合战,秀奔之,斩首数十级②。诸将喜曰:"刘将军平生见小敌怯,今见大敌勇,甚可怪也!且复居前,请助将军!"秀复进,寻、邑兵却,诸部共乘之,斩首数百、千级。连胜,遂前,诸将胆气益壮,无不一当百,秀乃与敢死者三千人从城西水上冲其中坚③。

## 【注释】

①己卯:初一。
②斩首数十级:秦法斩一个敌人的头赐爵一级,后来就把斩几个人头叫作斩首若干级。
③中坚:中军精锐部队。

## 【译文】

刘秀到了郾、定陵等地,调发各营的全部军队支援昆阳;各营将领们贪惜财物,想要分出一部分兵士留守。刘秀说:"现在如果打败敌人,财宝要比现在多万倍,大功可成;如果被敌人打败,脑袋都保不住,还谈什么金银财物呢!"于是就命令全部军队出发。六月初一,刘秀和各营部队一同出发,他亲自带领步兵和骑兵一千多人为先锋部队,在距离王莽大军四五里远的地方摆开阵势。王寻、王邑也派几千人出来迎战,刘秀带兵冲了过去,斩了几十人首级。将领们高兴地说:"刘将军平时看到弱小的敌军都胆怯,现在见到强敌反而英勇,太奇怪了!还是我们在前面协助你破敌!"刘秀又发起攻击,王寻、王邑的部队退却,汉军各部一同冲杀过去,斩了数百上千个首级。汉军接连获胜,继续进兵,将领们胆气更壮,没有一个不是以一当百,刘秀见全军振奋,于是就和不畏牺牲的三千人从城西滍水岸边攻击王莽军的主将营垒。

**【原文】**

寻、邑易之,自将万馀人行陈,敕诸营皆按部毋得动,独迎与汉兵战,不利,大军不敢擅相救;寻、邑陈乱,汉兵乘锐崩之,遂杀王寻。城中亦鼓噪而出,中外合势,震呼动天地;莽兵大溃,走者相腾践①,伏尸百馀里。会大雷、风,屋瓦皆飞,雨下如注,滍川盛溢,虎豹皆股战②,士卒赴水溺死者以万数,水为不流。王邑、严尤、陈茂轻骑乘死人渡水逃去③,尽获其军实辎重,不可胜算,举之连月不尽,或燔烧其馀④。士卒奔走,各还其郡,王邑独与所将长安勇敢数千人还洛阳,关中闻之震恐。于是海内豪桀翕然响应,皆杀其牧守,自称将军,用汉年号以待诏命;旬月之间,遍于天下。

**【注释】**

①腾践:踏践。

②股战:颤抖。

③乘死人:趁死尸堵塞河流。

④燔:焚烧。

**【译文】**

王寻、王邑轻视汉军,亲自带领一万余人巡视阵地,命令各营按部管束自己的部队,没有命令不得擅自出动,单独迎上来同汉军交战,王寻等出战不利，大部队又不敢擅自相救；王寻、王邑所部阵脚大乱，汉军乘机击溃莽军，并杀死了王寻。昆阳城中的汉军见刘秀在城外取胜，也击鼓大喊冲杀出来，里应外合，呼声震天动地；王莽军全部溃败，逃跑者互相践踏，倒在地上的尸体遍布一百多里。适值大雷、大风，屋瓦全都被风刮得乱飞，大雨好似从天上倒灌下来，滍水暴涨，虎豹都吓得发抖，掉入水中溺死的士兵数以万计，河水为此都不能流动了。王邑、严尤、陈茂等以轻骑踏着死人渡过滍水逃走，汉军获得王莽军抛下的全部军用物资，不可胜计，一连几个月都运不完，有些余下的就烧掉了。王邑的残兵奔跑，各自逃回故乡，只有王邑和他带领的长安勇士几千人回到洛阳，长安的人听到这个消息十分惊惧。于是海内豪杰都纷纷响应，杀掉当地的州郡长官，自称将军，采用汉的年号，等待更始皇帝的诏命；一个月之内，这种形势遍及了全国。

# 赤壁之战

## ⊙ 导语

东汉建安十三年（公元208年），孙权、刘备联军在长江赤壁（今湖北赤壁西北的赤壁山，一说在今湖北武昌西赤矶山）一带与曹军展开了一场战略会战，这是孙、刘联军大败曹军的一场决战，对于"三国鼎立"局面的确立具有决定性的意义，史称"赤壁之战"，这是中国历史上以少胜多的著名战争之一。

公元200年，曹操在"官渡之战"中击败袁绍，进而统一了北方。统一北方后，曹操便积极从事南下的战争准备。他首先在邺城修建玄武池训练水军，接着又派人到凉州（今甘肃）拉拢马腾，以避免南下作战时侧后受到威胁。一切就绪后，于建安十三年七月，曹操率大军自宛（今河南南阳）挥师南下，欲先灭刘表，再顺长江东进，击败孙权，以统一天下。九月，曹军进占新野（今属河南），当时刘表已死，其子刘琮不战而降。曹操收编刘表部众，之后率大军向长江推进。

此时依附刘表屯兵于樊城的刘备，见刘琮降曹，仓促率军民南撤，在当阳被曹军击败。于退军途中，刘备派诸葛亮赴柴桑（今江西九江西南）说服孙权，与孙权结盟共同抗曹。

孙刘结盟后，孙权任命周瑜为主将，率三万精锐水军，联合屯驻樊口的刘备军，沿长江西进迎击曹军。十一月，孙刘联军与曹军对峙于赤壁。周瑜采纳部将黄盖所献的火攻之计，大败曹军。

## 【原文】

初①，鲁肃闻刘表卒，言于孙权曰："荆州与国邻接②，江山险固，沃野万里，士民殷富，若据而有之，此帝王之资也。今刘表新亡，二子不协，军中诸将，各有彼此③。刘备天下枭雄，与操有隙，寄寓于表④，表恶其能而不能用也⑤。若备与彼协心，上下齐同，则宜抚安⑥，与结盟好⑦；如有离违，宜别图之，以济大事⑧。肃请得奉命吊表二子，并慰劳其军中用事者⑨，及说备使抚表众，同心一意，共治曹操⑩，备必喜而从命。如其克谐⑪，天下可定也。今不速往，恐为操所先⑫。"权即遣肃行。

## 【注释】

①初：当初。

②国：指孙权割据的地区。邻接：（土地）相连接。

③各有彼此：有向着那边的，有向着这边的（有拥护刘琦的，有拥护刘琮的）。

④寄寓：寄居。

⑤恶其能：畏忌他的才能。

⑥若……则……：如果……就……。彼：指荆州方面的人。抚安：抚慰。

⑦盟好：友好同盟。

⑧济：成，成功。大事：即上文说的"据而有之"。

⑨用事者：掌权的人。

⑩治：对付。

⑪克谐：能办妥，能成功。克，能。

⑫为……所先：被……占了先。

**【译文】**

当初，鲁肃听说刘表死了，便对孙权说："荆州与我国接邻，地理形势险要坚固，土地肥沃广阔，人口繁多，百姓殷实富足，如能占据这个地方，就有了创建帝王大业的资本。现在刘表刚死，他的两个儿子不和，军队里的将领们，有的拥戴刘琦，有的拥戴刘琮。刘备是天下的英雄，与曹操有怨仇，现寄居在刘表那里，刘表嫉妒他的才能而不能重用他。如果刘备和刘表的部下们同心协力，上下一致，就应当安抚他们，与他们结成友好同盟；如果他们彼此离心离德，我们就应另作打算，以成就我们的大事。我请求能奉您的命令去吊慰刘表的两个儿子，并慰劳军中掌权的人，同时劝说刘备安抚刘表的部下，同心一意，共同对付曹操，刘备一定很高兴，并且会听从我的意见。如果这件事能够成功，那么天下大局便可以定了。现在不赶快去，恐怕就要被曹操占了先。"孙权即刻派鲁肃前往荆州。

**【原文】**

到夏口闻操已向荆州①，晨夜兼道，比至南郡②，而琮已降，备南走，肃径迎之，与备会于当阳长坂③。肃宣权旨④，论天下事势，致殷勤之意⑤。且问备曰："豫州今欲何至⑥？"备曰："与苍梧太守吴巨有旧⑦，欲往投之。"肃曰："孙讨虏聪明仁惠⑧，敬贤礼士，江表英豪⑨，咸归附之，已据有六郡⑩，兵精粮多，足以立事。今为君计，莫若遣腹心自结于东⑪，以共济世业。而欲投吴巨，巨是凡人，偏在远郡，行将为人所并⑫，岂足托乎<sup>⑬</sup>！"备甚悦。肃又谓诸葛亮曰："我，子瑜友也。"即共定交。子瑜者，亮兄瑾也，避乱江东，为孙权长史<sup>⑭</sup>。备用肃计，进住鄂县之樊口<sup>⑮</sup>。

## 【注释】

①夏口：夏水注入处。今湖北武昌市。

②比：及，等到。南郡：荆州属下的一个郡（郡治在今湖北江陵县）。

③当阳长坂：今湖北省当阳市长坂坡。

④宣权旨：传达孙权的意旨。

⑤殷勤之意：深厚而恳切的希望。

⑥豫州：指刘备。刘备曾任豫州刺史，故称。

⑦苍梧：郡名，郡治在今广西梧州市。有旧：有交情。

⑧孙讨虏：指孙权，孙权曾被汉朝封为讨虏将军，故称。

⑨江表：江外，指长江以南地方。

⑩六郡：会稽郡、吴郡、豫章郡、庐江郡、丹阳郡和新都郡（今江苏、浙江、江西等省一带）。

⑪莫若：不如。腹心：心腹之人，即亲信。自结：主动交结。东：指孙权政权。

⑫行将：将要。

⑬岂足托乎：哪里可以托靠呢！

⑭长史：官名。

⑮鄂县：今湖北鄂州市。樊口：在鄂州市西北。

## 【译文】

到了夏口，鲁肃听说曹操已经向荆州进发，于是日夜兼程，等他赶到南郡，刘琮已经投降曹操，刘备往南逃跑，鲁肃直接去迎刘备，和刘备在当阳县长坂坡相会。鲁肃向刘备传达了孙权的意思，和刘备讨论天下大事的势态，并向刘备表达了深厚而恳切的希望。鲁肃又问刘备说："刘豫州现在打算去哪里？"刘备说："我与苍梧太守吴巨是老交情，打算前去投奔他。"鲁肃说："孙将军英明仁慈，尊敬贤才，礼遇士人，江东的英雄豪杰全都来归顺、依附他，现在已经占有六个郡，兵精粮广，足以成就大业。现在我替您打算，不如派遣亲信主动去结好东吴，以共建大业。眼下您却打算投奔吴巨，吴巨是个平庸的人，又地处偏远的苍梧郡，将来很快会被人吞并，他怎么能够依靠呢？"刘备听后很高兴。鲁肃又对诸葛亮说："我是子瑜的朋友。"于是两个人随即交了朋友。子瑜，就是诸葛亮的兄长诸葛瑾，他在江东避乱，成为孙权的长史。刘备采纳鲁肃的计策，率兵进驻鄂县的樊口。

## 【原文】

曹操自江陵将顺江东下①。诸葛亮谓刘备曰："事急矣，请奉命求救于孙将军。"遂与鲁肃俱诣孙权②。亮见权于柴桑③，说权曰："海内大乱，将军起兵江东④，刘豫州收众汉南，与曹操共争天下。今操芟夷大难⑤，略已平矣，遂破荆州，威震四海。英雄无用武之地，故豫州遁逃至此，愿将军量力而处之⑥！若能以吴、越之众，与中国抗衡，不如早与之绝；若不能，何不按兵束甲⑦，北面而事之⑧！今将军外托服从之名而内怀犹豫之计⑨，事急而不断，祸至无日矣。"权曰："苟如君言⑩，刘豫州何不遂事之乎？"亮曰："田横⑪，齐之壮士耳，犹守义不辱；况刘豫州王室之胄，英才盖世，众士慕仰，若水之归海。若事之不济⑫，此及天也，安能复为之下乎⑬！"权勃然曰："吾不能举全吴之地，十万之众，受制于人。吾计决矣！非刘豫州莫可以当曹操者；然豫州新败之后，安能抗此难乎？"亮曰："豫州军虽败于长坂，今战士还者及关羽水军精甲万人，刘琦合江夏战士亦不下万人⑭。曹操之众，远来疲敝，闻追豫州，轻骑一日一夜行三百余里，此所谓'强弩之末势不能穿鲁缟'者也。故《兵法》忌之，曰：'必蹶上将军⑮'。且北方之人，不习水战；又，荆州之民附操者，逼兵势耳⑯，非心服也。今将军诚能命猛将统兵数万⑰，与豫州协规同力⑱，破操军必矣。操军破，必北还；如此，则荆、吴之势强，鼎足之形成矣。成败之机⑲，在于今日！"权大悦，与其群不谋之。

## 【注释】

①江陵：今湖北江陵县。

②诣：到……去。

③柴桑：县名，今江西九江市。

④江东：长江下游南岸一带。

⑤芟夷大难：铲除削平大患。

⑥处之：对付这种情况。

⑦按兵束甲：停止使用武器，收拾起铠甲。

⑧北面而事之：投降曹操。北面，面向北，即降服。封建时代君主面南而坐，臣子面北而趋。事，侍奉。

⑨外托服从之名：表面上假托服从曹操的名义。

⑩苟：假使。

⑪田横：战国时齐国贵族。秦亡后自立为齐王。刘邦即帝位，田横和部下五百人逃入海岛。刘邦派人召他，在前往洛阳的路上田横自杀，坚决不归附汉朝。

⑫事：指与曹操抗衡，争夺天下。

⑬复为之下：再做他的属下。

⑭江夏：荆州属下的一个郡，郡治在今湖北麻城南。刘琦时为江夏太守。

⑮必蹶上将军：一定会使大将受挫。

⑯逼兵势：被武力所迫。

⑰诚：果真，假如。

⑱协规：共同规划合谋。

⑲机：关键。

**【译文】**

　　曹操从江陵将要顺江东下。诸葛亮对刘备说："事情紧急，请让我奉命去向孙将军求救。"于是与鲁肃一起去见孙权。诸葛亮在柴桑见到孙权，劝孙权说："天下大乱，将军在江东起兵，刘豫州在汉南招收兵马，一齐跟曹操争夺天下。如今曹操对大的祸患已铲除削平，大致已经平定北方了，接着南下攻破荆州，威势震动天下。在曹操大军面前，英雄没有施展的地方，所以刘豫州避逃到这里，希望将军估量自己的实力来对付这个局面！如果将军能以吴越的人力、物力与曹操对抗，不如早点和他断绝关系；如果不能，那么就放下武器、收拾铠甲，向曹操面北投降称臣！现在，将军外表上假托服从曹操的名义，而内心犹豫不决，局势危急而不能决断，大祸马上就要临头了。"孙权说："假若像你所说的，刘豫州为什么不向曹操投降呢？"诸葛亮说："田横，不过是齐国的一个壮士而已，还能恪守节义不受屈辱；何况刘豫州是汉王室的后代，英明才智盖世无双，众人敬仰倾慕他，就像水归入大海一样。如果事情不成功，这是天意，怎能再居于曹操之下呢？"孙权勃然大怒，说："我不能拿全东吴的土地和十万将士拱手奉送，去受曹操控制。我的主意打定了！除了刘豫州就没有人可以来抵挡曹操的了；可是刘豫州在刚刚打了败仗之后，怎么能抗得住曹操的强大攻势呢？"诸葛亮说："刘豫州的军队虽然在长坂坡打了败仗，现在归队的士兵加上关羽率领的精锐水兵还有一万人，刘琦收拢江夏的战士也不下万人。曹操的军马，远道而来已疲惫不堪，听说追逐刘豫州时，轻装的骑兵一日一夜跑三百多里，这就是所谓'强弓射出的箭到了尽头，连鲁国的薄绢也穿不透'啊。所以《兵法》上忌讳这样做，说'一定会使主帅遭到挫败'。何况北方人不习惯水上作战；还有，荆州的民众所以归附曹操，是一时被曹操的威势所逼，不是发自内心的顺服。现在，将军如果能派一员虎将统领几万人马，和刘豫州共同规划、同心协力，攻破曹军是必然的了。曹操的军队被打败了，势必退回到北方；这样荆州、东吴方面的势力就会强大，三国鼎立的局势就会出现。成败的关键，就在今天！"孙权听了十分高兴，便同部下们商讨这件事。

## 【原文】

是时，曹操遗权书曰："近者奉辞伐罪，旌麾南指，刘琮束手。今治水军八十万众，方与将军会猎于吴。"权以示臣下，莫不响震失色。长史张昭等曰："曹公，豺虎也，挟天子以征四方，动以朝廷为辞；今日拒之，事更不顺①。且将军大势可以拒操者，长江也；今操得荆州，奄有其地②，刘表治水军，蒙冲斗舰乃以千数③，操悉浮于沿江④，兼有步兵，水陆俱下，此为长江之险已与我共之矣，而势力众寡又不可论。愚谓大计不如迎之。"鲁肃独不言。权起更衣，肃追于宇下。权知其意，执肃手曰："卿欲何言？"肃曰："向察众人之议⑤，专欲误将军，不足与图大事。今肃可迎操耳⑥，如将军不可也。何以言之？今肃迎操⑦，操当以肃还付乡党，品其名位，犹不失下曹从事⑧，乘犊车，从吏卒，交游士林，累官故不失州郡也⑨。将军迎操，欲安所归乎？愿早定大计，莫用众人之议也！"权叹息曰："诸人持议，甚失孤望。今卿廓开大计，正与孤同。"

## 【注释】

①不顺：不顺于理。

②奄有：全部占有。

③蒙冲：蒙着生牛皮用来冲锋的快速战艇。斗舰：大的战船。

④悉浮于沿江：把它们全部布置在江边。

⑤向：刚才。察：细致深刻地观察。

⑥今：至于。

⑦今：如果。

⑧下曹从事：下级官吏。曹，官府中分科办事的单位。从事，州郡的属吏。

⑨累官：逐步升迁。累，逐步积累。故：仍旧。不失州郡：不失做州郡的长官。

## 【译文】

这个时候，曹操派人给孙权送来一封信，信上说："近来我奉朝廷命令讨伐有罪的人，军旗指向南方，刘琮束手投降。现在训练水军八十万之多，正要和将军共同在东吴打猎。"孙权把这封信拿给众人看，没有不吓得变了脸色的。长史张昭等人说："曹操是豺狼虎豹，他挟持皇帝来征讨天下，动不动就拿朝廷的名义来发布命令；如果和他对抗，事情更为不利。况且将军凭借抗曹的有利地形，不过是一条长江；如今曹操得到了荆州，完全占有了那里，刘表组建的水军，大小战船多到以千艘来计算，曹操将这些战船全部布置在沿江一带，又加上步兵，水路陆路一齐进攻，这样一来，长江天险已经和我方共同占有了，至于军事力量悬殊又不可相提并论。我认为不如投降曹操。"只有鲁肃一个人沉默不语。孙权起身上厕所，鲁肃追到屋檐下，孙权知道他的来意，拉着鲁肃的手说："你想说什么？"鲁肃说："刚才我细致地观察了大家的议论，觉得他们只是想贻误将军，实在不值得和他们谋划大事。现在，像我鲁肃这样的人可以投降曹操，而将军您却不可以。这话怎么说呢？如果我鲁肃迎顺曹操，曹操会把我送还乡里，让父老去品评，以确定我的名位，还能在大官下面讨个小差事，出去仍可坐牛车，带几个吏卒，和士大夫们往来，然后积累资历逐渐擢升官职，仍可以做到不低于州郡一级的长官。将军您一旦投降了曹操，将会得到一个什么样的结局呢？希望您早定大计，不要听那些人的意见！"孙权叹息道："这些人所持的议论，很让我失望。现在您阐明利害，正和我的想法一样。"

## 【原文】

时周瑜受使至番阳，肃劝权召瑜还。瑜至，谓权曰："操虽托名汉相，其实汉贼也。将军以神武雄才①，兼仗父兄之烈②，割据江东，地方数千里③，兵精足用，英雄乐业④，当横行天下，为汉家除残去秽⑤；况操自送死，而可迎之邪！请为将军筹之：今北土未平，马超、韩遂尚在关西，为操后患；而操舍鞍马⑥，仗舟楫⑦，与吴、越争衡，今又盛寒，马无藁草⑧；驱中国士众远涉江湖之间，不习水土，必生疾病。此数者用兵之患也，而操皆冒行之。将军禽操，宜在今日。瑜请得精兵数万人，进住夏口，保为将军破之！"权曰："老贼欲废汉自立久矣，徒忌二袁、吕布、刘表与孤耳。今数雄已灭，惟孤尚存。孤与老贼势不两立，君言当击，甚与孤合，此天以君授孤也。"因拔刀斫前奏案曰⑨："诸将吏敢复有言当迎操者，与此案同！"乃罢会。

**【注释】**

①神武：非凡的军事才干。

②烈：功业。

③地方：土地方圆。

④乐业：乐于为国建立功业。

⑤除残去秽：除掉残暴污秽（之人）。

⑥鞍马：这里指骑兵。

⑦仗舟楫：凭借舟船。楫，船桨。

⑧藁草：喂牲口的饲料。

⑨斫：砍。前奏案：面前放置奏章文书的几案。

**【译文】**

当时周瑜奉命到番阳，鲁肃建议孙权召周瑜回来。周瑜到了后，对孙权说："曹操虽然在名义上是汉朝丞相，实际上是汉朝的奸贼。将军凭着武功和英雄的才能，同时继有父兄的功业，拥有江东，辖地方圆几千里，军队精良、物资充足，英雄豪杰原意为国家效力，正应当驰骋于天下，替汉朝除去残暴、邪恶之人；何况曹操自己前来送死，怎么可以迎顺他呢？请允许我为将军筹划这件事：现在北方并未完全平定，马超、韩遂还在函谷关以西，他们是曹操的后患；曹操又舍弃骑兵，依仗舟船来和我东吴争高下,现在正值严冬,战马没有草料,驱赶中原的士兵们远来跋涉在江南的多水地带,不服水土,一定会生病。这几件事都是用兵的禁忌,而曹操都冒失地干了。将军捉拿曹操,应当就在眼下。请您拨给我几万精兵,让我进驻夏口,一定为将军击败曹操!"孙权说:"曹操那老贼想要废除汉朝自立为帝已经很久了,只是顾忌袁绍、袁术、吕布、刘表与我而已。现在那几位豪杰已被消灭,只有我还幸存。我和老贼势不两立,你说应当抗击曹操,很合我的心意,这是天意要把你交给我啊。"于是拔刀砍断面前放奏章的几案,说:"各位武将文官有谁敢再说应当迎顺曹操的,和这几案一样!"于是宣布散会。

## 【原文】

是夜,瑜复见权曰:"诸人徒见操书言水步八十万而各恐慑,不复料其虚实,便开此议①,甚无谓也②。今以实校之:彼所将中国人不过十五六万,且已久疲;所得表众亦极七八万耳,尚怀狐疑。夫以疲病之卒御狐疑之众,众数虽多,甚未足畏。瑜得精兵五万,自足制之③,愿将军勿虑!"权抚其背曰:"公瑾,卿言至此,甚合孤心。子布、元表诸人④,各顾妻子,挟持私虑⑤,深失所望;独卿与子敬与孤同耳,此天以卿二人赞孤也。五万兵难卒合,已选三万人,船粮战具俱办。卿与子敬、程公便在前发,孤当续发人众,多载资粮,为卿后援。卿能办之者诚决⑥,邂逅不如意,便还就孤,孤当与孟德决之。"遂以周瑜、程普为左右督,将兵与备并力逆操;以鲁肃为赞军校尉,助画方略⑦。

## 【注释】

①开:发。此议:投降的议论。

②甚无谓也:很没有道理。

③自足:完全可以。制:制伏。

④子布:张昭的字。元表:当是"文表"之误。秦松,字文表。

⑤挟持私虑：带着个人打算。

⑥卿能办之者诚决：假如你能对付得了曹操，那就应当和他决胜。

⑦助画：协助筹划。方略：策略。

## 【译文】

这天夜里，周瑜再次见孙权说："众人只见曹操信上说水军步兵八十万，就各自害怕，不再考虑他们的真实情况，便发出投降的议论，很没道理。现在按实际情况查核一下，曹操所率领的中原士兵不过十五六万，而且早已疲惫不堪；新收编的刘表水军最多也只有七八万，还三心二意。曹操用疲惫染病的士兵，驱使犹豫动摇的军队，人数虽多，却并没有什么可怕的。请拨给我精兵五万，我就可以制服曹军，希望将军不要多虑！"孙权拍着周瑜的背说："公瑾，你说得这样忠心、恳切，很合我的心意。子布、元表这些人，他们只顾念各自的妻子儿女，带有个人的打算，非常使我失望；只有你和子敬与我同心，这是苍天让你们二人来辅助我啊！五万兵难在短时间内集合起来，我已选好三万人，船只、粮草及武器都已办齐。你与子敬、程公先行，我会陆续调兵遣将，多多运载物资、粮食，做你的后援。假如你能对付得了曹操，就同他决战，万一遇到意外，就撤回来靠近我，我当和孟德决一死战。"于是，孙权任命周瑜、程普为左右都督，率兵与刘备齐心协力迎击曹操；任命鲁肃为赞军校尉，协助谋划作战的策略。

## 【原文】

刘备在樊口，日遣逻吏于水次候望权军。吏望见瑜船，驰往白备①，备遣人慰劳之。瑜曰："有军任，不可得委署②；倘能屈威③，诚副其所望④。"备乃乘单舸往见瑜问曰⑤："今拒曹公，深为得计。战卒有几⑥？"瑜曰："三万人。"备曰："恨少。"瑜曰："此自足用，豫州但观瑜破之⑦。"备欲呼鲁肃等共会语，瑜曰："受命不得妄委署；若欲见子敬，可别过之⑧。"备深愧喜⑨。

**【注释】**

①白：报告。

②委署：托人代行职务。指离开岗位。

③傥：同"倘"，倘若，假如。屈威：委屈尊威。

④诚：确实，真的。副：符合。

⑤单舸：单独一条船。

⑥战卒：作战的士卒。有几：有多少。

⑦但：只管。

⑧可别过之：可以另外去访他。

⑨愧喜：既惭愧又高兴。

**【译文】**

刘备驻扎在樊口，每天派巡逻的官吏在江边眺望等候孙权军队的到来。官吏望见周瑜的船队，便飞马赶回营地禀告刘备，刘备马上派人前去慰劳他们。周瑜对慰劳的人说："我有军务在身，不便托他人代行职务；倘若刘豫州能屈尊前来，真的是我所希望的。"刘备便单独坐船去会见周瑜，问道："现在抗拒曹操，是十分正确的决策。您有多少人马？"周瑜回答说："三万人马。"刘备说："可惜太少了。"周瑜说："这完全够用，豫州您只管看我击破曹军。"刘备想叫上鲁肃等人来一起会面交谈，周瑜说："鲁肃等有军务在身，不便委托他人代理；如果您想见子敬，可以另外去看他。"刘备深感惭愧，又十分高兴。

**【原文】**

进，与操遇于赤壁。

时操军众，已有疾疫。初一交战，操军不利，引次江北。瑜等在南岸，瑜部将黄盖曰："今寇众我寡，难与持之。操军方连船舰，首尾相接，可烧而走也①。"乃取蒙冲斗舰十艘，载燥荻、枯柴②，灌油其中，裹以帷幕，上建旌旗③，豫备走舸④，系于其尾。先以书遗操，诈云欲降。时东南风急，盖以十舰最著前⑤，中江举帆，馀船以次俱进。操军吏士皆出营立观，指言盖降。去北军二里馀⑥，同时发火，火烈风猛，船往如箭，烧尽北船，延及岸上营落。顷之⑦，烟炎张天⑧，人马烧溺死者甚众。瑜等率轻锐继其后，雷鼓大震⑨，北军大坏⑩。操引军从华容道步走⑪，遇泥泞，道不通，天又大风，悉使羸兵负草填之⑫，骑乃得过。羸兵为人马所蹈藉⑬，陷泥中，死者甚众。刘备、周瑜水陆并进，追操至南郡。时操军兼以饥疫，死者太半⑭。操乃留征南将军曹仁、横野将军徐晃守江陵，折冲将军乐进守襄阳⑮，引军北还。

## 【注释】

①走：使败走。

②燥荻、枯柴：干燥的芦荻、木柴。

③建：设立。

④走舸：轻快小船。这里指准备放火后乘坐的轻船。

⑤最著前：排在最前边。

⑥去北军：离曹军。

⑦顷之：一会儿。

⑧烟炎张天：火焰浓烟布满天空。炎，同"焰"。张，布满。

⑨雷：同"擂"。

⑩大坏：彻底溃败。

⑪华容道：通往华容县的道路。步走：从陆路逃跑。

⑫羸：弱。负：背。

⑬蹈藉：践踏。

⑭太半：过半。

⑮征南、横野、折冲：都是将军名。曹仁、徐晃、乐进：都是曹操手下的名将。襄阳：今湖北省襄阳市。

## 【译文】

孙刘联军向前推进，在赤壁与曹军相遇。

这时曹操军中已经发生了传染病。刚一交战，曹军就失利，于是曹操率军马退到长江北岸驻扎。周瑜的军马驻扎在南岸，周瑜部下的将领黄盖提议道："目前敌众我寡，很难和他们持久对峙。曹军正好把战船连接在一起，首尾相接，如用火烧战船，就可以打退曹兵。"于是调集十只大小战船，装载干芦荻、枯柴草，在里边灌了油，外面用篷布包裹起来，上面竖立起黄盖的旗帜，还准备了轻快小船，系在大船的尾部。黄盖先派人送信给曹操，假称准备去投降。当时正值东南风来势很急，黄盖把十只战船排在最前头，到了江中升起船帆，其余的船只按次序一起前进。曹军将士都出营站在那里观看，指着来船说黄盖来投降了。距离曹操军队二里多远时，各船同时点火，风势猛，火势大，船像箭一般飞驰，把北岸曹军的战船全都烧尽，火势还蔓延到岸上的军营。霎时间，火焰浓烟满天，曹军人马烧死的、淹死的很多。周瑜等率领轻装的精锐部队随后进击，擂起战鼓震天动地，奋勇向前，曹军大败。曹操带领着败兵从华容道陆路逃跑，遇上雨后道路泥泞，不便行走，天又刮起大风，曹操命令疲弱的士兵全部背草填路，骑兵才得以通过。疲弱的士兵被人马践踏，陷在泥坑中，死的很多。刘备、周瑜水陆一齐前进，追赶曹军到了南郡。这时，曹军饥饿，又有传染病，死了将近大半。于是曹操留下征南将军曹仁、横野将军徐晃把守江陵，折冲将军乐进把守襄阳，自己带领其余人马退回北方。

# 魏 纪

## 政归司马氏

### ⊙ 导语

魏明帝临终时将八岁的儿子托付给了司马懿和曹爽。起初二人轮番值宿，一切都很顺利。但曹爽是个浮躁急进、不能容人且有野心的人。他和他的同党要做的第一件事就是把司马懿排挤出去，他要大权在握，控制禁宫宿卫，安插亲信，党同伐异，任意更张制度。司马懿则韬光养晦，成功地让对方觉得他不再具有任何威胁，最后除掉曹爽几乎是在谈笑间完成的。

因为这次政变，司马懿消除了由曹爽领导的曹氏宗室在朝中的势力，曹氏宗室的力量日渐衰微。司马氏得以完全掌握权力，控制了曹魏朝政，逐步消灭了支持曹氏的势力，向篡夺曹魏政权的目标前进了一大步，为日后司马炎代魏立晋奠定了基础。

### 【原文】

景初三年（己未，公元239年）

太子即位，年八岁；大赦。尊皇后曰皇太后，加曹爽、司马懿侍中，假节钺①，都督中外诸军、录尚书事。诸所兴作宫室之役，皆以遗诏罢之。

### 【注释】

①节钺：符节和斧钺。古代授予将帅，作为加重权力的标志。

## 【译文】

景初三年（己未，公元239年）

太子曹芳即位，时年八岁；大赦天下。尊皇后为皇太后，加封曹爽、司马懿侍中官职，授符节、黄钺，都督中外诸军事，录尚书事。明帝时各处修建宫殿的劳役，都以遗诏的名义罢除。

## 【原文】

爽、懿各领兵三千人更宿殿内①，爽以懿年位素高，常父事之，每事谘访，不敢专行。

## 【注释】

①更：轮流。

## 【译文】

曹爽、司马懿各自领兵三千轮流在宫内宿卫，曹爽因司马懿年纪大，地位一向很高，经常把他当作父辈对待，每遇到事情都向他拜访咨询，不敢独断专行。

## 【原文】

初，并州刺史东平毕轨及邓飏、李胜、何晏、丁谧皆有才名①，而急于富贵，趋时附势，明帝恶其浮华，皆抑而不用。曹爽素与亲善，及辅政，骤加引擢，以为腹心。晏，进之孙；谧，斐之子也。晏等咸共推戴爽，以为重权不可委之于人。丁谧为爽画策，使爽白天子发诏，转司马懿为太傅，外以名号尊之，内欲令尚书奏事，先来由己，得制其轻重也。爽从之。二月，丁丑，以司马懿为太傅。以爽弟羲为中领军②、训为武卫将军③、彦为散骑常侍④、侍讲，其馀诸弟皆以列侯侍从，出入禁闼，贵宠莫盛焉。

## 【注释】

①东平：地名，在今山东省。
②中领军：官名，汉末曹操置。品级较领军将军稍低。
③武卫将军：官名，三国魏置，掌管中军宿卫禁兵。
④散骑常侍：官名，三国魏置，由汉代散骑和中常侍合并而成，在皇帝左右规谏过失，以备顾问。

## 【译文】

当初，并州刺史东平人毕轨及邓飏、李胜、何晏、丁谧都有才名，但急于求富贵，趋炎附势，明帝厌恶他们浮华，都压制他们不加重用。曹爽向来和他们亲近友好，等到掌权辅政时，马上提拔他们，视之为心腹。何晏是何进的孙子，丁谧是丁斐的儿子。何晏等人共同推戴曹爽，认为大权不可托付给别人。丁谧为曹爽谋划，让曹爽禀告天子发布诏书，改任司马懿为太傅，外表上用虚名尊崇他，实际上打算让尚书主事，尚书奏事要先通过曹爽，以此控制大权。曹爽听从了提议。二月丁丑（二十一日），任命司马懿为太傅，任命曹爽的弟弟曹羲为中领军，曹训为武卫将军，曹彦为散骑常侍、侍讲，其余诸弟都成为列侯，担任皇帝侍从，出入宫廷禁地，尊贵宠信没有人能超过他们。

## 【原文】

爽事太傅，礼貌虽存，而诸所兴造，希复由之①。爽徙吏部尚书卢毓为仆射②，而以何晏代之，以邓飏、丁谧为尚书，毕轨为司隶校尉。晏等依势用事，附会者升进，违忤者罢退，内外望风，莫敢忤旨③。黄门侍郎傅嘏谓爽弟羲曰："何平叔外静而内躁，铦巧好利，不念务本，吾恐必先惑子兄弟，仁人将远而朝政废矣！"晏等遂与嘏不平，因微事免嘏官。又出卢毓为廷尉，毕轨又枉奏毓免官，众论多讼之，乃复以为光禄勋。孙礼亮直不挠，爽心不便，出为扬州刺史。

## 【注释】

①希复由之：很少再通过他（司马懿）。

②仆射：官名，汉成帝置尚书五人，一人为仆射，地位仅次于尚书令。

③忤旨：违抗意旨。

## 【译文】

曹爽对待太傅，虽然还像以前那样恭敬有礼，但各项决定很少再跟司马懿商量了。曹爽调任吏部尚书卢毓为仆射，而让何晏取代这个职位，任命邓飏、丁谧为尚书，毕轨为司隶校尉。何晏等人依仗曹爽的势力处理事务，迎合他们的就升官进职，违逆他们的就罢黜辞退，朝廷内外都看风使舵，官员不敢违抗他们的意旨。黄门侍郎傅嘏对曹爽的兄弟曹羲说："何晏外表文静而内心躁乱，巧取好利，不求务本，我恐怕他诱惑你们兄弟，这样，仁人志士将离去，朝政就要荒废了。"何晏等于是对傅嘏心怀不满，因细微小事免去他的官职。又让卢毓担任廷尉，毕轨又上奏诬诌卢毓，卢毓被免官，舆论多为卢毓辩冤，于是又任命卢毓为光禄勋。孙礼为人耿直不屈，曹爽感到孙礼留在京城不便，就让孙礼出京担任扬州刺史。

## 【原文】

正始八年（丁卯，公元247年）

大将军爽用何晏、邓飏、丁谧之谋，迁太后于永宁宫，专擅朝政，多树亲党，屡改制度。太傅懿不能禁，与爽有隙。五月，懿始称疾，不与政事。

## 【译文】

正始八年（丁卯，公元247年）

大将军曹爽采用何晏、邓飏、丁谧的计策，将太后迁居到永宁宫，独揽朝政大权，广泛树立亲信党羽，多次更改制度。太傅司马懿不能阻止，与曹爽之间开始有了矛盾。五月，司马懿开始称病，不上朝参与政事。

## 【原文】

大将军爽，骄奢无度，饮食衣服，拟于乘舆①；尚方珍玩②，充牣其家③；又私取先帝才人以为伎乐。作窟室④，绮疏四周⑤，数与其党何晏等纵酒其中。弟羲深以为忧，数涕泣谏止之，爽不听。爽兄弟数俱出游，司农沛国桓范谓曰⑥："总万机，典禁兵，不宜并出，若有闭城门，谁复内入者？"爽曰："谁敢尔邪！"

## 【注释】

①乘舆：代指皇帝。

②尚方：皇室库房。

③牣：丰足。

④窟室：地下室。

⑤绮疏：雕饰花纹的窗户。

⑥司农：官名，掌租税钱谷盐铁和国家的财政收支，为九卿之一。沛国：今江苏沛县。桓范：曹爽的"智囊"。司马懿起兵讨曹爽时，桓范劝曹爽挟持魏帝到许昌，曹爽不听。后曹爽被司马懿所杀，桓范也被杀。

## 【译文】

大将军曹爽骄奢无度，饮食衣服都和皇帝相同；宫廷才有的珍玩，也充满了他的家；又私自将明帝的才人当作歌舞伎乐。他营造地下宫室，在四周雕饰了华丽的花纹，经常和何晏等人在里面饮酒作乐。他的弟弟曹羲非常担忧，多次流泪劝谏他别再这样做，但曹爽不听。曹爽兄弟经常一起出游，大司农沛国人桓范对他说："你们兄弟总揽大权，掌管禁兵，不宜同时出城，如果有人关闭城门，又有谁在城内接应呢？"曹爽说："谁敢这样做！"

## 【原文】

初，清河、平原争界①，八年不能决。冀州刺史孙礼请天府所藏烈祖封平原时图以决之②；爽信清河之诉，云图不可用，礼上疏自辨，辞颇刚切。爽大怒，劾礼怨望，结刑五岁。久而复为并州刺史，往见太傅懿，有忿色而无言。懿曰："卿得并州少邪？恚理分界失分乎？"礼曰："何明公言之乖也③！礼虽不德，岂以官位往事为意邪！本谓明公齐踪伊、吕④，匡辅魏室，上报明帝之托，下建万世之勋。今社稷将危，天下凶凶⑤，此礼之所以不悦也！"因涕泣横流。懿曰："且止，忍不可忍！"

## 【注释】

①清河：今河北清河。平原：今山东平原。

②天府：朝廷藏物之府库为天府。烈祖封平原时图：即明帝曹叡封平原王时的地图。

③乖：不正常，古怪。

④齐踪伊、吕：和伊尹、吕尚（姜子牙）相比。

⑤凶凶：骚动不安的样子。

## 【译文】

当初，清河、平原因地界争论不休，八年不能解决。冀州刺史孙礼请求用天府所藏的明帝受封为平原王时的地图来决断边界；曹爽相信了清河郡的说法，说地图不能用了，孙礼上疏辩解，言辞颇为强硬激烈。曹爽大怒，弹劾孙礼心怀不满，叛罪五年。过了很久，孙礼又做并州刺史，去见太傅司马懿时，面露愤然之色却不说话。司马懿说："你是嫌得到并州地盘小呢，还是怨恨处理分界事务不公正呢？"孙礼说："为什么您说话这样不合道理！孙礼虽然没有什么德能，难道会将官位和过去的事放在心上吗？我本想说明公您应该追循伊尹、吕尚的足迹，匡正辅佐魏室，上可以报明帝的重托，下可以建万世功勋。如今国家将要遭受危难，天下都动荡不安，这才是我不高兴的原因！"说完他已经悲痛万分，泪流满面了。司马懿说："你先不要这样，要学会忍受那些不能忍受的事。"

## 【原文】

冬，河南尹李胜出为荆州刺史，过辞太傅懿。懿令两婢侍。持衣，衣落；指口言渴，婢进粥，懿不持杯而饮，粥皆流出沾胸。胜曰："众情谓明公旧风发动，何意尊体乃尔！"懿使声气才属①，说："年老枕疾，死在旦夕。君当屈并州，并州近胡，好为之备！恐不复相见，以子师、昭兄弟为托。"胜曰："当还忝本州，非并州。"懿乃错乱其辞曰："君方到并州？"胜复曰："当忝荆州②。"懿曰："年老意荒，不解君言。今还为本州，盛德壮烈，好建功勋！"胜退，告爽曰："司马公尸居馀气③，形神已离，不足虑矣。"他日，又向爽等垂泣曰："太傅病不可复济④，令人怆然⑤！"故爽等不复设备。太傅懿阴与其子中护军师、散骑常侍昭谋诛曹爽。

## 【注释】

①属：连接。

②忝：有愧于，常用作谦辞。

③尸居馀气：形容人即将死亡。

④济：有利，有益。

⑤怆然：悲伤的样子。

## 【译文】

冬季，河南尹李胜出任荆州刺史，去向太傅司马懿辞行。司马懿叫两名婢女搀扶着出来接见。让他更衣，他却把衣服掉地上；指着嘴说口渴，婢女端来了粥，司马懿拿不动碗，就由婢女端着喝，粥都流出来沾满了前胸。李胜说："大家都说明公旧病发作，没想到身体已经这样了！"司马懿假装气喘吁吁地说："我年老病重，生死不过早晚的事。你屈就并州刺史，并州靠近胡地，要很好地加强戒备！恐怕我们不再相见，我把我的儿子司马师、司马昭兄弟托付给你了。"李胜说："我是回到本州，不是并州。"司马懿就装聋作哑，故意打岔说："你刚到并州？"李胜又说："是愧居荆州。"司马懿说："我年老耳聋思绪乱了，听不明白你的话。如今你回到家乡为官，正好轰轰烈烈地大展德才建立功勋。"李胜告退后，告诉曹爽说："司马公只是比死人多一口气，身体和神魂已经分离，已不足为虑了。"过了几天，他又向曹爽等垂泪道："太傅的病不会再好了，实在令人悲伤。"因此曹爽等不再对司马懿加以戒备。太傅司马懿暗中与其子中护军司马师、散骑常侍司马昭谋划如何诛杀曹爽。

## 【原文】

嘉平元年（己巳，公元249年）

春，正月甲午，帝谒高平陵①，大将军爽与弟中领军羲、武卫将军训、散骑常侍彦皆从。太傅司马懿以皇太后令，闭诸城门，勒兵据武库②，授兵出屯洛水浮桥③，召司徒高柔假节行大将军事，据爽营；太仆王观行中领军事④，据羲营。因奏爽罪恶于帝曰："臣昔从辽东还，先帝诏陛下、秦王及臣升御床，把臣臂，深以后事为念。臣言'太祖、高祖亦属臣以后事⑤，此自陛下所见，无所忧苦。万一有不如意，臣当以死奉明诏'。今大将军爽，背弃顾命，败乱国典，内则僭拟⑥，外则专权，破坏诸营，尽据禁兵，群官要职，皆置所亲，殿中宿卫，易以私人，根据盘互⑦，纵恣日甚。又以黄门张当为都监⑧，伺察至尊，离间二宫，伤害骨肉，天下汹汹，人怀危惧。陛下便为寄坐，岂得久安！此非先帝诏陛下及臣升御床之本意也。臣虽朽迈，敢忘往言！太尉臣济等皆以爽为有无君之心，兄弟不宜典兵宿卫，奏永宁宫，皇太后令敕臣如奏施行。臣辄敕主者及黄门令：'罢爽、羲、训吏兵，以侯就第，不得逗留，以稽车驾；敢有稽留，便以军法从事！'臣辄力疾将兵屯洛水浮桥⑨，伺察非常。"爽得懿奏事，不通；迫窘不知所为，留车驾宿伊水南⑩，伐木为鹿角⑪，发屯田兵数千人以为卫。

## 【注释】

①高平陵：明帝曹叡之墓，在今河南洛阳东南。

②勒兵：带领军队。武库：储藏兵器军备的仓库。

③浮桥：在并列的船或筏子上铺上木板而成的桥。

④太仆：官名，秦汉九卿之一，掌舆马畜牧之事。

⑤太祖：曹操。高祖：文帝曹丕。

⑥僭拟：僭越，超出规定范围，自比皇帝。

⑦根据盘互：把持据守，互相勾结。

⑧都监：三国时称内侍官。

⑨力疾：勉强支撑病体。

⑩伊水：在今河南西部，源出栾川伏牛山北麓。

⑪伐木为鹿角：一种用带有枝杈、形似鹿角的树木堆放地上以阻挡敌军前进的防御物。

## 【译文】

嘉平元年（己巳，公元249年）

春季，正月甲午（初六），魏皇帝祭扫高平陵，大将军曹爽与他的弟弟中领军曹羲、武卫将军曹训、散骑常侍曹彦等都随侍同行。太傅司马懿以皇太后名义下令，关闭各个城门，带兵占领武库，并派遣军队据守洛水浮桥，命令司徒高柔持节代理大将军的职事，占据曹爽营地；太仆王观代理中领军职事，占据曹羲营地。然后向魏帝禀奏曹爽的罪恶说："臣当年从辽东回来时，先帝诏令陛下、秦王及臣到御床跟前，拉着臣的手臂，深为后事忧虑。臣进言说：'太祖、高祖也曾把后事托付给臣，这是陛下亲眼见到的，陛下不用忧虑担心。万一有违陛下意愿的事情发生，臣当不惜一死执行您的诏令。'如今大将军曹爽，背弃先帝的遗命，败坏国家的典章制度，在内僭越自比为君主，在外专权擅政，扰乱破坏军队的编制，控制禁军，各种重要官职，都安插他的亲信担任，殿中守卫都换上了他自己的人，亲党势力盘根错节，恣意妄为日甚一日。曹爽又任用宦官张当为都监，窥视陛下动静，离间太后和陛下的关系，伤害骨肉感情，如今天下动荡不安，人们心怀恐惧。陛下就像是暂时寄坐在皇位上，岂能长治久安。这种局面绝非先帝要陛下及臣到御床前当面嘱托的本意。臣虽然老朽年迈，怎敢忘记以前说的话！太尉蒋济等人都认为曹爽有篡逆之心，他们兄弟不应该掌管军队担任皇家侍卫，我把这些意见上奏永宁宫，皇太后命令臣按照奏章所言执行。臣就吩咐主事者和黄门令说：'免去曹爽、曹羲、曹训的官职，剥夺他们的军权，以列侯的身份回到府邸，不得逗留而阻碍陛下车驾；如敢于阻碍车驾，就以军法从事！'臣还擅自做主勉强支撑病体率兵驻扎在洛水浮桥，又伺察有无异常情况。"曹爽得到司马懿的奏章，没有通报魏帝；但窘迫不知所措，于是就把魏帝的车驾留宿在伊水之南，伐木构筑防卫工事，征发屯田兵数千人为护卫。

## 【原文】

懿使侍中高阳许允及尚书陈泰说爽，宜早自归罪，又使爽所信殿中校尉尹大目谓爽①，唯免官而已，以洛水为誓。泰，群之子也。

## 【注释】

①殿中校尉：武职官名。

## 【译文】

司马懿派侍中、高阳人许允及尚书陈泰劝说曹爽，告诉他应及早回来认罪，又派他信任的殿中校尉尹大目去告诉曹爽，不过免官而已，并指着洛水为誓。陈泰是陈群之子。

## 【原文】

初，爽以桓范乡里老宿，于九卿中特礼之，然不甚亲也。及懿起兵，以太后令召范，欲使行中领军。范欲应命，其子止之曰："车驾在外，不如南出。"范乃出。至平昌城门，城门已闭。门候司蕃，故范举吏也，范举手中版示之①，矫曰："有诏召我，卿促开门！"蕃欲求见诏书，范呵之曰："卿非我故吏邪，何以敢尔？"乃开之。范出城，顾谓蕃曰："太傅图逆，卿从我去！"蕃徒行不能及，遂避侧。懿谓蒋济曰："智囊往矣！"济曰："范则智矣；然驽马恋栈豆，爽必不能用也。"

## 【注释】

①版：朝笏，即手板。

## 【译文】

当初，曹爽因桓范是他同乡年长的故旧，在九卿之中对桓范特别加以礼遇，但关系不太近。到了司马懿起兵时，以太后的名义下令召桓范，想让他担任中领军。桓范打算接受任命，他的儿子劝阻他说："皇帝的车驾在城外，您不如出南门去投奔。"于是桓范就离城出去。走到平昌城门时，城门已经关闭。守门将领司蕃是桓范过去提拔的人，桓范把手中的朝笏让他看，谎称说："有诏书召我，你快点开门。"司蕃想要亲眼看看诏书，桓范大声呵斥说："你难道不是我过去手下的官吏吗？怎敢如此对我？"司蕃于是打开城门。桓范出城后，回过头对司蕃说："太傅图谋叛逆，你还是跟我走吧！"司蕃步行追赶不及，只好躲避在道旁。司马懿得知后对蒋济说："曹爽的智囊去了！"蒋济说："桓范是很有智谋的，然而曹爽就像劣马贪恋马房的草料一样，因顾恋他的家室而不能作长远打算，所以必然不能采纳桓范的计谋。"

**【原文】**

范至，劝爽兄弟以天子诣许昌①，发四方兵以自辅。爽疑未决，范谓羲曰："此事昭然，卿用读书何为邪！于今日卿等门户，求贫贱复可得乎！且匹夫质一人，尚欲望活；卿与天子相随，令于天下，谁敢不应也！"俱不言。范又谓羲曰："卿别营近在阙南，洛阳典农治在城外②，呼召如意。今诣许昌，不过中宿③，许昌别库，足相被假；所忧当在谷食，而大司农印章在我身。"羲兄弟默然不从，自甲夜至五鼓④，爽乃投刀于地曰："我亦不失作富家翁！"范哭曰："曹子丹佳人⑤，生汝兄弟，㹠犊耳⑥！何图今日坐汝等族灭也！"

**【注释】**

①许昌：今河南许昌东部。

②洛阳典农治：洛阳屯田部队。

③中宿：次夜。胡三省注："中宿，次宿也。"

④甲夜：初更时分。五鼓：天亮。

⑤曹子丹：曹真，字子丹，曹操族子，三国著名将领，曹爽、曹羲的父亲。

⑥㹠犊：小猪，小牛。

**【译文】**

桓范到了之后，劝曹爽兄弟挟持天子到许昌，然后调集四方的军队辅助自己。曹爽迟疑未决，桓范对曹羲说："此事很明显，真不知你读书是干什么用的！今日情形下，像你们曹家这样门第的人，想求得贫贱平安的日子还能做到吗？况且平民百姓抓了一个人为人质，人们尚且希望他能存活，何况你们现在和天子在一起，挟天子号令天下，谁敢不听！"大家都默然不语。桓范又对曹羲说："你的中领军别营近在城南，洛阳屯田部队也在城外，你可随意召唤调遣他们。现在起程去许昌的话，第二天半夜就到了，许昌的武库，足可以装备士兵；所忧虑的只有粮食，而大司农的印章就带在我身上。"曹羲兄弟默然不动，从初更一直坐到五更，曹爽将刀扔在地上说："即使免官了我仍然不失为富贵人家。"桓范哭道："曹子丹这样有才能的人，却生出你们这群如猪如牛的兄弟！想不到今日受你们的连累要灭族了。"

## 【原文】

爽乃通懿奏事①，白帝下诏免己官，奉帝还宫。爽兄弟归家，懿发洛阳吏卒围守之；四角作高楼，令人在楼上察视爽兄弟举动。爽挟弹到后园中，楼上便唱言："故大将军东南行！"爽愁闷不知为计。

## 【注释】

①通：通传，转达。

## 【译文】

于是曹爽把司马懿的奏章转交给魏帝，请魏帝下诏免除自己的官职，然后奉送魏帝回宫。曹爽兄弟回到家里，司马懿派洛阳的兵士将曹家围住并日夜看守；在宅院四角建起高楼，令人在楼上监视曹氏兄弟的举动。曹爽带弹弓到后园中，楼上的人便大声喊："前大将军往东南去了。"曹爽愁闷，不知如何是好。

## 【原文】

戊戌，有司奏："黄门张当私以所择才人与爽，疑有奸。"收当付廷尉考实①，辞云："爽与尚书何晏、邓飏、丁谧、司隶校尉毕轨、荆州刺史李胜等阴谋反逆，须三月中发。"于是收爽、羲、训、晏、飏、谧、轨、胜并桓范皆下狱，劾以大逆不道，与张当俱夷三族②。

## 【注释】

①廷尉：官名，掌司法刑狱。考实：审讯出实情。

②夷三族：秦汉时代的刑罚。凡犯特殊重罪，尤其谋反谋叛等十恶罪名者，处以诛灭三族的极刑。三族之范围说法不一，一般认为指父、兄弟及妻子。

## 【译文】

戊戌（初十），有关部门奏告："黄门张当私自将所选择的才人送给曹爽，怀疑他们之间有不可告人的勾当。"于是逮捕了张当，交付廷尉讯问查实。张当交代说："曹爽与尚书何晏、邓飏、丁谧、司隶校尉毕轨、荆州刺史李胜等人阴谋反叛，等到三月中旬起事。"于是把曹爽、曹羲、曹训、何晏、邓飏、丁谧、毕轨、李胜和桓范等人都逮捕入狱，弹劾他们大逆不道罪，与张当都被诛灭三族。

## 【原文】

鲁芝将出，呼参军辛敞欲与俱去。敞，毗之子也，其姊宪英为太常羊耽妻，敞与之谋曰："天子在外，太傅闭城门，人云将不利国家，于事可得尔乎？"宪英曰："以吾度之，太傅此举，不过以诛曹爽耳。"敞曰："然则事就乎？"宪英曰："得无殆就！爽之才非太傅之偶也。"敞曰："然则敞可以无出乎？"宪英曰："安可以不出！职守，人之大义也。凡人在难，犹或恤之；为人执鞭而弃其事，不祥莫大焉。且为人任，为人死，亲昵之职也，从众而已。"敞遂出。事定之后，敞叹曰："吾不谋于姊，几不获于义！"

## 【译文】

当初鲁芝将要出城之时，呼唤参军辛敞，想让他与自己一起去。辛敞是辛毗之子。辛敞的姐姐辛宪英是太常羊耽的妻子，辛敞与姐姐商量说：

"天子在外,太傅关闭了城门,人都说这将不利于国家,做事情能这样吗?"宪英说:"以我看来,太傅这一举动,不过是想诛杀曹爽而已。"辛敞说:"那么事情能成功吗?"宪英说:"不是已经接近成功了吗!曹爽的才能是不能与太傅相比的。"辛敞说:"这样我可以不必出城了?"宪英说:"怎么可以不出去呢?忠于职守,是人之大义。一般人遇到危难,尚且需要救助;为人执鞭驾车突然不管了,没有比这更凶险的了。再说为人承担责任,为人去死,这是为人亲信的职责,你只要随大多数就行了。"于是辛敞就出城了。事情平定之后,辛敞感叹说:"如果我不是先同姐姐商量,差点背离了大义。"

【原文】

爽从弟文叔妻夏侯令女①,早寡而无子,其父文宁欲嫁之;令女刀截两耳以自誓,居常依爽。爽诛,其家上书绝昏,强迎以归,复将嫁之;令女窃入寝室,引刀自断其鼻,其家惊愕,谓之曰:"人生世间,如轻尘栖弱草耳,何至自苦乃尔!且夫家夷灭已尽,守此欲谁为哉!"令女曰:"吾闻仁者不以盛衰改节,义者不以存亡易心。曹氏前盛之时,尚欲保终,况今衰亡,何忍弃之!此禽兽之行,吾岂为乎!"司马懿闻而贤之,听使乞子字养为曹氏后。

【注释】

①夏侯令女:生卒年不详,三国时期人物。夏侯文宁之女。其事迹见于《三国志·魏书·诸夏侯曹传第九》裴松之注引皇甫谧《列女传》。在《三国演义》中,由于作者断句错误,便认为"夏侯令女"是"夏侯令之女"。

【译文】

曹爽的堂弟曹文叔,他的妻子夏侯令女,早年守寡而无子,他父亲夏侯文宁想让她改嫁，夏侯令女用刀割下两耳以示誓死不改嫁，平时居家度日常依靠曹爽。曹爽被诛，夏侯家上书断绝婚约，强行把夏侯令女接回家，再次让她改嫁；夏侯令女悄悄进入寝室，用刀割断了自己的鼻子，家人十分惊愕惋惜，对她说："人生在世，如同轻轻的尘土栖息在柔弱的草上而已，你何必这样苦了自己呢？而且你丈夫家人已被杀尽，你在替谁守寡守节呢！"夏侯令女说："我听说仁者不会因盛衰而改变节操，义者不会因存亡而改变心志。曹家以前兴盛之时，我尚且想终生守节，何况现在衰亡了，我怎么忍心抛弃它？这是禽兽的行为，我岂能这样做！"司马懿听说后，很称赞她的贤德，心中生起敬佩之意！并准许夏侯令女可以收养儿子作为曹家的后代。

# 晋 纪

## 桓温废立

⊙ **导语**

东晋桓温，历代评论者多因其行废立、求九锡而骂其篡位、逆臣，史书也将他与王敦、苏峻等叛臣放在一起来写。桓温长期掌握大权，素有不臣之志，颇羡王敦之举。有一次，他抚枕而叹："既不能流芳百世，不足覆遗臭万载耶？"沛国刘惔尝称之曰："温眼如紫石棱，须作猬毛磔，孙仲谋、晋宣王之流亚也。"

据史料记载，桓温的父亲桓彝原为宣城太守。桓温出生不到一岁，太原温峤到他家见到他时说："这个小孩骨格清奇，可以试着让他哭一下。"听到了他的哭声，温峤惊异地说："真是英雄人物。"由于温峤的欣赏，桓彝给孩子取名为温。

永和元年（公元345年），桓温任荆州刺史。次年，趁成汉内部不稳之际，桓温率军沿长江直上，平定蜀地。桓温建立大功，朝廷加封他为征西将军、开府仪同三司，封临贺郡公。桓温灭亡成汉，建立大功，威名大振，但朝廷并没有信任和任用他，而是对他产生了猜忌。会稽王司马昱与扬州刺史殷浩联合，与桓温相抗衡。

桓温在东晋是个重要人物，他富有军政之才，熟悉兵法，也善于用兵，但他并不是一个出色的军事家。桓温曾率军三次北伐，志在收复中原，但战绩是负多胜少，而且多数是先胜后败。第二次北伐虽胜，但规模不大，第一、三次北伐则都是惨败而归。

桓温北伐不是真正想收复中原，而是志在立威，企图通过北伐，树立个人威信，伺机取晋室而代之。东晋君臣也无意恢复失地，而是志在割江自保。随着桓温军功的增加和个人威望的增长，加之权势日盛，他和朝廷的关系变得越来越微妙。朝廷需要他，寄希望于他北伐成功，收复故地，但朝廷又对其深怀戒心。当桓温大军进展顺利之时，申胤就曾预料说："以温今日声势，似能有为，然在吾观之，必无成功。何则？晋室衰微，温专制其国，晋之朝臣未必皆与之同心。故温之得志，众所不愿也，必将乖阻以败其事。"（《资治通鉴·卷第一百二》）

桓温长期掌握东晋的军事大权，野心越来越大。有人向他献计，让他学西汉霍光的做法，把现在的皇帝废了，另立新帝。于是桓温带兵到建康，废了司马奕，另立司马昱当皇帝。公元361年至公元373年（海西公、简文帝、孝武帝期间）间，桓温独揽朝政，欲行篡位之事，后综合各方利益没有发动政变，遂忧愤而死。

**【原文】**

永和二年（丙午，公元346年）

安西将军桓温将伐汉①，将佐皆以为不可。江夏相袁乔劝之曰："夫经略大事②，固非常情所及，智者了于胸中③，不必待众言皆合也。今为天下之患者，胡、蜀二寇而已，蜀虽险固，比胡为弱，将欲除之，宜先其易者。李势无道，臣民不附，且恃其险远，不修战备。宜以精卒万人轻赍疾趋，比其觉之，我已出其险要，可一战擒也。蜀地富饶，户口繁庶，诸葛武侯用之抗衡中夏，若得而有之，国家之大利也。论者恐大军既西，胡必窥觎，此似是而非。胡闻我万里远征，以为内有重备，必不敢动；纵有侵轶，缘江诸军足以拒守，必无忧也。"温从之。

**【注释】**

①安西将军桓温：桓温，东晋大将。娶明帝女南康公主为妻，曾三次

北伐，一度收复洛阳，但北伐最终未能成功。由于长期掌握大权，渐渐有了不臣之心。成安元年（公元371年），废帝司马奕为东海王，改立简文帝，以大司马专掌朝政。次年，简文帝死，桓温有代晋之心，但不久病故。汉：成汉，十六国之一，巴氐族李雄所建。以成都为都城，最盛时包括了今四川东部和云南、贵州的一部分。公元347年，东晋桓温伐蜀，成汉亡。

②经略：筹划；谋划。

③了于胸：心里非常明白。了，了解，明白。

## 【译文】

永和二年（丙午，公元346年）

安西将军桓温准备讨伐汉，将领辅臣都认为不可行。江夏相袁乔劝谏桓温说："攻取天下这样的大事，本来就不是按常理所能预测的，高明的人心里非常明白，不必等众人的意见都一致。如今天下的祸患，只有胡、蜀二敌而已，蜀国虽然地势险固，但力量比胡人弱，如果准备除掉胡、蜀一敌，应该先攻打容易攻取的一方。李势毫无道义，臣僚百姓与他离心，且蜀国凭借天险又远离我们，没有做交战的准备。应该派一万精锐人马轻装迅速出击，等到他们察觉以后，我们已经穿越了他的险要之地，只要一战就可擒获。蜀地物产富饶，人口众多，诸葛亮占据蜀国与中原抗衡，如果我们得到并占领蜀地，这对国家大有好处。谈论此事的人担心大军西进之后，胡人一定会乘虚图谋，这种说法似是而非。胡人听说我们万里远征，会认为国内设有重防，一定不敢轻举妄动。纵然有侵扰的情况发生，沿长江布防的各路军马也足以抵御防守，一定没有什么忧患。"桓温听从了袁乔的建议。

## 【原文】

朝廷以蜀道险远，温众少而深入，皆以为忧，惟刘惔以为必克。或问其故，惔曰："以博知之①。温，善博者也，不必得则不为。但恐克蜀之后，温终专制朝廷耳。"

## 【注释】

①博：古代的一种棋戏。后泛指赌财物。

## 【译文】

朝廷认为蜀道险远，桓温人少而深入敌后，都为这事担忧，只有刘惔以为此战必能取胜，有人问他为什么，刘惔说："通过赌博知道的。桓温是个善赌的人，不能肯定取胜的事他就不会出手。但是怕他攻克蜀地之后，桓温最终要在朝廷专权了。"

## 【原文】

朝廷论平蜀之功，欲以豫章郡封桓温①。尚书左丞荀蕤曰②："温若复平河、洛，将何以赏之？"乃加温征西大将军、开府仪同三司③，封临贺郡公④，加谯王无忌前将军，袁乔龙骧将军，封湘西伯。蕤，崧之子也。

温既灭蜀，威名大振，朝廷惮之。会稽王昱以扬州刺史殷浩有盛名⑤，朝野推服，引为心膂⑥，与参综朝权，欲以抗温，由是与温寖相疑贰⑦。

## 【注释】

①豫章郡：治所南昌（今江西南昌），原辖境大致同今江西省。

②尚书左丞：尚书省官员，类似于秘书长之类的官职。

③开府仪同三司：魏晋南北朝时期的一种高级官位，东晋南朝，开府仪同三司是虚号，渐不为人所重。

④临贺郡：今广西贺州东南。

⑤会稽王昱：司马昱，初封琅邪王，后徙会稽王。司马奕为帝，进位丞相。桓温废立，迎司马昱为帝。在位二年病故，谥简文帝。会

稽，在今江苏东部及浙江西部。殷浩：善玄谈，有重名。晋康帝时，会稽王司马昱征聘殷浩出山，以对抗桓温。永和九年（公元353年）十月，殷浩率领七万人北征许昌、洛阳，大败，被废为庶人。

⑥心膂：心与脊骨，比喻主要的辅佐人员，或亲信得力之人。

⑦寖相疑贰：渐渐起了疑忌之心。疑贰，也作"疑二"，指因猜忌而生异心。

## 【译文】

朝廷对平定蜀汉论功行赏，想要把豫章郡封给桓温。尚书左丞荀蕤说："桓温如果再平定黄河、洛水一带，将用什么赏赐他呢？"于是就加封桓温为征西大将军、开府仪同三司，封临贺郡公，加封谯王司马无忌为前将军，让袁乔任龙骧将军，并封为湘西伯。荀蕤是荀崧的儿子。

桓温平定了蜀地以后，威名大振，朝廷也忌惮他。会稽王司马昱认为扬州刺史殷浩素有盛名，朝野上下都很推崇他，所以将他视为心腹，让他参与朝政总揽朝廷权力，想用他来对抗桓温，由此殷浩和桓温逐渐开始互相猜疑，进而彼此产生了异心。

## 【原文】

兴宁元年（癸亥，公元363年）

五月，加征西大将军桓温侍中、大司马、都督中外诸军、录尚书事①，假黄钺②。温以抚军司马王坦之为长史③。坦之，述之子也。又以征西掾郗超为参军④，王珣为主簿⑤，每事必与二人谋之。府中为之语曰："髯参军⑥，短主簿，能令公喜，能令公怒。"温气概高迈，罕有所推，与超言，常自谓不能测，倾身待之。超亦深自结纳。珣，导之孙也，与谢玄皆为温掾⑦，温俱重之。曰："谢掾年四十必拥旄杖节，王掾当作黑头公，皆未易才也。"玄，奕之子也。

兴宁二年（甲子，公元364年）

五月戊辰，以扬州刺史王述为尚书令。加大司马温扬州牧⑧、录尚书事。壬申，使侍中召温入参朝政，温辞不至。

王述每受职，不为虚让，其所辞必于不受。及为尚书令，子坦之白述："故事当让。"述曰："汝谓我不堪邪？"坦之曰："非也，但克让自美事耳。"述曰："既谓堪之，何为复让！人言汝胜我，定不及也。"

## 【注释】

①侍中：魏晋以后，往往相当于宰相。大司马：南朝时为兼握政务与军事重权的高官。都督中外诸军：掌管全国军事。录尚书事：凡掌握重权的大臣经常带"录尚书事"的名号，总揽政要大权，无所不管。

②假黄钺：魏晋南北朝时，重臣出征往往加有假黄钺的称号。黄钺，以黄金为饰，古代帝王所用，后世用为仪仗。借之以增威重，有代表皇帝亲征之意。

③抚军司马：官名。抚军府中掌军事的属官。长史：官名，战国末年秦已置，属官。

④征西掾：征西将军的属官。掾，属官，辅佐的助手。郗超：字景兴，东晋大臣。参军：武官名，掌辅助谋划军事。

⑤王珣：和其父亲王洽、祖父王导三代皆以能书著名。主簿：掌管文书的属吏。

⑥髯：两腮上面的胡子，也泛指胡子。

⑦谢玄：宰相谢安之侄，东晋著名军事家。

⑧扬州牧：扬州的最高官员。牧，州郡长官。

## 【译文】

兴宁元年（癸亥，公元363年）

五月，东晋加封征西大将军桓温担任侍中、大司马、都督中外诸军、录尚书事，给予他持黄钺的礼遇。桓温任命抚军司马王坦之为长史。王坦之是王述之子。又任命征西掾郗超为参军，王珣为主簿，遇事必与二人商量。王府里的人这样说他们："长胡子参军，矮个子主簿，能让桓公欢喜，也能让桓公愤怒。"桓温气概高迈，很少有他所推重的人，桓温和郗超谈话，常常说对方深不可测，而尽心敬待他。郗超也很认真地与桓温交往。王珣是王导的孙子，与谢玄都是桓温的辅佐掾吏，桓温对他们都很看重。桓温说："谢玄年庙四十必定会拥旗执节，王珣当成为少壮而居高位的黑头公，都是不可多得的人才。"谢玄是谢奕的儿子。

兴宁二年（甲子，公元364年）

五月戊辰（二十日），朝廷任命扬州刺史王述为尚书令。加封大司马桓温担任扬州牧、录尚书事。壬申（二十四日），朝廷派侍中召桓温入朝参政，桓温推辞不去。

王述每当接受任命，都不假意辞让，只要是他推辞的，就肯定不接受。到他做尚书令时，儿子王坦之告诉他："按照过去的做法，您应当表示辞让。"王述说："你认为我不能胜任吗？"王坦之说："不是，只是辞让比较好。"王述说："既然认为能够胜任，为什么又要辞让！人们都说你比我强，我看你一定赶不上我。"

【原文】

兴宁三年（乙丑，公元365年）

大司马温移镇姑孰①。二月乙未，以其弟右将军豁监荆州、扬州之义城、雍州之京兆诸军事②，领荆州刺史；加江州刺史桓冲监江州及荆、豫八郡诸军事③，并假节。

司徒昱闻陈祐弃洛阳④，会大司马温于洌洲⑤，共议征讨。丙申，帝崩于西堂，事遂寝⑥。

帝无嗣。丁酉，皇太后诏以琅邪王奕承大统。百官奉迎于琅邪第，是日，即皇帝位，大赦。

## 【注释】

①姑孰：今江苏苏州。

②监：掌管。荆州：治所在今湖北江陵。义城：义城郡，治所在今湖北光化。雍州之京兆：治所在今湖北襄阳。

③江州：今江西九江。

④陈祐：东晋冠军将军，镇守洛阳。燕人进攻洛阳，陈祐不敌，逃出洛阳。

⑤洌洲：今安徽当涂长江中小岛。

⑥寝：平息，停止。

## 【译文】

兴宁三年（乙丑，公元365年）

大司马桓温转移到姑孰镇守。二月乙未（二十一日），桓温让他弟弟右将军桓豁掌荆州、扬州之义城、雍州的京兆诸军事，兼领荆州刺史；加封江州刺史桓冲掌管江州及荆、豫八郡诸军事，全都持有符节。

司徒司马昱听说陈祐放弃了洛阳，在洌洲和大司马桓温会面，共同商议征讨洛阳的事。丙申（二十二日），东晋哀帝司马丕在西堂驾崩，征讨事宜中止。

哀帝没有后嗣，丁酉（二十三日），皇太后下诏让琅邪王司马奕继承皇位。百官到琅邪王府第迎接司马奕入宫，当天，司马奕即皇帝位，大赦天下。

## 【原文】

咸安元年（辛未，公元371年）

大司马温，恃其材略位望，阴蓄不臣之志①，尝抚枕叹曰："男子不能流芳百世，亦当遗臭万年！"术士杜炅能知人贵贱，温问炅以己禄位所至。炅曰："明公勋格宇宙，位极人臣。"温不悦。温欲先立功河朔以收时望②，还受九锡③。及枋头之败④，威名顿挫。既克寿春⑤，谓参军郗超曰："足以雪枋头之耻乎？"超曰："未也。"久之，超就温宿，中夜，谓温曰："明公都无所虑乎？"温曰："卿欲有言邪？"超曰："明公当天下重任，今以六十之年，败于大举，不建不世之勋，不足以镇惬民望⑥！"温曰："然则奈何？"超曰："明公不为伊、霍之举者⑦，无以立大威权，镇压四海。"温素有心，深以为然，遂与之定议。以帝素谨无过，而床笫易诬⑧，乃言"帝早有痿疾，嬖人相龙、计好、朱炅宝等，参侍内寝，二美人田氏、孟氏生三男，将建储立王，倾移皇基"。密播此言于民间，时人莫能审其虚实。

## 【注释】

①不臣之志：不守臣节，不合臣道的心思，指想谋反篡位。

②立功河朔：收复北方，北伐成功。

③九锡：古代天子赐给诸侯、大臣的九种器物，是最高的礼遇。西汉末，王莽篡汉时先受赐九锡，魏晋六朝以后权臣夺取政权、建立新王朝时都沿袭此例，后世就以九锡为权臣篡位先声。

④枋头之败：枋头，今河南浚县。公元369年，桓温第三次北伐，在枋头大败于燕人。

⑤寿春：魏晋南北朝时期淮南军事重镇，今安徽寿县。

⑥惬：满足，称心。

⑦伊、霍之举：伊、霍，伊尹、霍光，即指废立。

⑧床笫：床和垫在床上的竹席，指男女房中之事。

## 【译文】

咸安元年（辛未，公元371年）

大司马桓温倚仗他的才能、地位与声望，暗地里怀有篡逆之心，曾经抚枕慨叹道："大丈夫不能流芳百世，也应当遗臭万年！"术士杜炅能够预测人的贵贱，桓温就问杜炅自己的官位最大可以做到什么程度。杜炅说：

"明公的功劳天下无双,必定可以位极人臣。"桓温听后不高兴。他想先在河朔建立战功,赢得更大的声望,回来后接受加九锡的礼遇。等到在枋头失败,桓温的威名受挫。攻占寿春后,他问参军郗超道:"这次胜利足以洗雪枋头之败的耻辱了吧?"郗超答道:"不能。"过了很久,郗超到桓温的住所留宿,夜半时,郗超问桓温道:"明公没有忧虑的事吗?"桓温说:"你想对我说什么?"郗超说:"明公身上担负着天下重任,现已到了六十岁,却在一次大规模行动中遇到惨败,如果不建立非常的功勋,不足以震慑人心。"桓温问:"那么该怎么做呢?"郗超答:"明公不做伊尹、霍光废立的事,就无法建立大的威势与权力,慑服天下。"桓温一直就有这样的心思,对郗超的话深以为然,于是就和郗超商定计议。由于皇帝司马奕平时谨慎没有过错,只有男女间的事容易诬陷他,于是说:"皇帝早有阳痿的毛病,他宠信的相龙、计好、朱灵宝等人,服侍起居床笫之事,与皇帝的两位美人田氏、孟氏生下三个儿子,将要设立太子赐封王位,这样皇室的根本就被动摇了。"并将这话秘密地散播到民间,当时的人们谁也无法辨别真假。

【原文】

十一月癸卯,温自广陵将还姑孰①,屯于白石②。丁未,诣建康③,讽褚太后④,请废帝立丞相会稽王昱,并作令草呈之。太后方在佛屋烧香,内侍启云:"外有急奏。"太后出,倚户视奏数行,乃曰:"我本自疑此!"至半,便止,索笔益之曰:"未亡人不幸罹此百忧⑤,感念存没,心焉如割!"

【注释】

①广陵:今江苏扬州。

②白石:今安徽当涂采石矶西南。

③建康:东晋都城,今江苏南京。

④褚太后：名蒜子，晋康帝司马岳皇后。

⑤罹：遭遇。

## 【译文】

十一月癸卯（初九），桓温自广陵准备返回姑孰，驻扎在白石。丁未（十三日），到了都城建康，暗示褚太后，请求废黜皇帝，另立丞相会稽王司马昱，同时将草拟好的诏令进呈给褚太后。太后此时正在佛屋烧香，内侍启奏说："外面有急奏。"褚太后出来，靠在门边看奏章，刚看了几行字就说："我本来就怀疑是这样！"看到一半便停下不看了，向内侍要来笔添上这样的话："我不幸遭受种种忧患，想到死去的和活着的，心如刀割！"

## 【原文】

己酉，温集百官于朝堂。废立既旷代所无①，莫有识其故典者，百官震栗②。温亦色动，不知所为。尚书左仆射王彪之知事不可止③，乃谓温曰："公阿衡皇家④，当倚傍先代。"乃命取《汉书·霍光传》，礼度仪制，定于须臾⑤。彪之朝服当阶，神彩毅然，曾无惧容，文武仪准，莫不取定，朝廷以此服之。于是宣太后令，废帝为东海王，以丞相、录尚书事、会稽王昱统承皇极。百官入太极前殿，温使督护竺瑶、散骑侍郎刘亨收帝玺绶⑥。帝著白帢单衣⑦，步下西堂，乘犊车出神虎门⑧，群臣拜辞，莫不歔欷⑨。侍御史、殿中监将兵百人卫送东海第⑩。温帅百官具乘舆法驾⑪，迎会稽王于会稽邸。王于朝堂变服，著平巾帻⑫、单衣，东向流涕，拜受玺绶，是日，即皇帝位，改元。温出次中堂，分兵屯卫。温有足疾，诏乘舆入殿。温撰辞，欲陈述废立本意，帝引见，便泣下数十行，温兢惧，竟不能一言而出。

## 【注释】

①旷代：绝代，当代无人能及。

②震栗：震惊害怕。

③尚书左仆射：官名，地位仅次于尚书令。王彪之：王导之侄。

④阿衡：商代官名，伊尹曾任此职。后引申为辅导帝王，主持国政。

⑤须臾：片刻。

⑥督护：武官名，晋置。散骑侍郎：官名，三国魏置。

⑦白帢单衣：白色便帽和单衣。

⑧犊车：牛车。

⑨歔欷：悲泣，抽噎。

⑩侍御史：官名，秦置，汉沿袭，在御史大夫之下。掌管给事殿中、举劾非法、督察郡县，或奉使出外执行指定任务。殿中监：官名，魏晋以后，在门下省设殿中监一官，多以皇帝之亲戚、贵臣担任，掌管皇帝生活起居之事。

⑪乘舆法驾：天子车驾仪仗。

⑫平巾帻：帻本是古时的头巾。东汉时用一种平顶的帻做戴冠时的衬垫物，称为平巾帻。西晋末，出现了一种小冠，前面呈半圆形平顶，后面升起呈斜坡形尖突，戴时不能覆盖整个头顶，只能罩住发髻的，就是平巾帻（也称小冠）。

## 【译文】

己酉（十五日），桓温召集百官到朝堂。废立皇帝既然是历代没有过的事情，没有人知道废立的典则，百官们都震惊恐惧。桓温也神色紧张，不知该怎么办。尚书左仆射王彪之知道事情已不可挽回，就对桓温说："明公废立皇帝，应当效法前代的成规。"于是命令取来《汉书·霍光传》，礼节仪制很快就决定了。王彪之身穿朝服站在朝堂上，神情沉着，毫无惧色，文武仪规典则，全都由王彪之决定，朝廷百官都因此而佩服他。于是宣布太后的诏令,废黜司马奕为东海王,以丞相、录尚书事、会稽王司马昱继承皇位。百官进太极前殿,桓温让督护竺瑶、散骑侍郎刘亨收取废帝的印玺绶带。司马奕戴着白色便帽,身穿仅次于朝服的大臣盛装,走下西堂,乘着牛车出了神虎门,群臣叩拜辞别,没有不流泪叹息的。侍御史、殿中监带领百名士卒护送废帝至东海王的宅第。桓温率领百官准备好天子车驾仪仗,到会稽王的官邸去迎接会稽王司马昱。会稽王在朝堂更换了衣服,戴着小冠,穿着拜见尊者的服饰,面向东而立,流着眼泪拜受天子印玺,这天,会稽王司马昱即皇帝位,改年号为咸安。桓温临时住在中堂,分派兵力屯驻守卫。桓温的脚有毛病,皇帝诏令他可以乘车入殿。桓温事先准备好辞章,想在进见时陈述废立的本意,皇帝召见他,一见他便不断哭泣,桓温战战兢兢,始终竟一句话也没说出来。

## 【原文】

太宰武陵王晞①,好习武事,为温所忌,欲废之,以事示王彪之。彪之曰:"武陵亲尊,未有显罪,不可以猜嫌之间便相废徙。公建立圣明,当崇奖王室,与伊、周同美。此大事,宜更深详!"温曰:"此已成事,卿勿复言!"乙卯,温表:"晞聚纳轻剽②,息综矜忍③;袁真叛逆④,事相连染。顷日猜惧,将成乱阶。请免晞官,以王归藩。"从之,并免其世子综、梁王璬等官。温使魏郡太守毛安之帅所领宿卫殿中⑤。安之,虎生之弟也。

## 【注释】

①太宰:晋以避司马师讳,置太宰以代太师。武陵王晞:司马晞,晋元帝子,简文帝兄弟。司马综、司马均为其子。

②聚纳轻剽:召集轻浮急躁之徒。

③息综:其子司马综。矜忍:傲慢残忍。

④袁真叛逆:公元369年,东晋发生袁真叛乱。

⑤魏郡:今河北大名、临漳一带。毛安之:荥阳人,是简文帝时期的重要将领。

## 【译文】

太宰武陵王司马晞,喜好习武练兵,被桓温所忌恨,想废黜他,就把此事告诉了王彪之。王彪之说:"武陵王是天子的兄弟,没有明显的罪过,不可因为猜忌就将其废黜。您要建立贤明的君主,应当尊崇辅佐王室,与伊尹、周公有同样的美德。这样的大事,应该从长计议!"桓温说:"此事已定,你不必再说了!"乙卯(二十一日),桓温上表称:"司马晞招纳轻浮急躁之徒,其子司马综自负残忍;袁真叛逆,事情与他有牵连。朝廷和他彼此猜惧,必将酿成大乱。请求免除司马晞的官职,让他以王的身份返回藩地。"皇帝同意了。同时罢免其世子司马综、梁王司马瑽等人的官职。桓温派魏郡太守毛安之率其部下宿卫皇宫。毛安之是毛虎生的弟弟。

## 【原文】

庚戌,尊褚太后曰崇德太后。

初,殷浩卒,大司马温使人赍书吊之①。浩子涓不答,亦不诣温,而与武陵王晞游。广州刺史庾蕴②,希之弟也,素与温有隙。温恶殷、庾宗强,欲去之。辛亥,使其弟秘逼新蔡王晃诣西堂叩头自列,称与晞及子综、著作郎殷涓、太宰长史庾倩、掾曹秀、舍人刘强、散骑常侍庾柔等谋反③。帝对之流涕,温皆收付廷尉。倩、柔,皆蕴之弟也。癸丑,温杀东海王三子及其母。甲寅,御史中丞谯王恬承温旨④,请依律诛武陵王晞。诏曰:"悲惋惶怛⑤,非所忍闻,况言之哉!其更详议!"恬,承之孙也。乙卯,温重表固请诛晞,词甚酷切。帝乃赐温手诏曰:"若晋祚灵长,公便宜奉行前诏;如其大运去矣,请避贤路。"温览之,流汗变色,乃奏废晞及三子,家属皆徙新安郡。丙辰,免新蔡王晃为庶人,徙衡阳,殷涓、庾倩、曹秀、刘强、庾柔皆族诛,庾蕴饮鸩死⑥。蕴兄东阳太守友子妇,桓豁之女也,故温特赦之。庾希闻难,与弟会稽王参军邈及子攸之逃于海陵陂泽中⑦。

## 【注释】

①赍：送信。

②庾蕴：庾希之弟，庾氏为东晋大族。

③著作郎：官名，三国魏明帝始置，属中书省，掌编纂国史。太宰长史：太师的属吏。散骑常侍：官名，秦汉设散骑（皇帝的骑从）和中常侍，三国魏时将其并为一官，称"散骑常侍"，在皇帝左右规谏过失，以备顾问。晋以后，往往预闻要政。

④御史中丞：官名，汉以御史中丞为御史大夫的助理，外督部刺史，内领侍御史，受公卿章奏，纠察百僚，其权颇重。

⑤惶怛：惶恐痛苦。

⑥鸩：传说中的一种毒鸟。把它的羽毛放在酒里，可以毒杀人。后世指毒药。

⑦陂泽：湖泽。

## 【译文】

庚戌（十六日），尊奉褚太后为崇德太后。

当初，殷浩去世的时候，大司马桓温派人送信吊唁他。殷浩的儿子殷涓不回信，也不到桓温那里回拜，而与武陵王司马晞去游玩。广州刺史庾蕴，是庾希的弟弟，平素与桓温有隔阂。桓温厌恨殷涓、庾蕴宗族的强大，想要铲除他们。辛亥（十七日），桓温派他的弟弟桓秘逼迫新蔡王司马晃到西堂去叩头自述，称与司马晞及他的儿子司马综、著作郎殷涓、太宰长史庾倩、掾曹秀、舍人刘彊、散骑常侍庾柔等阴谋反叛。简文帝面对他流下眼泪，桓温将他们都抓起来送交廷尉。庾倩、庾柔，都是庾蕴的弟弟。癸丑（十九日），桓温杀掉了东海王司马奕的三个儿子和他们的母亲。甲寅（二十日），御史中丞谯王司马恬秉承桓温意旨，请求依据法律诛杀武陵王司马晞。简文帝下诏说："悲痛惋惜，惊恐不安，不忍心耳闻，更何况是亲口说呢！此事再仔细商议吧！"司马恬是司马承的孙子。

乙卯（二十一日），桓温再次上表，坚持要求杀掉司马晞，言辞非常激烈恳切。简文帝于是亲手写下诏令赐给桓温说："如果晋王朝的神灵悠长，桓公就遵行我上道诏书的意思；如果晋王朝的大运已去，就请求让我退位避让贤人晋升之路。"桓温看了后，惊慌失色，汗流满面，于是就奏请黜废司马晞及他的三个儿子，将他的家属全都流放到新安郡。丙辰（二十二日），黜免新蔡王司马晃为庶人，将他迁徙到衡阳，殷涓、庾倩、曹秀、刘彊、庾柔都被灭族，庾蕴服毒而死。庾蕴的哥哥东阳太守庾友的儿媳，是桓豁的女儿，所以桓温特别地赦免了她。庾希听说此事，与弟弟会稽参军庾邈及儿子庾攸之逃到了海陵的湖泽中。

## 【原文】

温既诛殷、庾，威势翕赫①，侍中谢安见温遥拜②。温惊曰："安石，卿何乃尔？"安曰："未有君拜于前，臣揖于后。"

## 【注释】

①翕赫：显赫。

②谢安：出身士族，东晋名臣。

## 【译文】

桓温诛杀了殷、庾之后，威势显赫至极，侍中谢安看见桓温远远就开始叩拜。桓温惊道："安石，你为什么要这样呢？"谢安说："没有君主叩拜于前，臣下拱手还礼于后的。"

## 【原文】

咸安二年（壬申，公元372年）

甲寅，帝不豫①，急召大司马温入辅，一日一夜发四诏，温辞不至。初，帝为会稽王，娶王述从妹为妃，生世子道生及弟俞生。道生疏躁无行,母子皆以幽废死。馀三子,郁、朱生、天流,皆早夭。诸姬绝孕将十年,王使善相者视之,皆曰:"非其人。"又使视诸婢媵,有李陵容者,在织坊中,黑而长,宫人谓之"昆仑",相者惊曰:"此其人也!"王召之侍寝,生子昌明及道子。

## 【注释】

①不豫:身体不适,生病。

## 【译文】

咸安二年(壬申,公元372年)

甲寅(二十三日),简文帝身体不适,急召大司马桓温入朝辅政,一日一夜连发四道诏书,桓温推辞不去。当初,简文帝为会稽王时,娶了王述的堂妹为妃,生下长子司马道生和二子司马俞生。司马道生粗鲁急躁,品行不端,母子都因此被囚禁废黜而死。其他三个儿子,司马郁、司马朱生、司马天流都早年夭折。众姬妾绝孕将近十年,会稽王让会相面的人观察她们,都说:"能生儿子的不是这些人。"会稽王又让相面的人去观察女仆女佣,有一个叫李陵容的,在纺织作坊里,长得又高又黑,宫女们叫她"昆仑"。相面的人见到她后吃惊地说:"这就是会生儿子的人!"会稽王召她服侍起居,生下了儿子司马昌明和司马道子。

## 【原文】

己未,立昌明为皇太子,生十年矣。以道子为琅邪王,领会稽国,以奉帝母郑太妃之祀。遗诏:"大司马温依周公居摄故事①。"又曰:"少子可辅者辅之,如不可,君自取之。"侍中王坦之自持诏入,于帝前毁之。帝曰:"天下,傥来之运②,卿何所嫌!"坦之曰:"天下,宣、元之天下③,陛下何得专之!"帝乃使坦之改诏曰:"家国事一禀大司马,如诸葛武侯、王丞相故事④。"是日,帝崩。

## 【注释】

①周公居摄：西周时周公旦在武王去世后，出任摄政，辅佐年幼的成王。故事：旧例。

②傥来：无意中得到。

③宣、元：宣帝司马懿，元帝司马睿，西晋的创立者。

④诸葛武侯、王丞相：诸葛亮、王导，都是辅佐君主的名臣。

## 【译文】

己未（二十八日），简文帝立司马昌明为皇太子，当时昌明已经十岁了。封司马道子为琅邪王，兼领会稽国，以尊奉帝母郑太妃的祀位。简文帝下达遗诏说："大司马桓温依照周公的遗规，代理皇帝摄政。"又说："太子可以辅佐就辅佐他，如不能辅佐，大司马自取皇位。"侍中王坦之手持诏书进入宫中，在简文帝面前撕毁了诏书。简文帝说："我拥有天下也不过是出于意外，你有什么不满意的！"王坦之说："天下，是宣帝、元帝创立的天下，陛下怎么能独断专行！"于是简文帝让王坦之将诏书改为："家国事全部交付大司马，就像诸葛亮、王导辅政时的做法一样。"这一天，简文帝驾崩。

## 【原文】

群臣疑惑，未敢立嗣，或曰："当须大司马处分①。"尚书仆射王彪之正色曰："天子崩，太子代立，大司马何容得异！若先面谘，必反为所责。"朝议乃定。太子即皇帝位，大赦。崇德太后令②，以帝冲幼，加在谅暗③，令温依周公居摄故事。事已施行，王彪之曰："此异常大事，大司马必当固让，使万机停滞，稽废山陵④，未敢奉令，谨具封还。"事遂不行。

【注释】

①须：等待。

②崇德太后：即褚太后。

③谅暗：居丧，多用于皇帝。

④稽废山陵：稽迟荒废安葬事宜。

【译文】

群臣疑惑，不敢就此立嗣，有人说："要等大司马来了处分。"尚书仆射王彪之正色说："天子驾崩，太子继立，大司马怎能有资格提出异议！如果事先当面向他询问，一定反会被他责备。"于是经过朝臣讨论就决定了。太子即皇帝位，大赦天下。崇德褚太后下令，因为孝武帝年幼，又在居丧期，命桓温依据周公摄政的旧例行事。诏令发下去，王彪之说："这是非常之事，大司马一定会固执地辞让，这样一来，朝廷上下的政务都会停顿，连先帝的事业也会荒废，所以臣不敢奉命，谨将诏书密封归还。"因此桓温摄政一事终究未成。

【原文】

温望简文临终禅位于己，不尔便当居摄。既不副所望，甚愤怨，与弟冲书曰："遗诏使吾依武侯、王公故事耳。"温疑王坦之、谢安所为，必衔之①。诏谢安征温入辅②，温又辞。

【注释】

①衔：含在心里。指心里怨恨。

②征：召。

【译文】

桓温希望简文帝临终前将皇位禅让给他，不这样的话，也应让他摄政。

然而这个愿望没能实现,他非常怨恨愤怒,给弟弟桓冲写信说:"简文帝下诏让我按诸葛亮、王导的旧例辅政。"桓温怀疑这事是王坦之、谢安干的,对他们怀恨在心。朝廷诏令谢安前去召桓温入朝辅政,桓温又推辞。

## 【原文】

烈宗孝武皇帝上之上宁康元年(癸酉,公元373年)

春,正月,己卯朔,大赦改元。

二月,大司马温来朝。辛巳,诏吏部尚书谢安、侍中王坦之迎于新亭。是时,都下人情汹汹,或云欲诛王、谢,因移晋室。坦之甚惧,安神色不变,曰:"晋祚存亡①,决于此行。"温既至,百官拜于道侧。温大陈兵卫,延见朝士②,有位望者皆战慄失色。坦之汗汗沾衣,倒执手版。安从容就席,坐定,谓温曰:"安闻诸侯有道,守在四邻,明公何须壁后置人邪!"温笑曰:"正自不能不尔。"遂命左右撤之,与安笑语移日。郗超常为温谋主,安与坦之见温,温使超卧帐中听其言。风动帐开,安笑曰:"郗生可谓入幕之宾矣。"时天子幼弱,外有强臣,安与坦之尽忠辅卫,卒安晋室。

温治卢悚入宫事,收尚书陆始付廷尉,免桓秘官,连坐者甚众。迁毛安之为左卫将军。桓秘由是怨温。

三月,温有疾,停建康十四日,甲午,还姑孰。

## 【注释】

①祚:帝位。

②延见:召见,引见。

## 【译文】

烈宗孝武皇帝上之上宁康元年(癸酉,公元373年)

春季,正月己卯朔(初一),东晋实行大赦,改换年号为宁康。

二月，大司马桓温来晋见孝武帝。辛巳（二十四日），孝武帝诏令吏部尚书谢安、侍中王坦之到新亭迎接。这时，都城里人心惶惶，有的说桓温要杀掉王坦之、谢安，晋王室的天下就要转到他人之手。王坦之非常害怕，谢安则神色不变，说："晋朝国运的存亡，取决于此行。"桓温抵达朝廷后，百官夹道叩拜。桓温部署重兵，召见朝廷百官，有地位有名望的人全都惊慌失色。王坦之汗流浃背，连手版都拿倒了。谢安从容就座，坐定后，对桓温说："谢安听说诸侯有道，守卫的人在四方邻国，明公何必要在墙壁后面安置人呢！"桓温笑着说："正是由于不能才不这样做。"于是命令左右的人撤走，与谢安笑谈许久。郗超经常作为桓温的主谋，谢安和王坦之去见桓温，桓温让郗超藏在帐中听他们谈话。风吹开了帐子，谢安笑着说："郗超可谓入帐之宾。"当时天子年幼力弱，外边又有强臣，谢安与王坦之竭尽忠诚辅佐护卫天子，最终使晋王室得以安稳。

桓温处理卢悚攻入宫廷的事件，拘捕尚书陆始并送交廷尉处置，罢免了桓秘的官职，株连的人很多。提升毛安之为左卫将军。桓秘从此开始怨恨桓温。

三月，桓温生病，在建康停留了十四天，甲午（初七），返回姑孰。

## 【原文】

秋，七月己亥，南郡宣武公桓温薨。

初，温疾笃，讽朝廷求九锡，屡使人趣之。谢安、王坦之故缓其事，使袁宏具草。宏以示王彪之，彪之叹其文辞之美，因曰："卿固大才，安可以此示人！"谢安见其草，辄改之，由是历旬不就。宏密谋于彪之，彪之曰："闻彼病日增，亦当不复支久，自可更小迟回①。"

## 【注释】

①迟回：犹滞留。

## 【译文】

秋季,七月己亥(十四日),南郡宣武公桓温去世。

当初,桓温病重的时候,暗示朝廷给他加九锡的礼遇,多次派人去催。谢安、王坦之故意拖延此事,让袁宏草拟诏令。袁宏草拟完后让王彪之过目,王彪之赞叹他文辞优美,接着说:"你本来是杰出的人才,怎么能写这样的文章让别人看呢!"谢安看到袁宏写的草诏,就加以修改,因此前后十多天也没有最后定稿。袁宏暗地里和王彪之商量,王彪之说:"听说桓温的病情日益严重,应该不会再支持多久了,自然可以再晚一些回复。"

## 【原文】

温弟江州刺史冲,问温以谢安、王坦之所任,温曰:"渠等不为汝所处分。"其意以为,己存,彼必不敢立异,死则非冲所制,若害之,无益于冲,更失时望故也。

温以世子熙才弱,使冲领其众。于是桓秘与熙弟济谋共杀冲,冲密知之,不敢入。俄顷,温薨,冲先遣力士拘录熙、济而后临丧。秘遂被废弃,熙、济俱徙长沙。诏葬温依汉霍光及安平献王故事。冲称温遗命,以少子玄为嗣①,时方五岁,袭封南郡公。

## 【注释】

①玄:即桓玄。桓温少子,深受桓温钟爱。桓温临终,命为继嗣,袭爵南郡公,时年五岁。

## 【译文】

桓温的弟弟江州刺史桓冲,向桓温询问谢安、王坦之应该担任什么职务,桓温说:"他们不由你来安排。"这话的意思是,自己活着的时候,他们一定不敢公开抗衡，自己死了以后，则不是桓冲所能控制的，如果谋害了他们，对桓冲没有什么好处，反而会使其失去声望。

桓温考虑到世子桓熙才能不足，就让桓冲统领他的兵众。因此桓秘和桓熙的弟弟桓济谋划一起杀掉桓冲。桓冲私下里知道此事，不敢进入府内。不久，桓温死了，桓冲先派身强力壮的士兵拘捕了桓熙、桓济，然后才前去吊丧。桓秘于是也被废黜了，桓熙、桓济都被迁徙到长沙。孝武帝下诏，依据汉代霍光及安平献王的旧例安葬桓温。桓冲称桓温留下遗嘱，以小儿子桓玄为继承人。当时桓玄刚刚五岁，继承南郡公的爵位。

# 宋 纪

## 元嘉之治

### ⊙ 导语

"元嘉之治"是指东晋南北朝宋武帝至宋文帝时国力最为强盛的历史时期,"元嘉"是南朝宋文帝刘义隆的年号,因其政治较为清明,又努力推行繁荣经济文化的各项政策,从而出现了短期内经济有所恢复、人民生活较为安定的政治局面。

刘宋武帝刘裕吸取东晋灭亡的教训,十分注意集权于中央。他重用寒门,压抑豪门士族,限制士族地主兼并土地。

宋武帝刘裕死后,长子刘义符即位,两年后,辅政大臣徐羡之、傅亮、谢晦借其嬉戏失德将其杀死,立刘裕三子宜都王刘义隆,史称宋文帝。宋文帝继续实行刘裕的治国方略,在东晋义熙土断的基础上清理户籍,下令免除百姓欠政府的"通租宿债",又实行劝学、兴农、招贤等一系列措施,使百姓得以休养生息,社会生产有所发展,经济文化日趋繁荣。于是"三十年间,氓庶蕃息,奉上供徭,止于岁赋。晨出暮归,自事而已","民有所系,吏无苟得。家给人足,即事虽难,转死沟渠,于时可免。凡百户之乡,有市之邑,谣舞蹈,触处成群,盖宋世之极盛也。"宋文帝统治时期是东晋南北朝国力最为强盛的历史时期,史称"元嘉之治"。

宋文帝第二次北伐的失败导致"元嘉之治"衰败。其实,作为一种政治局面,"元嘉之治"衰败于宋孝武帝时期。孝武帝对"元嘉时期"的制度多有改革。但他的改革除少数有积极作用外,大多祸国殃民,从而导致了

"元嘉之治"局面的衰败,加速了刘宋王朝的灭亡。

历史上将"元嘉"与"文景""贞观"并称为"三大治世"。"元嘉之治"是宋武帝刘裕和宋文帝刘义隆共同造就的。特别是宋文帝继位后,提倡节俭、轻徭薄赋,重视发展农业生产,使元嘉时期成为南朝的鼎盛时期。

## 【原文】

元嘉三年(丙寅,公元426年)

春,正月,谢晦弟黄门侍郎㬭驰使告晦①,晦犹谓不然,以傅亮书示咨议参军何承天曰②:"计幼宗一二日必至。傅公虑我好事,故先遣此书。"承天曰:"外间所闻,咸谓西讨已定③,幼宗岂有上理④!"晦尚谓虚妄⑤,使承天豫立答诏启草,言伐虏宜须明年。江夏内史程道惠得寻阳人书,言"朝廷将有大处分,其事已审",使其辅国府中兵参军乐冏封以示晦⑥。晦问承天曰:"若果尔,卿令我云何?"对曰:"蒙将军殊顾,常思报德。事变至矣,何敢隐情!然明日戒严,动用军法,区区所怀,惧不得尽。"晦惧曰:"卿岂欲我自裁邪?"承天曰:"尚未至此。以王者之重,举天下以攻一州,大小既殊,逆顺又异。境外求全,上计也。其次以腹心将兵屯义阳,将军自帅大众战于夏口;若败,即趋义阳以出北境⑦,其次也。"晦良久曰:"荆州用武之地,兵粮易给,聊且决战,走复何晚!"乃使承天造立表檄,又与卫军咨议参军琅邪颜邵谋举兵,邵饮药而死。

## 【注释】

①谢晦:字宣明,陈郡阳夏人,谢朗之孙,谢重之子,谢瞻之弟,南朝刘宋大臣。为刘裕太尉参军。宋国建立,为右卫将军,加侍中。刘裕受禅,迁中领军,以佐命功封武昌县公。宋少帝即位,加领中书令,不久与徐羡之、傅亮行废立,领护南蛮校尉荆州刺史。宋文帝即位,加使持节,寻进号卫将军,加散骑常侍。元嘉三年(公元

426年），因前废杀少帝事不自安，举兵拒命，为檀道济所破，伏诛，时年三十七岁。驰使：速派使者。

②傅亮：南朝宋大臣。字季友，北地灵州人，晋司隶校尉傅咸玄孙。桓玄篡位，选为秘书郎，未拜。少帝即位，进中书监尚书令，领护军将军，寻行废立。文帝即位，加散骑常侍、左光禄大夫，晋爵始兴郡公。元嘉三年伏诛。咨议参军何承天：何承天，南朝宋大臣、著名天文学家、无神论思想家。知识渊博，精天文律历和计算，对天文律历造诣颇深。咨议，旧时备顾问的幕僚。参军，参军事的简称，官职，起源于汉末。

③咸：都。

④"幼宗岂有上理"一句：万幼宗怎么会有到这里来的道理。万幼宗，外监。

⑤虚妄：没有事实根据。这里指不着边际的事。

⑥"乐冏封以示晦"一句：乐冏将信封好送给谢晦看。封，把信封好。

⑦趋：奔赴。

## 【译文】

元嘉三年（丙寅，公元426年）

春季，正月，谢晦的弟弟黄门侍郎谢㬭，派专人骑马去警告谢晦，但是谢晦仍然认为还没有到这个地步，并拿出傅亮的信给咨议参军何承天看，说："我估计万幼宗一两天内就会到达。傅亮是怕我招惹是非，所以先把这封信送过来。"何承天说："我在外面听到的，人们都说向西讨伐我们的计划已经制定了，万幼宗又怎么会到这里来呢！"谢晦仍然认为那是谣言，他命令何承天先行起草回答诏书的奏章，建议朝廷最好延期到明年再讨伐北魏。江夏内史程道惠接到一封从寻阳送来的信，信中说"朝廷将有大规模的行动，事情已经确定了"，程道惠派遣辅国府中兵参军乐冏将信封好后送给谢晦。谢晦问何承天道："如果真有不测，你认为我应该怎么做呢？"何承天说："我蒙受将军的特殊照顾，经常想要报答您的恩惠。如今事情已经发生了变化，怎么敢隐瞒真实情况呢！然而，一旦明日下令戒严，动用军法制裁，我心中想要说的话，恐怕就不能够说尽了。"谢晦惊恐地问道："你难道是想让我自杀吗？"何承天说："事情还没有到这个地步。以帝王的威严和全国的力量去攻打一个州，实力大小悬殊，民心的逆顺又十分不同。您到国外保全性命，这才是上策。其次，您派心腹将领驻军义阳，将军亲自率领大军与敌人在夏口作战；如果失败了，也可以取道义阳北上出境，这是中策。"谢晦沉默了很长时间才说："荆州是兵家必争之地，兵力和粮草都容易供给，不妨先进行一场决战，打败了再逃跑也不晚啊！"于是，谢晦命令何承天撰写檄文；又与卫军咨议参军琅邪人颜邵谋划起兵反抗，颜邵服毒自杀。

## 【原文】

晦立幡戒严①，谓司马庚登之曰②："今当自下，欲屈卿以三千人守城，备御刘粹。"登之曰："下官亲老在都，又素无部众，情计二三，不敢受此旨。"晦仍问诸将佐："战士三千足守城否？"南蛮司马周超对曰："非徒守城而已，若有外寇，可以立功。"登之因曰："超必能办，下官请解司马、南郡以授之。"晦即于坐命超为司马，领南义阳太守；转登之为长史，南郡如故。登之，蕴之孙也。

帝以王弘、檀道济始不预废弑之谋③，弘弟昙首又为帝所亲委，事将发，密使报弘，且召道济，欲使讨晦。王华等皆以为不可，帝曰："道济止于胁从，本非创谋。杀害之事，又所不关。吾抚而使之，必将无虑。"乙丑，道济至建康④。

## 【注释】

①立幡：竖起旗子。幡，指用竿子挑起来直着挂的长条形旗子。

②庾登之：字元龙，颍川鄢陵人也。少以强济自立，初为晋会稽王道子太傅参军。以预讨桓玄功，封曲江县五等男。与谢晦同为曹氏婿。谢晦拒王师，欲使登之留守，登之不许，语在《晦传》。晦败，登之以无任免罪，禁锢还家。

③"帝以王弘、檀道济始不预废弑之谋"一句：刘宋文帝认为王弘、檀道济在开始时未参与废立弑逆的阴谋。弑逆，废立弑逆。帝，即宋文帝刘义隆，南朝宋皇帝。宋武帝刘裕第三子。刘裕病死后，太子义符继位（即宋少帝），因其不亲政事，辅政的司空徐羡之、中书令傅亮、领军将军谢晦于景平二年（公元424年）五月废黜刘义符，迎立当时任荆州刺史的刘义隆为帝，改元元嘉。刘义隆不能容忍大臣擅行废立，元嘉三年杀徐羡之、傅亮、谢晦，从此政由己出。在位期间，提倡文化，整顿吏治，清理户籍，重视农业生产。在位三十多年中相对安定，旧史常称"元嘉之治"。后被太子刘劭所杀。王弘，南朝宋琅邪临沂（今山东临沂）人，曾祖王导，王珣子，元嘉九年（公元432年）进位太保。檀道济，南朝宋将领。出身寒门，从军二十余年，由士兵升至大将军。东晋末，从刘裕攻后秦，屡立战功，官至征南大将军。文帝以其前朝重臣，诸子皆善战，忌而杀之。檀道济戎马倥偬，战绩卓著。留有三十六计。

④建康：今南京。

## 【译文】

谢晦竖起大旗，下令戒严，对司马庾登之说："我现在打算亲自东下出征，打算委屈你率领三千人守卫江陵，防备刘粹。"庾登之说："我的双亲年纪都大了，他们身在建康，而且我又从来没有过直属的部队，我经过慎重考虑，不敢接受这项命令。"谢晦又问其他的将领和佐臣："三千战士足够守城吗？"南蛮司马周超回答说："三千战士不仅足够守城，如果有外敌入侵，还可以建立战功。"庾登之于是说："周超一定可以胜任，我请求解除司马和南郡太守两个职务转授给他。"谢晦立即就在座位上任命周超为司马，兼领南义阳郡太守。改庾登之为长史，仍然担任南郡太守。庾登之是庾蕴的孙子。

宋文帝认为王弘、檀道济在开始时没有参与废弑刘义真、刘义符的阴谋，王弘的弟弟王昙首又被宋文帝所亲近信任，在开始行动之前，刘义隆秘密派人告诉王弘，并且召见檀道济，打算派他去讨伐谢晦。王华等大臣都认为不能这样做，刘义隆说："檀道济当初只是受到胁迫才随从徐羡之等行事的，原本就不是他主动提出的，谋杀的事情，更与他没有关系；我安抚并且任用他，不必有其他的顾虑。"乙丑（十五日），檀道济到达建康。

## 【原文】

丙寅，下诏暴羡之、亮、晦杀营阳、庐陵王之罪①，命有司诛之，且曰："晦据有上流②，或不即罪，朕当亲帅六师为其过防。可遣中领军到彦之即日电发，征北将军檀道济骆驿继路③，符卫军府州，以时收翦，已命雍州刺史刘粹等断其走伏④。罪止元凶，馀无所问。"

是日，诏召羡之、亮。羡之行至西明门外，谢暠正直，遣报亮云："殿内有异处分⑤。"亮辞以嫂病暂还，遣信报羡之，羡之还西州，乘内人问讯车出郭⑥，步走至新林，入陶灶中自经死⑦。亮乘车出郭门，乘马奔兄迪墓，屯骑校尉郭泓收之。至广莫门，上遣中书舍人以诏书示亮，并谓曰："以公江陵之诚，当使诸子无恙。"亮读诏书讫⑧，曰："亮受先帝布衣之眷⑨，遂蒙顾托。黜昏立明⑩，社稷之计也。欲加之罪，其无辞乎⑪！"于是诛亮而徙其妻子于建安；诛羡之二子，而宥其兄子佩之。诛晦子世休，收系谢爵。

## 【注释】

①暴：显露。羡之、亮、晦杀营阳、庐陵王之罪：指南朝宋景平二年

（公元424年），谢晦与司空徐羡之、尚书令傅亮合谋行废立，并弑宋少帝刘义符，杀庐陵王刘义真，立宜都王刘义隆为帝一事。

②晦据有上流：立刘义隆为帝，三位大臣为了制约朝廷，谢晦率领三万精兵出镇江陵（地处长江上游），以便和朝廷中枢徐羡之、傅亮相呼应。

③骆驿：连续不断。骆，通"络"；驿，古同"绎"。

④走伏：指逃匿之路。

⑤处分：决策，措施。

⑥内人：宫廷内的人。

⑦自经：上吊自杀。

⑧讫：完毕。《说文》：讫，止也。

⑨布衣：平民。

⑩黜昏立明：废黜昏君，迎立明主。黜，废除。

⑪欲加之罪，其无辞乎：表示坏人诬陷好人时，无端捏造罪名，还说得振振有词。《左传·僖公十年》："不有废也，君何以兴？欲加之罪，其无辞乎？"其，语气，表示反问。

## 【译文】

丙寅（十六日），宋文帝下诏公布徐羡之、傅亮、谢晦杀害营阳王刘义符、庐陵王刘义真的罪状，并且命令有关部门逮捕诛杀他们，宋文帝还说："谢晦据守长江上游，或许不会立即伏法，朕将亲自统率大军前往讨伐。可派遣中领军到彦之即日急速出发，征北将军檀道济陆续出发作为后继，符卫军府及荆州官属，应当及时逮捕并诛杀谢晦，已经命令雍州刺史刘粹等切断谢晦逃跑或潜伏的道路。罪犯只限于谢晦一个人，其他胁从者一概不加以追究。"

这天，宋文帝下诏召见徐羡之、傅亮。徐羡之走到西明门外，谢嚼正在当值，派人报告傅亮说："殿内有异常的举动。"傅亮马上借口嫂嫂生病，暂时回家，派人通知徐羡之，徐羡之回到西城，乘坐宫廷内部人出差的车逃出建康城，步行到新林，进入一个烧陶器的窑里自缢身亡。傅亮乘车逃出建康城，又骑马逃到他的兄长傅迪的墓园，屯骑校尉郭泓逮捕了他。到广莫门的时候，宋文帝派中书舍人拿诏书给傅亮看，并且对他说："因为你当初在江陵迎驾时，态度十分诚恳，所以饶恕你的儿子们不死。"傅亮读过诏书说："我本来出身平民，承蒙先帝垂爱，所以承担了托孤的大任。废黜昏君，迎立明主，都是为了国家的百年大计打算啊。想要将罪过强加在我身上，难道还怕没有借口吗！"于是，傅亮被杀，他的妻子和儿女都被放逐到建安；又诛杀了徐羡之的两个儿子，而饶恕了他的侄儿徐佩之。又诛杀了谢晦的儿子谢世休，逮捕了谢嚼。

## 【原文】

帝将讨谢晦，问策于檀道济，对曰："臣昔与晦同从北征，入关十策，晦有其九，才略明练，殆为少敌。然未尝孤军决胜，戎事恐非其长①。臣悉晦智，晦悉臣勇。今奉王命以讨之，可未陈而擒也②。"丁卯，征王弘为侍中、司徒、录尚书事、扬州刺史，以彭城王义康为都督荆、湘等八州诸军事、荆州刺史。

乐冏复遣使告谢晦以徐、傅及嚼等已诛。晦先举羡之、亮哀，次发子弟凶问，既而自出射堂勒兵③。晦从高祖征讨，指麾处分，莫不曲尽其宜④，数日间，四远投集，得精兵三万人。乃奉表称羡之、亮等忠贞，横被冤酷。且言："臣等若志欲执权⑤，不专为国⑥，初废营阳，陛下在远，武皇之子尚有童幼，拥以号令，谁敢非之？岂得溯流三千里，虚馆七旬⑦，仰望鸾旗者哉⑧？故庐陵王，于营阳之世积怨犯上，自贻非命。不有所废，将何以兴！耿弇不以贼遗君、父，臣亦何负于宋室邪！此皆王弘、王昙首、王华险躁猜忌，谗构成祸。今当举兵以除君侧之恶⑨。"

131

## 【注释】

①戎事：带兵打仗。

②陈：同"阵"。

③射堂：古时习射的场所。勒兵：指挥军队。

④曲尽其宜：曲，细致；尽，全部；宜，妥当。全部都办理得很妥当。

⑤执权：掌握权柄。

⑥专：专一，一心一意。

⑦虚馆：空着馆舍等待。谓礼贤。

⑧鸾旗：天子仪仗中的旗子。上绣鸾鸟，故称。《汉书·贾捐之传》："鸾旗在前，属车在后。"

⑨除君侧之恶：清除君主身边的小人、奸臣。

## 【译文】

宋文帝将要讨伐谢晦，他向檀道济询问计策，檀道济回答说："我当年与谢晦一同北伐，当时得以入关的十项计策，其中有九项是谢晦提出来的，谢晦才略精明老练，大概很少有敌手。但是他从来没有单独带领部队打过胜仗，军事恐怕不是他所擅长的。我非常了解谢晦的才智，谢晦也了解我的勇敢。如今我奉皇上的命令去讨伐他，可以在他还没有摆开阵势时就将他擒获。"丁卯（十七日），宋文帝召见王弘，任命他为侍中、司徒、录尚书事、扬州刺史，任命彭城王刘义康为都督荆湘等八州诸军事、荆州刺史。

辅国府中兵参军乐冏，再次派人报告谢晦，说徐羡之、傅亮、谢嚼等都已被杀了。于是，谢晦先为徐羡之、傅亮举行祭礼，接着又为弟弟和儿子发布死讯，然后亲自走出虎帐统率军队。谢晦当年随宋武帝南征北讨，发号施令，指挥调动，没有不切实妥当的，几天的时间里，人们就从四面八方来投奔谢晦，很快就聚集了精兵三万人。于是，谢晦上表盛赞徐羡之、傅亮等都是忠贞之臣，却受到了横暴的冤杀。谢晦又说："我们这些人如果想长久地把握国家大权，不一心一意为国家着想，当初在废黜营阳王时，陛下还远在荆州，武皇帝的儿子中还有幼童，我们完全可以拥戴小皇帝，向天下发号施令，谁敢出来反对呢？又怎么会逆流而上三千里，让皇位空虚七十多天，去迎接陛下的鸾旗呢？已故的庐陵王刘义真，当营阳王在位的时候，他就曾经积聚怨恨，冒犯皇上，是他自己死于非命。没有废黜，怎么能够有兴起呢？耿弇不曾把贼寇遗留给君王、父亲，我又哪里辜负了宋家皇室呢？这都是因为王弘、王昙首、王华一伙阴险、狂暴，他们多次进行猜忌和挑拨离间，因此才造成了现在的灾祸。如今，我要发动大军，为陛下清除身边的邪恶之徒。"

【原文】

谢晦自江陵东下，何承天留府不从。晦至江口，到彦之已至彭城洲。庾登之据巴陵，畏懦不敢进①；会霖雨连日②，参军刘和之曰："彼此共有雨耳；檀征北寻至，东军方强，唯宜速战。"登之怔怯③，使小将陈祐作大囊，贮茅悬于帆樯④，云可以焚舰，用火宜须晴，以缓战期。晦然之，停军十五日。乃使中兵参军孔延秀攻将军萧欣于彭城洲，破之。又攻洲口栅，陷之。诸将咸欲退还夏口，到彦之不可。乃保隐圻⑤。晦又上表自讼，且自矜其捷⑥，曰："陛下若枭四凶于庙庭，悬三监于降阙⑦，臣便勒众旋旗，还保所任。"

【注释】

①畏懦：胆怯软弱。

②会霖雨：正赶上连绵大雨。

③怔：害怕；惊恐，恐惧。

④帆樯：船桅，桅杆。

⑤隐圻：在彭城洲东北。

⑥自矜其捷：谢晦夸耀自己旗开得胜。

⑦"陛下若枭四凶于庙庭，悬三监于降阙"一句：枭，把头割下来悬

挂在木上；四凶，是指传说中由中国上古时代的舜帝流放到四方的四个凶神（四凶在尚书和左传中均有记载）；庙庭，指宗庙或庙宇的前殿；周武王灭商后，以商旧都封给纣子武庚，并以殷都以东为卫，由武王弟管叔监之；殷都以西为鄘，由武王弟蔡叔监之；殷都以北为邶，由武王弟霍叔监之；总称三监。阙，皇帝居处，借指朝廷。这句意思说，陛下如果把"四凶"在庙庭斩首，把"三监"的人头悬挂在宫墙上。

## 【译文】

谢晦从江陵东下，何承天留守江陵没有随从。谢晦到达西江口，到彦之的军队已经到达彭城洲。庾登之据守巴陵，畏缩怯懦不敢前进，当时正赶上大雨连绵，下了好几天也没有停，参军刘和之说："我们与敌人都遇到了大雨；征北将军檀道济的大军不久就要到了，官军实力正强，我们应该速战速决。"庾登之仍旧是畏惧不敢战，命令手下的小军官陈祐制造了一个大口袋，装满茅草悬挂在桅杆上，声称可以用来焚毁敌人的战舰。用火攻必须等到天晴，他用这个办法来延缓会战的日期。谢晦同意了庾登之的做法，逗留了十五日。然后才派中兵参军孔延秀进攻驻守在彭城洲的将军萧欣，大败萧欣的军队。又进攻彭城洲口官军的营垒阵地，又大败官军。官军各将领都想撤退据守夏口，到彦之反对他们的建议，于是退保隐圻。谢晦又上疏为自己辩护，并且十分骄傲地倚仗自己在军事上取得的胜利，他说："陛下如果在庙庭把'四凶'斩首，把'三监'的人头悬挂在宫墙上，我就率领军队回转旌旗，返回保卫我的任所。"

## 【原文】

初，晦与徐羡之、傅亮为自全之计，以为晦据上流，而檀道济镇广陵，各有强兵，足以制朝廷[①]；羡之、亮居中秉权[②]，可得持久。及闻道济帅众来上[③]，惶惧无计。

道济既至，与到彦之军合④，牵舰缘岸。晦始见舰数不多，轻之，不即出战。至晚，因风帆上，前后连咽；西人离沮⑤，无复斗心，戊辰，台军至，忌置洲尾，列舰过江，晦军一时皆溃。晦夜出，投巴陵，得小船还江陵。

## 【注释】

①制：胁制。

②居中秉权：在朝廷担任要职掌握大权。

③及闻：等到听说了。

④合：会合。

⑤西人离沮：谢晦的军队涣散。离沮，分崩离析，涣散。

## 【译文】

当初，谢晦与徐羡之、傅亮为了保全自己定下了计策：用谢晦把守长江上游，命令檀道济镇守广陵，使他们各自拥有强兵，足以胁制朝廷；徐羡之、傅亮在朝中担任要职、掌握大权，可以维持长久的安定。等到谢晦听说檀道济率领军队来攻打自己，十分惶恐，束手无策。

檀道济的军队一到隐圻，立即与到彦之的军队会合，战舰沿岸停泊。谢晦开始时看见战舰不多，就没有放在心上，也不马上发动攻击。到了晚上，因为东风大起，官军船舰的帆篷满张，陆续抵达，前后相连；谢晦军队的士气涣散，军心沮丧，不再有斗志。戊辰（十九日），官军舰队挺进到忌置洲尾，战舰排列着渡过长江，谢晦的军队一触即溃。谢晦在夜里逃走，投奔巴陵，找到一艘小船回到江陵。

## 【原文】

夏，五月乙未，以檀道济为征南大将军、开府仪同三司、江州刺史①，到彦之为南豫州刺史。遣散骑常侍袁渝等十六人分行诸州郡县，观察吏政，访求民隐②；又使郡县各言损益③。丙午，上临延贤堂听讼，自是每岁三讯④。

左仆射王敬弘，性恬淡，有重名；关署文案，初不省读。尝预听讼，上问以疑狱，敬弘不对。上变色，问左右："何故不以讯牒副仆射⑤？"敬弘曰："臣乃得讯牒读之，正自不解。"上甚不悦，虽加礼敬，不复以时务及之。

## 【注释】

①开府仪同三司：官名。"开府"意为建公府，自选僚属。"仪同三司"意为非三公官而得享受三公的礼遇。三公（司徒、司寇、司空）官名都有"司"字，故称三司。

②民隐：民众的痛苦。《国语·周语上》："先王非务武也，勤恤民隐而除其害也。"

③损益：本义指增减、盈亏。这里指郡县的行政得失。

④三讯：三次。

⑤讯牒：审问的笔录。

## 【译文】

夏季，五月乙未（十七日），宋文帝任命檀道济为征南大将军、开府仪同三司、江州刺史，任命到彦之为南豫州刺史。又派遣散骑常侍袁渝等十六人分别巡察各州郡县，考察官员的政绩，访求民间无处申诉的疾苦；宋文帝又命郡县上疏奏报当地的行政得失。丙午（二十八日），宋文帝亲自到延贤堂听取诉讼，从此以后，宋文帝每年来三次。

左仆射王敬弘，性情恬然，甘于淡泊，声名显著；可是在核定文稿时，他从来不事先审阅。他曾经随同宋文帝听取民间诉讼，宋文帝用一件有疑问的案件询问王敬弘，王敬弘回答不上来。宋文帝脸色大变，问左右侍臣道："你们为什么不将案卷的副本送给左仆射？"王敬弘回答说："我已经看到了案卷的副本,但是我没有看懂。"宋文帝非常不高兴,虽然仍然对他加以礼敬,却不再与他讨论国家大事了。

## 【原文】

六月,以右卫将军王华为中护军,待中如故。华以王弘辅政,王昙首为上所亲任,与己相埒①,自谓力用不尽,每叹息曰:"宰相顿有数人②,天下何由得治!"是时,宰相无常官,唯人主所与议论政事、委以机密者,皆宰相也,故华有是言。亦有任侍中而不为宰相者;然尚书令、仆,中书监、令,侍中,侍郎,给事中③,皆当时要官也。

华与刘湛、王昙首、殷景仁俱为侍中,风力局干④,冠冕一时⑤。上尝与四人于合殿宴饮,甚悦。既罢出,上目遂良久⑥,叹曰:"此四贤,一时之秀,同管喉唇,恐后世难继也。"

黄门侍郎谢弘微与华等皆上所重,当时号曰五臣。弘微,琰之从孙也。精神端审,时然后言,婢仆之前不妄语笑,由是尊卑大小,敬之若神。从叔混特重之,常曰:"微子异不伤物,同不害正,吾无间然⑦。"

## 【注释】

①相埒:相等。

②顿有数人:一时之间多达数人。

③尚书令、仆,中书监、令,侍中,侍郎,给事中:都是官职名。中书监,中国古代官制,三国魏始置。

④风力局干:风力,指文辞的风格与笔力;局干,度量和才干。《宋书·殷景仁传》:"四人并时为侍中,俱居门下,皆以风力局干,冠冕一时。"

⑤冠冕一时:犹言体面,光彩。比喻受人拥戴或出人头地。《北史·寇洛等传论》:"冠冕之盛,当时莫与比焉。"

⑥目遂:目送。

⑦吾无间然：我找不到非议他的地方。间，这里指可以非议的对象。《论语·泰伯》：子曰："禹，吾无间然矣。菲饮食，而致孝乎鬼神；恶衣服，而致美乎黻冕；卑宫室，而尽力乎沟洫。禹，吾无间然矣。"

【译文】

六月，宋文帝任命右卫将军王华为中护军，同时仍兼任侍中。王华认为司徒王弘是辅助文帝的大臣，侍中王昙首又被皇上信任，他们的地位与自己相当，因此，王华认为自己的才能无法得以完全施展，他经常叹息道："朝中宰相，一时之间多达数人，天下怎么能够治理啊！"当时，朝廷中没有固定的宰相，只要谁与皇帝讨论国家大事，就将国家机要大事交给谁办，谁就是宰相，所以王华才有这种言论。当时也有任侍中的职务而不是宰相的人；然而，尚书令、仆射、中书监、中书令、侍中、侍郎、给事中等，都是当时重要的官职。

王华与刘湛、王昙首、殷景仁都担任侍中的职务，他们风采出色，精明干练，显耀一时。宋文帝曾与他们四人在合殿宴饮，特别高兴。筵席散后，宋文帝目送他们好久，叹息道："这四位贤才，是一时的俊杰，如同我的喉唇一样重要，恐怕后世很难再出现这样的人了。"

黄门侍郎谢弘微与王华等都得到了宋文帝的重用，当时他与王华、刘湛、王昙首、殷景仁号称五臣。谢弘微是谢琰的侄孙。他一向端庄严谨，审度时机然后才开口说话，在奴婢仆役面前也从不随便说笑；因此无论尊卑大小，都像对待神明一样恭敬地对待他。他的堂叔谢混对他格外推崇敬重，经常说："谢弘微与别人不同时，他不会伤害别人；与别人相同时，他也不会违背正道，我挑不出他的毛病。"

【原文】

上欲封王昙首、王华等，拊御床曰①："此坐非卿兄弟，无复今日。"

因出封诏以示之。昙首固辞曰："近日之事，赖陛下英明，罪人斯得。臣等岂可因国之灾以为身幸！"上乃止。

诏殿中将军吉恒聘于魏。

燕太子永卒，立次子翼为太子。

秦王炽磐伐河西②，至廉川，遣太子暮末等步骑三万攻西安，不克，又攻番禾。河西王蒙逊发兵御之，且遣使说夏主，使乘虚袭枹罕。夏主遣征南大将军呼卢古将骑二万攻苑川，车骑大将军韦伐将骑三万攻南安。炽磐闻之，引归。九月，徙其境内老弱、畜产于浇河及莫河仍寒川，留左丞相昙达守枹罕。韦伐攻拔南安，获秦秦州刺史翟爽、南安太守李亮。

吐谷浑握逵等帅部众二万落叛秦，奔昴川，附于吐谷浑王慕璝。

大旱，蝗。

## 【注释】

①拊：抚摸。

②炽磐：十六国时期西秦国君主，乞伏乾归长子。

## 【译文】

宋文帝打算封王昙首、王华等人爵位，他抚摸着御座说："这个宝座，如果不是你们，我今天就不可能坐上。"于是，宋文帝拿出封爵的诏书给他们看。王昙首坚决辞让说："近来发生的事，都是依赖陛下的英明决断，使罪人得到应有的惩罚；我们怎么可以因为国家的灾难而让自己得到好处呢！"宋文帝这才作罢。

宋文帝下诏，派遣殿中将军吉恒出使北魏。

北燕太子冯永去世，文成帝冯跋封次子冯翼为太子。

西秦王乞伏炽磐讨伐北凉，大军抵达廉川，乞伏炽磐派太子乞伏暮末等率领步、骑兵共三万人，进攻西安，没有攻下，于是又转攻番禾。北凉河西王沮渠蒙逊发兵抵御，同时又派遣使者出使夏国游说，请夏国国主赫连昌乘西秦国内空虚之际，袭击枹罕。夏国国主赫连昌派遣征南大将军呼卢古率领两万骑兵进攻西秦的苑川，派遣车骑大将军韦伐率领三万骑兵进攻南安。西秦国王乞伏炽磐听到这个消息后，立即从北凉撤军回国。九月，乞伏炽磐把境内的老弱妇孺和家畜，集中迁徙到浇河郡和莫河的仍寒川，同时命令左丞相乞伏昙达留守京师枹罕。夏国的车骑大将军韦伐率领大军攻陷了南安城，生擒了西秦秦州刺史翟爽和南安太守李亮。

隶属西秦的吐谷浑部落酋长慕容握逵，率领所属的两万多个部落背叛西秦，逃往昂川，归附了吐谷浑可汗慕容慕璝。

天下大旱，发生了蝗灾。

## 【原文】

左光禄大夫范泰上表曰："妇人有三从之义①，无自专之道②。谢晦妇女犹在尚方，唯陛下留意。"有诏原之。

秦左丞相昙达与夏呼卢古战于嶂岘山，昙达兵败。十一月，呼卢占、韦伐进攻枹罕。秦王炽磐迁保定连。呼卢占入南城，镇京将军赵寿生率死士三百人力战，却之。呼卢古、韦伐又攻沙州刺史出连虔于湟河，虔遣后将军乞伏万年击败之。又攻西平，执安西将军库洛干，坑战士五千馀人，掠民二万馀户而去。

仇池氐杨兴平求内附③。梁、南秦二州刺史吉翰遣始平太守庞谘据武兴。氐王杨玄遣其弟难当将兵拒谘，谘击走之。

## 【注释】

① 三从之义：旧礼教认为妇女应该做到在家从父，出嫁从夫，夫死从子，谓之"三从"。《仪礼·丧服》："妇人有三从之义，无专用之道，故未嫁从父，既嫁从夫，夫死从子。"

② 自专之道：一任己意的地方。

③ 仇池：西晋王朝倾覆之际出现在氐族故地（约今陇南、陕南、川北

交界处）的以氐族为主体的地方性割据政权。在十六国时期，为建国自雄的氐族三政权之一；进入南北朝后，又历事宋、齐、梁及北魏各朝，对南北朝政局亦有一定的影响。

## 【译文】

刘宋左光禄大夫范泰上疏说："女子有三从的大义，却没有自作主张的道理。如今谢晦家的妇女仍然被羁押在尚方作坊里做苦工，恳请陛下考虑一下。"于是，宋文帝下诏赦免了她们。

西秦左丞相乞伏昙达与夏国的征南大将军呼卢古在嵚岅山会战，乞伏昙达兵败。十一月，呼卢古与韦伐合兵进攻西秦都城枹罕。西秦王乞伏炽磐迁都保卫定连。夏国大将呼卢古攻入枹罕南城，西秦镇京将军赵寿生率领三百死士奋力抵抗，击退了呼卢古。呼卢古、韦伐又攻打沙州刺史出连虔据守的湟河，出连虔派后将军乞伏万年击退了他们的进攻。呼卢古、韦伐又率军进攻西平，俘获了西秦的安西将军库洛干，活埋了西秦战士五千多人，掠走两万多户居民，然后班师回国。

仇池氏族部落酋长杨兴平请求归附刘宋朝廷。刘宋梁州、南秦州二州刺史吉翰派遣始平太守庞谘进军占据武兴。氐王杨玄派他的弟弟杨难当人马顿对阻击庞谘，被庞谘击退而后逃走。

## 【原文】

元嘉四年（丁卯，公元427年）

春，正月辛巳，帝祀南郊。

乙卯，帝如丹徒①；己巳，谒京陵。初，高祖既贵，命藏微时耕具以示子孙②。帝至故宫见之，有惭色。近侍或进曰："大舜躬耕历山③，伯禹亲事水土④。陛下不睹遗物，安知先帝之至德，稼穑之艰难乎⑤！"

丁亥，帝还建康。

庚戌，以廷尉王徽之为交州刺史，征前刺史杜弘文。弘文有疾，自舆就路⑥；或劝之待病愈，弘文曰："吾杖节三世⑦，常欲投躯帝庭⑧，况被征乎⑨！"遂行，卒于广州。弘文，慧度之子也。

## 【注释】

①丹徒：位于今江苏省西南部，镇江市附近。

②耕具：农具。

③大舜躬耕历山：相传上古舜帝为民时，曾躬耕于历山之下，因称舜耕山。

④伯禹亲事水土：《砥柱铭》记载："大哉伯禹，水土是职。挂冠莫顾，过门不息。让德夔龙，推功益稷。栉风沐雨，卑宫菲食。汤汤方割，襄陵伊始……" 上古时代水患严重，给民众造成很大危害。尧选鲧子禹领导治水，即有名的大禹治水。

⑤稼穑：农事的总称。春耕为稼，秋收为穑，即播种与收获，泛指农业劳动。

⑥自舆：亲自准备车上路。舆，车。

⑦杖节：执持旄节。古代帝王授予将帅兵权或遣使四方，给旄节以为凭信。后多以谓执掌兵权或镇守一方。

⑧常欲投躯帝庭：时常想到京城。常，时常、经常。投躯，舍身、到。帝庭，宫廷、朝廷。

⑨征：招请。

## 【译文】

元嘉四年（丁卯，公元427年）

春季，正月辛巳（初七），宋文帝前往都城建康南郊祭祀天神。

乙卯（十一日），宋文帝前往丹徒；己巳（二十五日），宋文帝拜谒京陵。最初，宋武帝在富贵之后，命令将他幼年贫穷微贱时耕田用的农具收藏起来，以展示给后代的子孙。宋文帝到达故宫，看到那些耕具后，感到十分惭愧。他身边有侍臣进言说:"大舜曾亲自在历山耕田种地,大禹曾经亲自治理水土。陛下不看到这些遗物,怎么能够知道先帝崇高的仁德,又怎么知道耕种的艰难呢!"

丁亥(十四日),宋文帝返回建康。

庚戌(初七),宋文帝任命廷尉王徽之为交州刺史,征召前任交州刺史杜弘文回京。当时杜弘文患有重病,接到命令后,他亲自备车上路;有人劝告他等病痊愈了再上路,杜弘文说:"我家祖孙三代镇守边关,平时就渴望到京城去,何况今日皇帝又征召我前往呢!"于是,杜弘文带病上路,走到广州就去世了。杜弘文是杜慧度的儿子。

## 【原文】

元嘉六年(己巳,公元429年)

又以抚将军江夏王义恭为都督荆、湘等八州诸军事、荆州刺史,以待中刘湛为南蛮校尉,行府州事。帝与义恭书①,诫之曰:"天下艰难,家国事重,虽曰守成,实亦未易。隆替安危②,在吾曹耳③,岂可不感寻王业,大惧负荷!

"汝性褊急④,志之所滞,其欲必行⑤,意所不存,从物回改⑥。此最弊事⑦,宜念裁抑⑧。卫表遇士大夫以礼,与小人有恩⑨;西门、安于,矫性齐美⑩;关羽、张飞,任偏同弊⑪。行己举事,深宜鉴此!

"若事异今日,嗣子幼蒙,司徒当周公之事⑫,汝不可不尽祗顺之理⑬。尔时天下安危⑭,决汝二人耳⑮。

"汝一月自用钱不可过三十万,若能省此,益美⑯。西楚府舍,略所谙究,计当不须改作,日求新异。凡讯狱多决当时⑰,难可逆虑,此实为难。至讯日,虚怀博尽,慎无以喜怒加人⑱。能择善者而从之,美自归己;不可专意自决,以矜独断之明也!

"名器深宜慎惜⑲,不可妄以假人⑳。昵近爵赐,尤应裁量。吾于左右虽为少恩,如闻外论不以为非也。

"以贵凌物，物不服；以威加人，人不厌；此易达事耳。

"声乐嬉游，不宜令过；蒱酒渔猎，一切勿为。供用奉身，皆有节度，奇服异器，不宜兴长㉑。

"又宜数引见佐史。相见不数，则彼我不亲；不亲，无因得尽人情；人情不尽，复何由知众事也！"

## 【注释】

①帝与义恭书：宋文帝写信给刘义恭。义恭，即刘义恭，南朝宋武帝刘裕第五子，文帝的弟弟。

②隆替：盛衰，兴衰。

③吾曹：我辈，我们。

④褊急：气量狭小，性情急躁。

⑤志之所滞，其欲必行：心里想什么，就不顾一切地去做。滞，指牵挂。

⑥意所不存，从物回改：心里并没有愿望，只是受外界引诱产生了欲望。从物，指追求物质享受或功名富贵。回改，翻悔、改口。

⑦弊事：有害的事，坏事。

⑧宜念裁抑：应当时常提醒自己遏制这些。裁抑，制止、遏制。

⑨卫表遇士大夫以礼，与小人有恩：卫青对士大夫礼貌周到，不轻视低贱人士。卫青，西汉大司马大将军，与士卒同甘苦，威信很高。

⑩西门、安于，矫性齐美：西门豹和董安于改正自己不好的习性都得到了好名声。西门，指西门豹，据《韩非子·观行》记载，西门豹知道自己平时脾气比较急躁，易动肝火，就找了一根柔软而富有韧性的熟皮带佩在腰间，时时提醒自己欲速则不达，遇事应缓而静思，克服性子急躁的毛病。安于，指董安于，春秋时晋国人，晋国大夫赵孟的家臣。据《韩非子·观行》记载，董安于性情太和缓，就佩带弓弦，促使自己性急。矫性，改正习性。

⑪关羽、张飞，任偏同弊：关羽、张飞，二人的性格任性偏激，都有同样的毛病。

⑫司徒：指刘义康。周公之事：相传西周初年，世风浇薄，婚俗混乱。辅佐天子执政的周公为整饬民风，亲自制礼教民。

⑬祗顺：敬顺。

⑭尔时：到那个时候。

⑮"决汝二人耳"一句：就全取决于你们二人了。指刘义恭和刘义康。

⑯益美：更好。益，更加。

⑰讯狱：问案治狱。

⑱慎：谨慎。

⑲慎惜：谨慎珍惜。

⑳妄以假人：随便赏给他人。妄，胡乱；假，授予。

㉑兴长：提倡，助长。

## 【译文】

元嘉六年（己巳，公元429年）

宋文帝又任命抚军将军、江夏王刘义恭为都督荆湘等八州诸军事、荆州刺史，任命侍中刘湛为南蛮校尉，代理府州政务。宋文帝给义恭写信，告诫他说："天下时事十分艰难，家事国事关系重大，虽然说是继承并保住已有的基业，实际上却并不容易。国家的兴隆更替、安定危覆都在我们身上，怎么可以不感到王业艰难而寻求治国之道，从而对自己肩负的重任感到惶恐不安呢！"你的性情急躁偏激，心中想什么，就不顾一切地去做；有时你的心里并没有某些愿望，只是受外界引诱而产生欲望。这是最容易招致祸端的，你应当时常提醒自己，尽力克制。卫青对待士大夫礼貌谦恭，对小人也有恩惠；西门豹性情刚直急躁，常佩带熟皮带，董安于性情宽容，做事缓慢，常佩带弓弦，他们都是为了警示自己，以此来矫正自己的性情，因此他们的美名一齐得到了后世的传颂。关羽、张飞却不是这样，他们二人的性格都任性偏激，各趋极端。你待己处世，要深刻体会古人的行为，以此作为自己的借鉴啊！

"倘若有一天朝中发生不测，我的儿子年纪还小，身为司徒的刘义康必定要担负起周公的责任，你也不可不尽到恭敬辅助的道义。到那时，国家的安危就都取决于你们二人了。

"你每月的私人开支不能超过三十万，倘若还能再节省些，那就更好了。荆州的府舍，我大概了解了一些，估计还不用重新改建，去追求什么新异。凡是讯案断狱，大多要当时裁决，很难事先就考虑周全，这的确是一件很不容易的事。在审讯时，你一定要虚心听取各方面的陈述，千万要谨慎，不可以把自己的喜怒强加于人。平时做事，能选择好的并且坚持下去，自己就会获得好的声誉。千万不可以一意孤行，以此来炫耀自己的独断和英明啊！

"名分一定要谨慎珍惜，不可以随便赏给别人；对亲近的人封赐爵位，更应当谨慎考虑定夺。我对于身边的人，虽然很少有特别的恩惠，但是如果听到外面有人议论我，我也并不认为他们说得不对。

"凭权势欺凌别人，别人就不会信服；用威望统辖别人，别人就不会满意，这是非常明显的事。

"声色犬马、嬉戏游乐都不能过分。饮酒赌博、捕鱼狩猎，这一切都不要去做。日常用品、衣服饮食，都应当有节制。至于新奇的服饰和器物，不应鼓励制作。

"你还应该多接见府中的官员。召见的次数少了，就会彼此不亲近；彼此不亲近，你就没有办法知道官员们的感情；不了解他们的感情，又从哪里知道民间的具体情况呢！"

## 【原文】

元嘉七年（庚午，公元430年）

辛酉，以长沙王义欣为豫州刺史，镇寿阳。寿阳土荒民散，城郭颓败，盗贼公行①。义欣随宜经理②，境内安业，道不拾遗，城府完实，遂为盛藩③。芍陂久废，义欣修治堤防，引河水入陂，溉田万馀顷，无复旱灾。

## 【注释】

①公行：公开抢劫。

②随宜经理：根据具体情况采取措施。经理，治理。

③盛藩：强盛的藩镇。

## 【译文】

元嘉七年（庚午，公元430年）

辛酉（初九），宋文帝任命长沙王刘义欣为豫州刺史，镇守寿阳。寿阳土地荒芜，百姓流散，城垣破旧坍塌，盗贼公开作案。刘义欣根据具体情况，采取适当措施治理寿阳，使得寿阳境内的百姓安居乐业，路不拾遗，城池坚固，粮仓充实，于是成了强盛的藩镇势力。芍陂也早已经破旧了，刘义欣修整治理堤防，引河水入陂，灌溉农田一万多顷，从此没有再出现过旱灾。

# 齐 纪

## 魏迁洛阳

### ⊙ 导语

在南北朝的七十来个封建帝王中,真正有作为和对后世有影响的,是一位亲政只有九年的年轻皇帝——魏孝文帝。

孝文帝元宏是鲜卑拓跋族人。皇兴元年(公元467年)生于平城,三岁时被其父献文帝立为太子,五岁时受禅即位,成为北魏王朝的第六个皇帝。元宏三岁丧母,由祖母冯太后抚养长大。冯太后是汉族人,汉文化造诣很深,对汉族封建帝王的统治有比较深刻的了解。

旧史书对于魏孝文帝的评价褒贬不一。作为一个当时较为落后的民族的统治者,孝文帝为了政权的巩固,抛弃狭隘的民族偏见,进行了一场自上而下、全盘速成的汉化改革,使落后的少数民族与较先进的汉民族逐渐融为一体。

北魏孝文帝把都城从平城(今山西大同市)迁到洛阳,是中国历史上的一个重大事件。迁都洛阳,与其说是一次迁都,不如说是鲜卑政权的一次全面汉化改革运动。

北魏孝文帝锐意进行政治改革,迁都洛阳,促进了中华民族的融合,缓和了当时的阶级矛盾和民族矛盾,使北方的社会、经济、文化都有了一定的恢复和发展。

但是,迁都洛阳以后,鲜卑上层渐染中原士风,轻视武人。孝文帝定姓族,移植门阀士族制度,封官命爵。这些政策只涉及南迁的那一部分,没有涉及留守边镇的人。留镇兵将背着军籍就不能当官，因此他们以望生怨，由怨生愤。此外，移植门阀士族制度使孝文帝在经济利益上一味向鲜卑贵族让步，这对尚无文化积淀可言的鲜卑贵族来说，无疑是给了他们滋生腐化的肥沃土壤。他们比奢斗富，相互攀比，贪污受贿，极力聚敛。凡此种种，消蚀了北魏统治者的锐气与活力，激化了社会矛盾，致使北魏统治迅速由盛转衰，归于灭亡。

## 【原文】

世祖武皇帝下永明十一年（癸酉，公元493年）

魏主以平城地寒①，六月雨雪，风沙常起，将迁都洛阳；恐群臣不从，乃议大举伐齐②，欲以胁众。斋于明堂左个③，使太常卿王谌筮之④，遇"革"，帝曰："'汤、武革命⑤，应乎天而顺乎人。'吉孰大焉！"群臣莫敢言。尚书任城王澄曰⑥："陛下奕叶重光⑦，帝有中土；今出师以征未服，而得汤、武革命之象，未为全吉也。"帝厉声曰："繇云：'大人虎变'⑧，何言不吉！"澄曰："陛下龙兴已久，何得今乃虎变？"帝作色曰："社稷我之社稷，任城欲沮众邪⑨？"澄曰："社稷虽为陛下之有，臣为社稷之臣，安可知危而不言！"帝久之乃解⑩，曰："各言其志，夫亦何伤！"

## 【注释】

①魏主：即北魏孝文帝拓跋宏，也称元宏，鲜卑人。执政期间，对北魏的政治、经济、文化和社会习俗等各方面，进行大刀阔斧的改革。平城：今山西大同，北魏的都城。

②齐：南朝的齐。

③斋于明堂左个：在明堂南厢的东头大厅。明堂，古代帝王颁布政令，接受朝觐和祭祀天地诸神以及祖先的场所。

④太常卿：官名，秦置奉常，汉改名太常，掌宗庙礼仪，兼选试博士。其后为专掌祭祀礼乐之官。北魏称太常卿。筮：古代用蓍草占

卜的一种迷信活动。

⑤汤、武革命：商汤讨伐夏，周武王讨伐商，都是改朝换代的征伐。这是革卦的卦辞。

⑥任城王澄：拓跋澄，孝文帝叔父，北魏迁都的重要支持者。

⑦奕叶重光：指孝文帝继承北魏先世光辉的基业。奕叶，即奕世，累世。重光，比喻累世盛德，辉光相承。

⑧繇：《易经》的"繇辞"，即卜辞。大人虎变：大人，地位显赫的人；虎变，老虎身上斑纹的改变。用来比喻身居高位的人行动变幻莫测。

⑨沮：动词，令……沮丧。

⑩解：消失，消解。

## 【译文】

**齐武帝永明十一年（癸酉，公元493年）**

魏孝文帝因为平城气候寒冷，夏季六月都会下雪，又经常有风沙，因此想要迁都洛阳；但他又担心群臣不愿意，于是，商议大规模进攻南齐，想以这种名义胁迫众人。孝文帝在明堂南厢的东头大厅斋戒之后，让太常卿王谌占卜，得"革"卦，孝文帝说："'商汤讨伐夏，周武王讨伐商，是适应上天之命，顺应百姓之心的。'没有比这更吉祥的了！"群臣不敢说话。尚书、任城王拓跋澄说："陛下继承几代累积下来的大业，并使之发扬光大，在中原称帝；如今却要出兵征伐还未臣服的对象，在这时得到了商汤王和周武王变革成功的迹象，恐怕这并不全是吉利。"孝文帝厉声说："繇辞说：'身居高位的人行动就像老虎身上的斑纹那样变幻莫测'，你为什么要说这不吉利呢？"拓跋澄答道："陛下作为飞龙兴起已经很久了，怎么今天又要实施如虎一般的变革呢？"孝文帝怒道："国家是我的国家，任城王是想阻止我发兵吗？"拓跋澄说："国家虽然是陛下所有，而我是国家的臣属，怎么可以明知危险而不说呢！"过了很久皇帝才平息怒气,说:"不过是各自表明自己的心意而已,这又有什么关系!"

## 【原文】

既还宫,召澄入见,逆谓之曰①:"向者'革'卦,今当更与卿论之。明堂之忿,恐人人竞言,沮我大计②,故以声色怖文武耳。想识朕意。"因屏人谓澄曰③:"今日之举,诚为不易。但国家兴自朔土,徙居平城;此乃用武之地,非可文治。今将移风易俗,其道诚难,朕欲因此迁宅中原,卿以为何如?"澄曰:"陛下欲卜宅中土以经略四海④,此周、汉之所以兴隆也。"帝曰:"北人习常恋故⑤,必将惊扰,奈何?"澄曰:"非常之事,故非常人之所及。陛下断自圣心,彼亦何所能为!"帝曰:"任城,吾之子房也⑥!"

## 【注释】

①逆:迎上前去。
②沮:同"阻",阻挠。
③屏:屏退,让人退下。
④卜宅:选择住地。这里指迁都。经略四海:经营治理天下。
⑤习常恋故:习惯于旧有的、已经成为常例的事物,恋旧。
⑥子房:张良,汉初刘邦的谋臣。

## 【译文】

孝文帝回宫,立刻召见拓跋澄,迎上前去对他说:"刚才说的'革'卦,现在和你再重新探讨一下。明堂上我之所以发怒,是因为害怕大家争先恐后地说话,阻挠我的大计,所以,我故意疾言厉色以吓唬那些文武官员罢了。想必你能了解我的心意。"孝文帝让随从退下,对拓跋澄说:"今天我所要做的这件事确实很不容易。但我们国家是在北方疆土上兴起的,后来迁都到平城;平城是适合打仗的地方,不适合推行文治。如今我打算进行改变风俗习惯的重大变革，这条路实在艰难，朕因此想迁都中原，你有什么看法？"拓跋澄说："陛下想迁都中原，用以扩大疆土，征服四海，这一想法正是以前周王朝和汉王朝兴盛不衰的原因。"孝文帝说："北方人习惯留恋于旧有的生活方式，知道要迁都之后必定惊恐骚动起来，你说怎么办？"拓跋澄说："不平凡的事，本身就不是平凡的人所能做得了的。陛下的决断，是出自您圣明的内心，反对的人又能做什么呢！"孝文帝说："任城王真是我的张子房啊！"

## 【原文】

六月丙戌，命作河桥，欲以济师。秘书监卢渊上表，以为："前代承平之主，未尝亲御六军，决胜行陈之间；岂非胜之不足为武，不胜有亏威望乎！昔魏武以弊卒一万破袁绍①，谢玄以步兵三千摧苻秦②，胜负之变，决于须臾，不在众寡也。"诏报曰："承平之主，所以不亲戎事，或以同轨无敌，或以懦劣偷安③。今谓之同轨则未然④，比之懦劣则可耻，必若王者不当亲戎，则先王制革辂⑤，何所施也？魏武之胜，盖由仗顺；苻氏之败，亦由失政；岂寡必能胜众，弱必能制强邪！"丁未，魏主讲武，命尚书李冲典武选。

## 【注释】

①"昔魏武以弊卒一万破袁绍"句：即官渡之战。

②"谢玄以步兵三千摧苻秦"句：即淝水之战。

③懦劣偷安：懦劣，懦弱。偷安，指不顾将来的祸患，只图眼前的安逸。

④同轨：引申为同一，统一。

⑤辂：古代车辕上用来挽车的横木。

**【译文】**

六月丙戌（初七），北魏孝文帝下令在黄河上修筑大桥，准备让南下的大军由桥上渡过黄河。秘书监卢渊上书，认为："以前太平时代的君主，没有亲自统率大规模军队作战，在双方阵地前决一胜负的，还不是因为胜利了并不足以显示勇敢，失败了则会使自己的威望受到损失吗！以前魏武帝曹操统率一万名疲惫不堪的士卒打败了袁绍，谢玄率领三千名步兵摧毁了苻坚的大军，胜利与失败的变化，往往就在转眼的工夫，而不在于人数多少。"孝文帝下诏回答说："太平时代的君主，之所以不亲自统率军队作战，有的是因为天下已经统一，没有了敌人；有的是因为懦弱卑怯，只图眼前的安逸。现在说天下已经统一，其实不是这样；与懦弱卑劣的人相比，又是十分可耻的。如果太平时期的君主一定不应当亲自统率军队作战，那么，古代的君王特别制造的战斗时使用的革车，又有什么用呢？曹操所以取得胜利，是因为他依仗名正言顺；苻坚之所以失败，其根源也是他失德无道。怎么能说人数少就一定能战胜人数多，力量弱就一定能战胜力量强的呢！"丁未（二十八日），孝文帝讲论武事，命令尚书李冲负责选拔将官。

**【原文】**

戊辰，魏主济河①；庚午，至洛阳；壬申，诣故太学观《石经》。

魏主自发平城至洛阳，霖雨不止②。丙子，诏诸军前发。丁丑，帝戎服③，执鞭乘马而出。群臣稽颡于马前④。帝曰："庙算已定⑤，大军将进，诸公更欲何云？"尚书李冲等曰："今者之举，天下所不愿，唯陛下欲之；臣不知陛下独行，竟何之也！臣等有其意而无其辞，敢以死请！"帝大怒曰："吾方经营天下，期于混壹⑥，而卿等儒生，屡疑大计；斧钺有常⑦，卿勿复言！"策马将出，于是安定王休等并殷勤泣谏。帝乃谕群臣曰："今者兴发不小，动而无成，何以示后！朕世居幽朔，欲南迁中土；苟不南伐，当迁都于此，王公以为何如？欲迁者左，不欲者右。"

南安王桢进曰："'成大功者不谋于众。'今陛下苟辍南伐之谋⑧，迁都洛邑，此臣等之愿，苍生之幸也。"群臣皆呼万岁。时旧人虽不愿内徙，而惮于南伐，无敢言者；遂定迁都之计。

## 【注释】

①济河：渡河。

②霖雨：连绵大雨。

③戎服：穿着军服。

④稽颡：古代一种跪拜礼，屈膝下拜，以额触地，表示极度的虔诚。

⑤庙算：朝廷确定的谋略。

⑥混壹：统一天下。

⑦斧钺有常：斧和钺，古代兵器，用于斩刑。这里借指重刑。常，规矩，规则。

⑧辍：停止，停息。

## 【译文】

戊辰（二十日），孝文帝渡过黄河；庚午（二十二日）抵达洛阳。壬申（二十四日），又前往以前的太学观看《石经》。

孝文帝自平城出发抵达洛阳，天一直下雨，没有停过。丙子（二十八日），诏令各路大军继续进发。丁丑（二十九日），孝文帝穿着战袍，手持马鞭，骑马出发。群臣聚集在他的马前拦住马头，不断叩拜。孝文帝说："朝廷的大计已定，大军就要出发，诸公还想说什么？"尚书李冲等人说："陛下现在的行动，天下人都不愿意，只有陛下一个人想这样做。臣不知陛下您一个人走，将要到什么地方去？我们有一心报国效忠皇上的心愿，却无法表达出来，只有以死相劝。"孝文帝大怒，说："我现在正要征服外邦，希望有朝一日可以完成统一大业，而你们这些儒生，屡屡怀疑我的重大决策；斧钺不饶人，你不要再多说什么了！"说完，策马要走,这时安定王拓跋休等都流泪劝谏孝文帝放弃出征。孝文帝于是对群臣说:"这一次,我们出动军队的规模不小,最后如果取消征伐,将来拿什么让后人看?朕世代居住在遥远的北方,想要南迁到中原;如果不南征,那么,我们就应该把京都迁到这里,各位王公以为如何?同意迁都的站在左面,不同意迁都的站到右面。"

南安王拓跋桢上奏说:"'建立大功勋的人不征求大家的意见。'如今陛下如果能停止南征,迁都洛阳,这正是我们所希望的,也是百姓的幸运。"群臣都高呼万岁。当时,鲜卑人虽然不愿意向南迁移,但是又害怕向南征伐,所以,也就没有敢出来反对的;于是孝文帝就定下迁都之策。

### 【原文】

李冲言于上曰:"陛下将定鼎洛邑①,宗庙宫室,非可马上游行以待之。愿陛下暂还代都②,俟群臣经营毕功③,然后备文物、鸣和鸾而临之④。"帝曰:"朕将巡省州郡,至邺小停⑤,春首即还,未宜归北。"乃遣任城王澄还平城,谕留司百官以迁都之事,曰:"今日真所谓革也。王其勉之!"

### 【注释】

①定鼎:这里指迁都。

②代都:即平城。

③俟:等。经营毕功:指营建都城的工程结束。

④备文物、鸣和鸾:准备好车驾及典章文物(迎接孝文帝)。和鸾,古代车上的铃铛。挂在车前横木上称"和",挂在轭首或车架上称"鸾"。

⑤邺:今河北临漳境内。

### 【译文】

李冲对孝文帝说:"陛下将迁都洛阳,可是,皇家祖庙和皇宫、府宅,并非立刻可以建成,我们不能只骑在马上走来走去,等待它们建成。希望陛下暂回平城,待群臣将都城营造完毕,陛下再备齐仪仗,在銮铃声中莅临新的京都。"孝文帝说:"朕要到各个州郡巡查,在邺城稍作停留,初春就会回洛阳,而不应该先回北方。"于是,派遣任城王拓跋澄回平城,向留守在那里的官员们宣布迁都的事宜,对任城王说:"如今才是'革'卦上真正的'革'了,任城王要好好努力!"

## 【原文】

帝以群臣意多异同,谓卫尉卿①、镇南将军于烈曰:"卿意如何?"烈曰:"陛下圣略渊远,非愚浅所测。若隐心而言②,乐迁之与恋旧,适中半耳。"帝曰:"卿既不唱异,即是肯同,深感不言之益。"使还镇平城,曰:"留台庶政③,一以相委。"

## 【注释】

①卫尉卿:官名,统率卫士守卫宫禁。

②隐心:审度,忖度。

③留台庶政:平城政府中的各种政务。

## 【译文】

由于文武官员的意见不一致,孝文帝就对卫尉卿、镇南将军于烈说:"你觉得迁都之事如何?"丁烈回答说:"陛下圣明的谋略,是为了国家长远的利益,不是愚笨和浅陋之辈可以猜测得知的。但如果推测一下大家的心意,愿意迁都的人和依恋故土的人,各占一半吧。"孝文帝说:"你既然没有公开说自己反对,那就是表示认同了,我深感你不说话的好处。"于是,派于烈回平城镇守,说:"留守在朝廷里的一切事情,全都托付给你了。"

## 【原文】

冬，十月戊寅朔，魏主如金墉城①，征穆亮，使与尚书李冲、将作大匠董尔经营洛都②。己卯，如河南城；乙酉，如豫州；癸巳，舍于石济。乙未，魏解严③，设坛于滑台城东④，告行庙以迁都之意⑤。大赦。起滑台宫。任城王澄至平城，众始闻迁都，莫不惊骇。澄援引古今，徐以晓之，众乃开伏⑥。澄还报于滑台。魏主喜曰："非任城，朕事不成。"

## 【注释】

①金墉城：三国魏明帝时筑，为当时洛阳城（今河南洛阳东）西北角的一个小城。

②将作大匠：官名，掌宫室、宗庙、陵寝等的土木营建。

③魏解严：解除戒严令。

④坛：祭坛。滑台：河南滑县。相传古有滑氏，于此筑垒，后人筑以为城，高峻坚固。汉末以来为军事要冲。北魏与金墉、虎牢、碻磝称河南四镇。

⑤行庙：天子巡幸或大军出征临时所立的庙。

⑥开伏：开悟心服。

## 【译文】

冬季，十月戊寅朔（初一），孝文帝到金墉城，召回穆亮，让他与尚书李冲、将作大匠董尔一起负责营造洛都。己卯（初二），前往河南城。乙酉（初八），前往豫州。癸巳（十六日），在石济住宿。乙未（十八日），下令北魏境内解除戒严，在滑台城东设祭坛，孝文帝将迁都之意禀报行庙。大赦天下。修建滑台宫。任城王拓跋澄回到平城，大家刚听说迁都的事时，没有不感到震惊的。拓跋澄引古论今，慢慢开导大家，让大家明白这样做的好处，最终，大家接受了这件事。拓跋澄回到滑台向孝文帝汇报了这一情况。孝文帝高兴地说："没有任城王，朕迁都之事就办不成。"

## 【原文】

癸卯，魏主如邺城。王肃见魏主于邺①，陈伐齐之策。魏主与之言，不觉促席移晷②。自是器遇日隆，亲旧贵臣莫能间也③。魏主或屏左右与肃语，至夜分不罢，自谓君臣相得之晚。寻除辅国将军、大将军长史。时魏主方议兴礼乐，变华风④，凡威仪文物，多肃所定。

乙巳，魏主遣安定王休帅从官迎家于平城。

## 【注释】

①王肃：出身世家大族，其父王奂在南齐被人诬陷，父子一起被杀，只有王肃逃到北魏，得到孝文帝的重用，对于北魏的改革贡献极大。

②促席移晷：坐席向前移动，时间流逝。形容孝文帝和王肃一见如故，谈话投机，不知不觉地时光就过去了，座位也越来越近。晷，日影。

③间：隔阂，疏远。

④华风：汉族或中原的风俗。

## 【译文】

癸卯（二十六日），孝文帝前往邺城。王肃在邺城觐见孝文帝，向他陈奏讨伐南齐的策略。孝文帝和他谈话，不知不觉地把自己的座位往前移，时间过去了很久。从那以后，孝文帝越来越器重王肃，对他的礼遇也越来越隆厚，无论是亲信故旧，还是重臣，都无法离间这君臣二人之间的关系。孝文帝有时屏退左右，单独和王肃交谈，到半夜还不停，自称君臣相见太晚了。不久，孝文帝任命王肃为辅国将军、大将军长史。这时，孝文帝正打算推广使用礼仪和雅乐，将鲜卑人传统的风俗习惯变成和汉人的一样，所以，只要是展示帝王威严仪容的文物制度，大多都是王肃制定。

乙巳（二十八日），孝文帝派安定王拓跋休率领侍从官员，到平城迎接眷属。

## 【原文】

建武元年（甲戌，公元494年）

戊申，魏主亲告太庙，使高阳王雍、于烈奉迁神主于洛阳；辛亥，发平城。

己巳，魏主如信都。庚午，诏曰："比闻缘边之蛮，多窃掠南土，使父子乖离①，室家分绝。朕方荡壹区宇②，子育万姓，若苟如此，南人岂知朝德哉！可诏荆、郢、东荆三州，禁勒蛮民，勿有侵暴。"

## 【注释】

①乖：不顺，不和谐。
②区宇：境域，天下。

## 【译文】

建武元年（甲戌，公元494年）

戊申（初七），孝文帝亲自告祭太庙，派高阳王拓跋雍和于烈负责将祖宗牌位护送到洛阳。辛亥（初十），自平城出发迁都洛阳。

己巳（二十八日），孝文帝抵达信都。庚午（二十九日），发布诏令说："近来听说边境上的蛮人，经常抢劫掠夺南方人，使他们父子相离，家庭破碎。朕正要统一天下，像对儿女一样安抚百姓，如果这样的话，南方人怎么能知道我魏朝的仁德呢！所以，应该诏令荆州、郢州、东荆州三个地方，要对那些蛮民们严加禁止，不许再有强暴掠夺的行为。"

## 【原文】

魏主至洛阳，欲澄清流品①，以尚书崔亮兼吏部郎。
魏主欲变易旧风，壬寅，诏禁士民胡服②。国人多不悦。

## 【注释】

①澄清流品：魏晋南北朝时特有的制度，按照门第的高低将士人分成不同等级，以此确定官员的地位高低。

②胡服：鲜卑服装。

## 【译文】

孝文帝到达洛阳，他想效法南朝的门阀品第，让尚书崔亮兼任吏部郎。

孝文帝想改革鲜卑族的旧风俗，壬寅（初二），发布诏令，禁止士大夫与民众穿胡服。鲜卑族人大多不乐意。

## 【原文】

已亥，魏主济淮；二月，至寿阳，众号三十万，铁骑弥望。甲辰，魏主登八公山①，赋诗。道遇甚雨，命去盖；见军士病者，亲抚慰之。

## 【注释】

①八公山：位于安徽寿县。

## 【译文】

已亥（二十九日），孝文帝率大军渡过淮河；二月，抵达寿阳，号称三十万大军，铁甲骑兵一眼望不到头。甲辰（初五），孝文帝登上八公山，乘兴作诗。途中突然遇到大雨，孝文帝命令去掉自己的伞盖；他看到军中有生病的士兵，亲自去安抚慰问他们。

## 【原文】

癸未，魏主还洛阳，告于太庙。甲申，减冗官之禄以助军国之用。乙酉，行饮至之礼。班赏有差。

甲午，魏太子冠于庙。魏主欲变北俗，引见群臣，谓曰："卿等欲朕远追商、周，为欲不及汉、晋邪？"咸阳王禧对曰："群臣愿陛下度越前王耳①。"帝曰："然则当变风易俗，当因循守故邪？"对曰："愿圣政日新。"帝曰："为止于一身，为欲传之子孙邪？"对曰："愿传之百世。"帝曰："然则必当改作②，卿等不得违也。"对曰："上令下从，其谁敢违！"帝曰："夫'名不正，言不顺，则礼乐不可兴。'今欲断诸北语③，一从正音。其年三十已上，习性已久，容不可猝革④。三十已下，见在朝廷之人，语音不听仍旧；若有故为，当加降黜。各宜深戒！王公卿士以为然不？"对曰："实如圣旨。"帝曰："朕尝与李冲论此，冲曰：'四方之语，竟知谁是；帝者言之，即为正矣。'冲之此言，其罪当死！"因顾冲曰："卿负社稷，当令御史牵下！"冲免冠顿首谢。又责留守之官曰："昨望见妇女犹服夹领小袖⑤，卿等何为不遵前诏！"皆谢罪。帝曰："朕言非是，卿等当庭争⑥。如何入则顺旨，退则不从乎！"六月己亥，下诏："不得为北俗之语于朝廷。违者免所居官。"

## 【注释】

①度越：超越。

②改作：更改，变革。

③北语：鲜卑语。

④猝：突然，忽然。

⑤夹领小袖：即鲜卑服装。

⑥庭争：即廷争，在朝堂上当面提出反对意见。

## 【译文】

癸未（十五日），孝文帝回到洛阳，在太庙中向祖先祭拜。甲申（十六日），孝文帝诏令消减多余官员的俸禄用来补充军队的费用。乙酉（十七日），孝文帝在太庙举行饮酒仪式，对南伐有功的人论功行赏。

甲午（二十六日），皇太子在太庙举行加冠仪式。孝文帝想改变鲜卑人的风俗，于是召见文武群臣，问道："各位希望朕远比商、周呢，还是想让朕连汉、晋都不如？"咸阳王拓跋禧回答说："群臣愿陛下能超越前王。"孝文帝说："那么我们应当移风易俗呢，还是因循守旧呢？"拓跋禧再回答："愿陛下移风易俗，圣政日新。"孝文帝问："朝廷基业是要只愿自身实行呢，还是希望传之于子孙后代呢？"答道："愿传之百世。"于是，孝文帝说道："那么一定要加以变革，你们不得有违朝廷颁布的法度。"答道："朝廷颁布政令，臣下服从遵行，有谁敢违抗呢？"孝文帝说："古语说'名不正，言不顺，礼乐制度也建立不了。'现今朕想要禁止说鲜卑语，全部改说汉话。年龄在三十岁以上的，由于习性已久，可以不必立刻改变。年龄在三十岁以下、现在朝廷为官的，不许再说鲜卑语；如果有谁故意不改，就降职免官。各位请严加自戒。王公卿士们以为怎么样？"拓跋禧答道："遵从圣旨。"孝文帝接着说："朕曾与李冲讨论过这件事，李冲说：'四方之人，言语不同，所以不知道谁的是正确的；陛下用哪种语言，哪种就是标准。'李冲此话，其罪行应该处死。"因此看着李冲说："你辜负了社稷，应当命令御史把你牵下去。"李冲脱帽，磕头谢罪。孝文帝又责备出巡时留守洛阳的官员们说："昨天，朕看见妇人有的仍然穿着夹领小袖的鲜卑服装，你们为什么不遵行朕之前的诏令呢？"众官员都磕头谢罪。孝文帝说："如果朕讲的不对，你们可以当庭争辩，但为什么上朝则顺从朕旨，退朝后就不肯遵行呢？"六月己亥（初二），孝文帝下令："在朝廷中不得讲鲜卑语，违背者免去所任官职。"

## 【原文】

魏有司上奏："广川王妃葬于代都①，未审以新尊从旧卑②，以旧卑就新尊？"魏主曰："代人迁洛者，宜悉葬邙山③。其先有夫死于代者，听妻还葬；夫死于洛者，不得还代就妻。其徐州之人，自听从便。"丙辰，诏："迁洛之民死，葬河南，不得还北。"于是代人迁洛者悉为河南洛阳人。

戊午，魏改用长尺、大斗，其法依《汉志》为之。

## 【注释】

①广川王妃：广川王拓跋谐的王妃。

②审：弄明白。

③邙山：在今河南境内。

## 【译文】

北魏有关官吏上奏说："广川王妃葬在平城，现在广川王已去世，不知道是将广川王回平城安葬呢，还是将王妃移到洛阳和王爷一起安葬？"孝文帝说："代人凡是迁到洛阳的，死后一律葬在邙山。如果丈夫先死葬在平城的，那么妻子死后可以送回代京安葬；丈夫死于洛阳的，不可以送回代京随他的妻子安葬。其余各州的人，可以自行决定。"丙辰（十九日），孝文帝诏令："迁居到洛阳的鲜卑人死后，葬于河南，不得送回北边安葬。"于是，从代京迁居到洛阳的人全部称为河南洛阳人。

戊午（二十一日），北魏改用长尺、大斗，其度量法度依照《汉书》中的记载制定。

# 梁 纪

## 侯景之乱

### ⊙ 导语

"侯景之乱"是南朝后期一次重大的政治事件，是南朝期间一场由诸侯王发起的长达四年之久的叛乱。因这场叛乱的发动者是投降梁国的东魏将领侯景，史称"侯景之乱"。

梁武帝萧衍自天监元年（公元502年）称帝后，在长达四十多年的统治中，一贯执行宽纵皇族、优容士族的政策。为了避免前代皇族间骨肉相残局面的重演，他取消了宋、齐两代监视和限制皇族权力的典签制，给皇族以实权，令他们出任方镇，对他们的横征暴敛甚至公开抢劫和叛国行为均予以宽容。武帝晚年，出任方镇的诸王无不拥兵自重，甚至窥视皇位。长期优容士族，大大加速了士族的腐朽过程，使统治集团的贪残、侈靡、轻视武备之风日益严重，吏治极端黑暗，阶级矛盾空前尖锐，形成了"人人厌苦，家家思乱"的局面。同时，南方与北方对峙，连年进行战争，南朝和北朝各国的内部统治阶级也不断杀伐，权臣当政，争权夺位，致使国鼎频易。统治者生活奢侈腐化，加重了人民的负担。

东魏丞相高欢死后，其子高洋建立北齐，河南大将军侯景因与高洋不和，叛离东魏，投靠西魏，失败以后，侯景转而投向梁武帝。虽然梁朝内部也一直有各种反对意见，而且侯景是个出名的反复无常的将军，但是梁武帝萧衍还是接纳了侯景，并一直给予他优厚的待遇。

梁武帝太清二年（公元548年）八月，侯景勾结京城守将萧正德举兵谋反。当时的梁朝自建立以来近五十年从未有过战事，在最初的惊慌失措之后，朝廷仓促应战，经过激烈的对峙，侯景的军队攻破了台城，控制了梁武帝父子和百官。

"侯景之乱"使南朝时期的江淮地区遭到最大的一次破坏，所造成的后果极其严重。"侯景之乱"后，江南社会遭到空前浩劫，使建康这个南北各四十里、拥有28万人口的繁华都市，变成了一片废墟。把东晋以来经营数百年而形成的三大经济文化中心，号称"最富庶"的三吴地区毁坏得残破不堪，长江中下游地区，出现了"千里绝烟、人迹罕见，白骨成聚如丘垅焉"（《南史·侯景传》）的残破景象。

【原文】

中大同元年（丙寅，公元546年）

东魏司徒、河南大将军、大行台侯景①，右足偏短，弓马非其长②，而多谋算。诸将高敖曹、彭乐等皆勇冠一时，景常轻之，曰："此属皆如豕突③，势何所至！"景尝言于丞相欢："愿得兵三万，横行天下，要须济江缚取萧衍老公④，以为太平寺主。"欢使将兵十万，专制河南，杖任若己之半体⑤。

【注释】

① 大行台：台省在外者称行台。魏晋始有之，为出征时随其所驻之地设立的代表中央的政务机构。北朝后期，称尚书大行台，设置官属无异于中央，自成行政系统。侯景：鲜卑化羯人。南北朝时期著名将领，反复无常，他攻打南朝梁的战争，对江南地区的经济文化造成极大的破坏。
② 弓马：骑射武艺。
③ 豕突：像野猪一样奔突窜扰。
④ 萧衍老公：萧衍老人。萧衍，南朝梁武帝。
⑤ 杖任：依靠，信任。

**【译文】**

中大同元年（丙寅，公元546年）

东魏司徒、河南大将军、大行台侯景，右足偏短，不擅长骑射，但富于谋略。高敖曹、彭乐等都是当时最勇猛的名将，侯景常常看不起他们，对人说："这些家伙就像猪一样东奔西跑，能做出什么事来！"他对丞相高欢说："我愿率领三万人马，横扫天下，必能渡过长江把萧衍那老人绑来，让他来做太平寺的寺主。"高欢派他带领十万兵马，管理黄河以南地区，很信任他，就像是自己的半个身体一样。

**【原文】**

景素轻高澄①，尝谓司马子如曰②："高王在，吾不敢有异；王没，吾不能与鲜卑小儿共事！"子如掩其口。及欢疾笃，澄诈为欢书以召景。先是，景与欢约曰："今握兵在远，人易为诈，所赐书皆请加微点。"欢从之。景得书无点，辞不至；又闻欢疾笃，用其行台郎颍川王伟计③，遂拥兵自固。

**【注释】**

①高澄：东魏高欢的长子，鲜卑人。

②司马子如：高欢的重臣之一，一度权倾朝野，但不为高澄信任。

③行台郎：官名，大行台所任的郎官，护卫侍从，以备顾问。颍川：郡名，治阳翟（今河南禹州），辖境相当今河南登封、宝丰以东。

王伟：侯景心腹。

**【译文】**

侯景一贯看不起高澄，他曾经对司马子如说："高王在世的时候，我不敢存有异心；如果高王过世了，我不能和那个鲜卑小子共事！"司马子如立刻捂上他的嘴。到了高欢病重的时候，高澄假借高欢的名义拿书信召侯景前来。以前，侯景和高欢约定："我在外带兵，有人会轻易假传信息，以后凡是您赐给我的书信都请加上一个小点。"高欢答应了。这次，侯景拿到了高欢的书信，可信上没有点，侯景知道有诈，便推托没有去；后来他又听说高欢病重，于是采用行台郎颍川人王伟的计策，决定拥兵自重，巩固自己的势力。

**【原文】**

欢谓澄曰："我虽病，汝面更有馀忧，何也？"澄未及对，欢曰："岂非忧侯景叛邪？"对曰："然。"欢曰："景专制河南，十四年矣，常有飞扬跋扈之志，顾我能畜养，非汝所能驾御也。今四方未定，勿遽发哀。库狄干鲜卑老公，斛律金敕勒老公，并性遒直①，终不负汝。可朱浑道元、刘丰生，远来投我，必无异心。潘相乐本作道人，心和厚，汝兄弟当得其力。韩轨少戆②，宜宽借之。彭乐心腹难得，宜防护之。堪敌侯景者，唯有慕容绍宗③，我故不贵之，留以遗汝。"又曰："段孝先忠亮仁厚，智勇兼备，亲戚之中，唯有此子，军旅大事，宜共筹之。"又曰："邙山之战④，吾不用陈元康之言，留患遗汝，死不瞑目。"相乐，广宁人也。

**【注释】**

① 遒直：刚强正直。

② 戆：傻，愣，鲁莽。

③ 慕容绍宗：东魏大将，前燕太原王慕容恪之后，北魏恒州刺史慕容远之子。以军事才能著称。

④ 邙山之战：东魏元象元年（西魏大统四年，公元538年），东魏大行台侯景和大都督高敖曹率军进攻西魏，双方交战于河桥（今河南孟县西南）、邙山（今河南洛阳北）地区。河桥、邙山之战，以西魏军获胜而告结束。

## 【译文】

高欢对高澄说:"虽然是我病了,你的脸上却有另外的忧虑,这是为什么?"高澄还没来得及回答,高欢又说:"是不是担心侯景反叛啊?"高澄回答说:"是的。"高欢又说:"侯景专制河南有十四年了,他一直有飞扬跋扈、夺取天下的想法。只有我能驾驭他,你驾驭不了他。现在,天下还没有安定,如果我死了,不要马上发丧。库狄干这位鲜卑老人,斛律金这位敕勒老人,他们俩都是刚强正直的人,终不会对你负心的。可朱浑道元、刘丰生他们俩远道投奔我,一定没有背离我们的想法。潘相乐原本是个道人,心地和善厚道,你们兄弟会得到他的帮助。韩轨有点鲁莽,你们应该待他宽容些。彭乐的内心很难推测,应该提防他。所有人中,能够对抗侯景的,只有慕容绍宗一人。我故意不让他得到富贵,就是要把他留下给你。"高欢接着又说:"段孝先这个人忠实正直、仁慈厚道,既有勇又有谋,在所有内外戚中,只有这个人,军国大事要多跟他商量。"高欢又说道:"邙山战役,我没有采纳陈元康的忠告,给你留下了隐患,我死不瞑目。"潘相乐是广宁人。

## 【原文】

太清元年(丁卯,公元547年)

丙午,东魏勃海献武王欢卒。欢性深密,终日俨然①,人不能测,机权之际②,变化若神。制驭军旅,法令严肃。听断明察,不可欺犯。擢人受任,在于得才,苟其所堪③,无问厮养,有虚声无实者,皆不任用。雅尚俭素,刀剑鞍勒无金玉之饰。少能剧饮,自当大任,不过三爵。知人好士,全护勋旧;每获敌国尽节之臣,多不之罪。由是文武乐为之用。世子澄秘不发丧,唯行台左丞陈元康知之。

## 【注释】

①俨然:庄重,严肃。

②机权：机智权谋。之际：……的时候。

③堪：能，可以，足以。

## 【译文】

太清元年（丁卯，公元547年）

丙午（初八），东魏勃海献武王高欢去世。高欢性格深沉缜密，整日一副庄重严肃的样子，谁也猜不透他内心想些什么，在掌握机会和权变的时候，他能千变万化，如有神助。在治理军队方面，又能做到严格执法。他听取和断决事情，能做到明察秋毫，谁也欺骗不了他。在选拔人才，提升任用官员时，注重其才能，如果能担当此任，不注重他的身份，那些徒有虚名而无实际能力的人，都不被任用。高欢平时喜好节俭朴素，所用的刀、剑、马鞍以及缰绳都没用金银玉器装饰。他年轻时能饮酒，自担当大任之后，饮酒从不超过三杯。他了解下属，喜欢人才，极力保护有功勋的人及其老部下；每次打仗俘获到对方那些为本国尽忠尽节的大臣，大多不处罚他们。由于这样，文武百官都乐意被他使用。长子高澄封锁了高欢去世的消息，秘不发丧，只有行台左丞陈元康知道这件事。

## 【原文】

侯景自念己与高氏有隙，内不自安。辛亥，据河南叛，归于魏，颍州刺史司马世云以城应之①。景诱执豫州刺史高元成、襄州刺史李密、广州刺史怀朔暴显等②。遣军士二百人载仗暮入西兖州③，欲袭取之，刺史邢子才觉之，掩捕，尽获之，因散檄东方诸州，各为之备，由是景不能取。

## 【注释】

①颍州：今河南许昌。

②豫州：今河南汝南。襄州：今河南襄城。广州：今河南鲁山。怀朔：今内蒙古固阳。

③西兖州：今河南滑县。

## 【译文】

侯景想到自己和高氏有隔阂，内心感到不安。辛亥（十三日），侯景在河南叛变，归降西魏，颍州刺史司马世云带领全城百姓开城响应他。侯景引诱并捉住了豫州刺史高元成、襄州刺史李密、广州刺史怀朔暴显等人。又派二百军士用战车载着武器，趁黄昏时分进入了西兖州，想要偷袭夺取此地。西兖州刺史邢子才发觉了侯景的阴谋，趁敌人不备，将侯景派来的人马全部拿获，于是邢子才发檄文给东方各个州，这些州各自做好防备，因此侯景未能夺取这些地方。

## 【原文】

魏以开府仪同三司若干惠为司空，侯景为太傅、河南道行台、上谷公。

庚辰，景又遣其行台郎中丁和来，上表言："臣与高澄有隙，请举函谷以东①，瑕丘以西②，豫、广、郢、荆、襄、兖、南兖、济、东豫、洛、阳、北荆、北扬等十三州内附③，惟青、徐数州④，仅须折简⑤。且黄河以南，皆臣所职，易同反掌。若齐、宋一平⑥，徐事燕、赵⑦。"上召群臣廷议。

尚书仆射谢举等皆曰："顷岁与魏通和⑧，边境无事，今纳其叛臣，窃谓非宜。"上曰："虽然，得景则塞北可清；机会难得，岂宜胶柱⑨！"

## 【注释】

①函谷：函谷关，今河南新安境内。

②瑕丘：今山东兖州东北。

③荆：今河南邓州东南。兖：今山东兖州。南兖：今安徽蒙城。济：今山东茌平。东豫：今河南惠县。洛：今河南洛阳。阳：今河南宜阳。北荆：今河南嵩县。北扬：今河南项城。

④青：今山东青州东。徐：今江苏徐州。

⑤折简：书信。

⑥齐、宋：今山东、河南一带。

⑦燕、赵：指今河北地区。

⑧通和：互相往来和好。

⑨胶柱：胶住瑟上的弦柱，以致不能调节音的高低，比喻固执拘泥。

## 【译文】

西魏任命开府仪同三司若干惠为司空，侯景为太傅、河南道行台、上谷公。

庚辰，侯景又派行台郎中丁和到梁朝，上表说："臣与高澄之间有隔阂，请让我率领函谷关以东，瑕丘以西，包括豫州、广州、郢州、荆州、襄州、兖州、南兖州、济州、东豫州、洛州、阳州、北荆州、北扬州十三个州来归附，而青州、徐州等几个州，我只要写封信就可以招降。况且黄河以南，都是臣管辖的范围，想得到那里易如反掌。如果齐、宋平定了，就可以慢慢收复燕、赵之地了。"梁武帝召集大臣来朝廷商议此事。

尚书仆射谢举等人都说："近年来，我们和魏友好往来，边境地区平安无事，如今如果收留魏的叛臣，我们私下都认为不太妥当。"梁武帝回答说："尽管如此，如果得到侯景的话，北方就可平定；机会难得，怎么能胶柱鼓瑟而不知变通呢。"

## 【原文】

是岁，正月乙卯，上梦中原牧守皆以其地来降，举朝称庆。旦，见中书舍人朱异①，告之，且曰："吾为人少梦，若有梦必实。"异曰："此乃宇宙混壹之兆也。"及丁和至，称景定计以正月乙卯，上愈神之。然意犹未决，尝独言："我国家如金瓯②，无一伤缺，今忽受景地，讵是事宜③？脱致纷纭④，悔之何及？"朱异揣知上意，对曰："圣明御宇，南北归仰，正以事无机会，未达其心。今侯景分魏土之半以来，自非天诱其衷⑤，人赞其谋，何以至此！若拒而不内，恐绝后来之望。此诚易见，愿陛下无疑。"上乃定议纳景。

## 【注释】

①中书舍人：官名，舍人始于先秦，指国君、太子亲近属官，魏晋时于中书省内置中书通事舍人，掌传宣诏命。南朝沿置，梁朝称中书舍人，掌管起草诏令，参与机密，权力日重。朱异：博学多才，为梁武帝君臣器重。

②金瓯：黄金之瓯。后用比喻疆土之完整坚固。

③讵：岂，难道。

④脱致纷纭：倘若引起纠纷。

⑤天诱其衷：上天开导其心意。

## 【译文】

这一年，正月乙卯（十七日），梁武帝梦见中原地区的牧守都来献地归降，举朝上下一片欢庆。第二天早晨起来，梁武帝见到中书舍人朱异，便把做梦的事告诉了他，说："我很少做梦，但如果做了梦，梦中的事一定会应验。"朱异说："这是天下统一的预兆。"等到丁和到来，说侯景定下计策要在正月乙卯（十七日）这天行动，梁武帝更加感觉这个梦神奇了。但他仍犹豫不能决定下来，他曾自言自语说："我的国家如金瓯一样，无一处伤缺，现在忽然接纳侯景送来的土地，难道是合乎事理的吗？倘若因此引起混乱，后悔怎么来得及呢？"朱异揣测到了梁武帝的心思，对梁武帝说："陛下圣明，君临天下，南北方的人都仰慕、归心于您，只是没有合适的时机侍奉您，所以其心意一直没有实现。如今侯景带着东魏一半的土地前来归附您，如果不是上天引导他的心，又有人从旁协助的话，怎么会走到这一步呢！如果拒绝侯景，不收留他，恐怕会堵绝以后来归降的人的希望。这些实在是显而易见的，希望陛下您不要怀疑。"梁武帝于是决定接纳侯景。

【原文】

　　壬午，以景为大将军，封河南王，都督河南、北诸军事、大行台，承制如邓禹故事①。平西谘议参军周弘正，善占候，前此谓人曰："国家数年后当有兵起。"及闻纳景，曰："乱阶在此矣！"

【注释】

　　①承制：秉承皇帝旨意而便宜行事。邓禹：东汉光武名将。

【译文】

　　壬午，梁武帝任命侯景为大将军，封河南王，让他担任河南都督、河北诸军事以及大行台之职，授权他可以如后汉的邓禹那样秉承皇帝的旨意发号施令。平西谘议参军周弘正擅长观察天象变化预测吉凶，在侯景投奔梁朝之前他曾对人说："国家几年之后会有兵戈之乱。"等他听说梁武帝接纳了侯景，说道："祸乱原因就在这里了。"

【原文】

　　高澄遣武卫将军元柱等将数万众昼夜兼行以袭侯景，遇景于颍川北，柱等大败。景以羊鸦仁等军犹未至，乃退保颍川。

　　韩轨等围侯景于颍川。景惧，割东荆、北兖州、鲁阳、长社四城赂魏以求救。尚书左仆射于谨曰："景少习兵，奸诈难测，不如厚其爵位以观其变，未可遣兵也。"荆州刺史王思政以为："若不因机进取，后悔无及。"即以荆州步骑万馀从鲁阳关向阳翟。丞相泰闻之，加景大将军兼尚书令，遣太尉李弼、仪同三司赵贵将兵一万赴颍川①。

【注释】

　　①仪同三司：官名，始于东汉。本意指非三公（司马、司徒、司空）
　　而享受与三公同等的待遇。魏晋以后，将军开府置官属者称开府仪同三司。至南北朝末，遂以仪同三司为一种官号，并置开府仪同大将军、仪同大将军等官。

## 【译文】

东魏高澄派武卫将军元柱等率领数万人马日夜兼程去袭击侯景，在颍川北面与侯景相遇，元柱军大败。侯景因为羊鸦仁等人的人马还没有赶到，便退守颍川。

韩轨的人马把侯景包围在颍川。侯景害怕了，便把东荆、北兖州、鲁阳、长社四座城割让给西魏用此来贿赂西魏，以便取得它的援救。西魏尚书左仆射于谨说："侯景在少年时就习武练兵，为人奸诈，难以揣测，不如封给他高官，看看他的变化，先不要派兵援救他。"荆州刺史王思政却认为："如果不抓住时机进取，后悔就来不及了。"于是派荆州一万多步兵和骑兵经鲁阳关向阳翟进发。西魏丞相宇文泰得知这一消息后，封侯景为大将军兼尚书令，派太尉李弼、仪同三司赵贵率领一万人马赶赴颍川。

## 【原文】

景恐上责之，遣中兵参军柳昕奉启于上，以为："王旅未接，死亡交急，遂求援关中，自救目前。臣既不安于高氏，岂见容于宇文！但蠚手解腕①，事不得已，本图为国，愿不赐咎②！臣获其力，不容即弃，令以四州之地为饵敌之资，已令宇文遣人入守。自豫州以东，齐海以西，悉臣控压；见有之地，尽归圣朝，悬瓠、项城、徐州、南兖，事须迎纳。愿陛下速敕境上，各置重兵，与臣影响，不使差互！"上报之曰："大夫出境，尚有所专；况始创奇谋，将建大业，理须适事而行，随方以应。卿诚心有本，何假词费！"

## 【注释】

①蠚：毒虫或毒蛇咬。
②咎：怪罪，处分。

## 【译文】

侯景怕梁武帝责怪他,便派中兵参军柳昕给梁武帝送去一封信,信上说:"陛下您派出的军队还没有来到,生死攸关、情况十分危急时,我便向关中求援,以便挽救自己面前的危机。臣既不能安处于高澄手下,又怎能被宇文泰容纳呢?但是手遭毒蛇螫咬而连同去掉手腕,也是事不得已,本想着是为国,希望您不要怪罪臣!臣得到了关中的帮助,所以不能马上背弃他们,现在臣把四个州的地方作为引敌上钩的诱饵,已经让宇文泰派军队进入颍川,帮我守卫这里。从豫州以东到齐海以西的地区,都在臣控制之下;臣现在有的土地,都归梁朝所有,悬瓠、项城、徐州、南兖这些地方,只需要派人去接管就行了。希望陛下立即向边境下发命令,让他们各置重兵,与臣呼应,相互之间不要发生误会!"梁武帝回话说:"大夫离开国境,还有自作主张的地方,何况你始创奇谋,将建大业,理应根据事情的发展而行事,随机应变。你一片诚意,何须多加解释呢。"

## 【原文】

东魏韩轨等围颍川,闻魏李弼、赵贵等将至,乙巳,引兵还邺。侯景欲因会执弼与贵,夺其军;贵疑之,不往。贵欲诱景入营而执之,弼止之。羊鸦仁遣长史邓鸿将兵至汝水,弼引兵还长安。王思政入据颍川。景阳称略地①,引兵出屯悬瓠②。

## 【注释】

①阳:同"佯"。

②悬瓠:古城名。以城北汝水屈曲如垂瓠,故名。在今河南汝南。东晋南北朝时兵争要地。

## 【译文】

东魏韩轨等人包围了颍川,听说西魏的李弼、赵贵等人将领兵到来,便在乙巳那天，带领军队撤回了邺城。侯景想趁机抓获李弼和赵贵，夺取他们的军队；赵贵对侯景有所怀疑，没有去颍川。赵贵想把侯景诱到军营趁机拘捕他，李弼制止了赵贵。这时，羊鸦仁派长史邓鸿率军马到了汝水，李弼便率军回长安了。王思政带兵占据了颍川。侯景假称要攻取州郡，带领军队出颍川城，驻扎在悬瓠。

## 【原文】

景复乞兵于魏，丞相泰使同轨防主韦法保及都督贺兰愿德等将兵助之。大行台左丞蓝田王悦言于泰曰："侯景之于高欢，始敦乡党之情，终定君臣之契，任居上将，位重台司①；今欢始死，景遽外叛，盖所图甚大，终不为人下故也。且彼能背德于高氏，岂肯尽节于朝廷！今益之以势，援之以兵，窃恐贻笑将来也。"泰乃召景入朝。

## 【注释】

①台司：指三公等宰辅大臣。

## 【译文】

侯景又向西魏乞求援兵，丞相宇文泰让同轨郡的防主韦法保及都督贺兰愿德等率领人马前去帮助他。大行台左丞蓝田人王悦对宇文泰说："侯景同高欢之间，开始是亲密的乡党关系，最终变成了君臣关系，侯景位居上将，权力比宰辅大臣还高；而今高欢刚死去，侯景便很快外叛，是因为他的图谋很大，终不甘居人下的缘故。况且他能对高氏背信弃义，又怎肯为本朝尽忠尽节呢？现在您扩大他的势力，派兵援助他，我私下担心将来会让人耻笑的。"于是宇文泰便派人召侯景入朝。

## 【原文】

景阴谋叛魏，事计未成，厚抚韦法保等，冀为己用，外示亲密无猜间。每往来诸军间，侍从至少，魏军中名将，皆身自造诣。同轨防长史裴宽谓法保曰："侯景狡许，必不肯入关，欲托款于公，恐未可信。若伏兵斩之，此亦一时功也。如其不尔，即应深为之防，不得信其诳诱①，自贻后悔②。"法保深然之，不敢图景，但自为备而已；寻辞还所镇。王思政亦觉其诈，密召贺兰愿德等还，分布诸军，据景七州、十二镇。景果辞不入朝，遗丞相泰书曰："吾耻与高澄雁行，安能比肩大弟！"③泰乃遣行台郎中赵士宪悉召前后所遣诸军援景者。景遂决意来降。魏将任约以所部千馀人降于景。

**【注释】**

①诳诱：欺骗，诱惑。

②贻：遗留，留下。

③大弟：对朋辈中年龄小于己者的亲切称呼。

**【译文】**

侯景暗中打算反叛西魏，但计划没有实现，便优抚韦法保等人，希望他们能为己所用，对外界也做出亲密无间的样子。侯景每每来往于各个军队之间，带的侍从极少，西魏军中的著名将领，他都亲自去拜访。同轨防长史裴宽对韦法保说："侯景为人奸诈狡猾，一定不肯应宇文丞相之召入关，他肯定想要托您向朝廷讲情，对他恐怕不可以相信。如果埋下伏兵斩了他，这也是一时的功劳啊。如果你不这样，我们就应该好好地提防他，不能轻信他的欺骗和诱惑，为自己留下悔恨的事。"韦法保非常赞同裴宽的话，不敢杀掉侯景，只是自己加强防卫而已。后来，他找个借口回自己的镇所去了。王思政也觉得侯景欺骗他，就秘密召贺兰愿德等人回来，分别部署各路军马，占领了侯景所管辖的七个州和十二个镇。侯景果然推辞而不肯入朝，他在给宇文泰的信中说："我耻于同高澄并行，又怎么能同您比肩呢！"宇文泰收到信后便派行台郎中赵士宪将以前派去救援侯景的各路军马全部召回。于是,侯景便决心投降梁朝。西魏将领任约带领所属的一千多人投降了侯景。

## 【原文】

高澄将如晋阳,以弟洋为京畿大都督,留守于邺,使黄门侍郎高德政佐之。德政,颢之子也。丁丑,澄还晋阳,始发丧。

己卯,上遣使吊澄。景又启曰:"臣与高氏,衅隙已深①,仰凭威灵,期雪仇耻;今陛下复与高氏连和,使臣何地自处?乞申后战,宣畅皇威。"上报之曰:"朕与公大义已定,岂有成而相纳,败而相弃乎?今高氏有使求和,朕亦更思偃武②。进退之宜,国有常制。公但清静自居,无劳虑也!"景又启曰:"臣今蓄粮聚众,秣马潜戈③,指日计期,克清赵、魏④,不容军出无名,故愿以陛下为主耳。今陛下弃臣遐外⑤,南北复通,将恐微臣之身,不免高氏之手。"上又报曰:"朕为万乘之主,岂可失信于一物!想公深得此心,不劳复有启也。"

## 【注释】

①衅隙:仇怨,隔阂。

②偃武:停息武备。

③秣马潜戈:即秣马厉兵,磨戈喂马,比喻做好战斗准备。

④赵、魏:指今河北地区。

⑤遐外:边远地区,蛮荒之地。

## 【译文】

高澄将要到晋阳,便任命他的弟弟高洋为京畿大都督,留守邺城,让黄门侍郎高德政辅佐他。高德政是高颢的儿子。丁丑(十二日),高澄回到晋阳,开始为高欢发丧。

己卯(十七日),梁武帝派使者到东魏吊唁高欢。侯景又上奏说:

"臣与高氏之间的嫌隙和仇恨已经很深，我仰仗陛下的威望，希望有朝一日报仇雪耻；现在陛下又和高氏修好讲和，让臣何处安身呢？请陛下答应臣再次和高氏作战，来显示梁朝的皇威。"武帝答复道："朕与你之间君臣大义已定，怎会有成功就接纳、失败就舍弃的道理呢？现在高氏派遣使者来求和，朕也想停息干戈。应该进还是应该退，国家自有正常的制度，你只管清静自居，无需费心去考虑这些！"侯景又启奏说："臣如今已积蓄了粮草，招募了士兵，喂饱了战马，做好战斗准备，指望很快就可以攻克赵、魏，我不能出师无名，所以希望陛下您能为我做主。如今，陛下弃臣于边远之地，南北双方又恢复往来，恐怕微臣的性命难免死在高氏之手。"武帝又答复说："朕为大国之君，怎么可以失信于人呢？想来你深深知道我的心意，不必再启奏了。"

## 【原文】

太清二年（戊辰，公元548年）

景乃诈为邺中书，求以贞阳侯易景①，上将许之。舍人傅岐曰："侯景以穷归义，弃之不祥；且百战之馀，宁肯束手就絷②！"谢举、朱异曰："景奔败之将，一使之力耳。"上从之，复书曰："贞阳旦至，侯景夕返。"景谓左右曰："我固知吴老公薄心肠！"王伟说景曰："今坐听亦死，举大事亦死，唯王图之！"于是始为反计：属城居民③，悉召募为军士，辄停责市估及田租④，百姓子女，悉以配将士。

## 【注释】

①贞阳侯：萧渊明，梁武帝之侄，叛梁投奔东魏。

②絷：马缰绳。

③属城：所属的城池。

④停责：停止征收。市估：商税。

**【译文】**

　　侯景就伪造了一封来自邺城的书信，信中说要用贞阳侯交换侯景，梁武帝打算答应这一要求。舍人傅岐说："侯景因为走投无路才归至正道，投奔梁朝，舍弃他是不吉祥的。况且侯景历经百战，他怎么肯束手就擒呢！"谢举、朱异说："侯景是个败军之将，派个使者就可以拿获他。"梁武帝听从了谢举、朱异的话，回信说："贞阳侯早上一到，晚上就遣返侯景。"侯景对左右的人说："我就知道这老家伙薄情寡义。"王伟劝侯景说："如今，我们等着听候梁武帝的安排也是死，起兵造反也是一死，希望您考虑一下这件事！"于是侯景开始谋划造反：将寿阳城内所有的居民，都招募为军队的士兵，立即停止征收市场税和田租，百姓子女都分派给将士。

**【原文】**

　　侯景自至寿阳①，征求无已②，朝廷未尝拒绝。景请娶于王、谢③，上曰："王、谢门高非偶，可于朱、张以下访之④。"景恚曰⑤："会将吴儿女配奴！"又启求锦万匹为军人作袍⑥，中领军朱异议以青布给之。又以台所给仗多不能精⑦，启请东冶锻工⑧，欲更营造。景以安北将军夏侯夔之子谮为长史，徐思玉为司马，谮遂去"夏"称"侯"，托为族子。

**【注释】**

　　①寿阳：今安徽寿县。

　　②已：停止。

　　③王、谢：南朝门第显赫的两大家族。

　　④朱、张：南朝高门，比王、谢门第稍低。

　　⑤恚：愤怒。

　　⑥锦：有彩色花纹的丝织品。

⑦台所给仗：中央政府机构提供的武器。

⑧东冶锻工：官府里专业的锻造工匠。东冶是朝廷专门从事冶炼的机构。

**【译文】**

侯景自从到了寿阳，提出各种要求从没停止过，朝廷没有拒绝过他。侯景请求梁武帝，想娶王家或谢家的女子为妻，梁武帝说："王家和谢家门第高贵，和你不大相称，你可在朱、张以下的家族中寻找合适的人家。"侯景愤怒地说："将来，我要让你的女儿许配给奴隶。"他又向梁武帝启奏，请求朝廷赐他万匹锦为军人做战袍，中领军朱异提议给他青布。侯景又以朝廷供给的武器不精良为由，奏请派来东冶的锻造工人，打算再营造一些武器。侯景任命安北将军夏侯夔的儿子夏侯谮为长史，任命徐思玉为司马，夏侯谮于是去掉了"夏"字，直接称"侯"，假托是侯景的同族后代。

**【原文】**

上既不用景言，与东魏和亲，是后景表疏稍稍悖慢①；又闻徐陵等使魏②，反谋益甚。元贞知景有异志③，累启还朝。景谓曰："河北事虽不果，江南何虑失之，何不小忍！"贞惧，逃归建康，具以事闻；上以贞为始兴内史④，亦不问景。

**【注释】**

①悖慢：违逆不敬，悖理傲慢。

②徐陵：南朝梁陈时期著名诗人。公元548年，奉命出使东魏。次年因为侯景之乱，被迫留在邺城。

③元贞：咸阳王元贞。

④始兴：今广东韶关市曲江区。内史：官名，地方上掌民政的官员。

## 【译文】

梁武帝没有采纳侯景的意见,与东魏友好往来,和睦相亲,这以后,侯景写给梁武帝的奏折态度渐渐傲慢起来。后来,他又听说徐陵等人出使东魏,反叛的念头更强烈了。元贞知道侯景有反心,屡次上表请求返回朝廷。侯景对他说:"黄河北边的事虽然没有成功,又何必担心会失掉长江南边呢,何不稍稍忍耐一下!"元贞听后十分恐惧,逃回了建康,将侯景要反叛的事上奏梁武帝。梁武帝任命元贞为始兴内史,也没有追问侯景的事。

## 【原文】

鄱阳王范密启景谋反。时上以边事专委朱异,动静皆关之,异以为必无此理。上报范曰:"景孤危寄命,譬如婴儿仰人乳哺,以此事势,安能反乎?"范重陈之曰:"不早翦扑①,祸及生民。"上曰:"朝廷自有处分,不须汝深忧也。"范复请以合肥之众讨之,上不许。朱异谓范使曰:"鄱阳王遂不许朝廷有一客!"自是范启,异不复为通②。

## 【注释】

①翦扑:剪除,扑灭。
②通:转达,通告。

## 【译文】

鄱阳王萧范密奏侯景谋反。当时,梁武帝把边境的事务都交付给朱异全权负责,边境有什么动静都直通朱异,朱异认为萧范所说的没有道理。于是武帝回信答复鄱阳王萧范说:"侯景在孤立危难之际归附我朝,就像婴儿要仰仗人的乳汁来哺育一样,从这些来看,他怎么能反叛呢?"鄱阳王萧范再次向梁武帝陈述说:"如果不尽早消灭侯景,必将祸及百姓。"梁武帝答复说："朝廷自有处置，此事你就不必多担心了。"鄱阳王萧范又请求梁武帝用合肥的军队去讨伐侯景，梁武帝没应许。朱异对萧范的使者说："鄱阳王竟不许朝廷养一个宾客。"自此，只要是萧范给梁武帝的奏表，朱异便不再呈报上去。

## 【原文】

景邀羊鸦仁同反①，鸦仁执其使以闻。异曰："景数百叛虏，何能为？"敕以使者付建康狱，俄解遣之。景益无所惮②，启上曰："若臣事是实，应罹国宪③；如蒙照察④，请戮鸦仁！"景又言："高澄狡猾，宁可全信！陛下纳其诡语，求与连和，臣亦窃所笑也。臣宁堪粉骨，投命雠门，乞江西一境，受臣控督。如其不许，即帅甲骑，临江上，向闽、越，非唯朝廷自耻，亦是三公旰食⑤。"上使朱异宣语答景使曰："譬如贫家，畜十客、五客，尚能得意；朕唯有一客，致有怨言，亦朕之失也。"益加赏赐锦彩钱布，信使相望。

## 【注释】

①羊鸦仁：当时的司州刺史。
②惮：畏惧。
③罹国宪：遭到国家法律的制裁。
④照察：明察，清楚地知道。
⑤旰食：晚食。指事务繁忙不能按时吃饭。

## 【译文】

侯景邀羊鸦仁一起反叛，羊鸦仁捉住侯景的来使，把这事报告了朝廷。朱异说："侯景手下只有几百个反叛的人，能有什么作为？"梁武帝下令将使者送到建康监狱，不久又释放了他。侯景更加肆无忌惮，向梁武帝启奏说："若臣谋反是实，应该受到国家法律的制裁；如果陛下明察，请杀掉羊鸦仁！"侯景又启奏说："高澄为人十分狡猾，怎么可以完全相信他呢？陛下听信了他的话，想与他和好，臣在私下里也觉着这件事可笑。臣怎敢冒粉身碎骨的危险，投到仇人那里呢？请求您将长江西部的一块地区，让臣来控制。如果您不答应，我就统率兵马，到长江上游地区，杀向闽、越地区，这样，不仅朝廷蒙受耻辱，也会使三公大臣们都顾不上吃饭。"梁武帝派朱异宣示上谕答复侯景的来使说："譬如一个贫寒人家，养十个、五个食客，还能让他们满意；朕只有一个客人，却招致了你这些怨言，这也是朕的过失啊。"这之后，梁武帝更多地赏赐锦彩钱布给侯景以示安慰，信使往来不断。

【原文】

戊戌，景反于寿阳，以诛中领军朱异、少府卿徐驎、太子右卫率陆验、制局监周石珍为名①。异等皆以奸佞骄贪，蔽主弄权，为时人所疾，故景托以兴兵。

【注释】

①少府卿：官名，掌皇室所用的山河池泽之税。太子右卫率：官名，掌管太子侍卫。制局监：官名，负责皇禁卫兵力的部署及监督包括近侍禁卫武官在内的臣僚的行为。

【译文】

戊戌（初十），侯景在寿阳反叛，以诛杀中领军朱异、少府卿徐驎、太子右卫率陆验、制局监周石珍为名起兵。朱异等人由于为人奸诈、善于花言巧语阿谀奉承，骄奢淫逸而又贪婪，欺骗梁武帝、玩弄权术，被当时的人所痛恨，所以侯景以此为借口起兵叛乱。

【原文】

己酉，景至慈湖。建康大骇，御街人更相劫掠，不复通行。赦东、西冶、尚方钱署及建康系囚①，以扬州刺史宣城王大器都督城内诸军事②，以羊侃为军师将军副之，南浦侯推守东府③，西丰公大春守石头④，轻车长史谢禧、始兴太守元贞守白下⑤，韦黯与右卫将军柳津等分守宫城诸门及朝堂。

【注释】

①东、西冶：朝廷冶炼的机构。尚方钱署：尚方为制造帝王所用器物的官署，指其中的钱署。系囚：关押的囚犯。
②宣城：今安徽宣城。
③东府：指南京东南的宰相府。
④石头：今江苏南京西。
⑤轻车长史：轻车将军府长史。白下：今江苏江宁西北。

【译文】

己酉（二十二日），侯景率军到了慈湖。建康全城都非常惊恐，御街上屡屡发生抢劫，街道已不能通行。朝廷赦免了东冶、西冶、尚方钱署的工人和建康监狱里的犯人，任命扬州刺史宣城王萧大器都督城内诸军事，任命羊侃为军师将军，辅佐萧大器，命南浦侯萧推守卫宰相府，命西丰公萧大春守卫石头城，命轻车长史谢禧、始兴太守元贞守卫白下，命韦黯与右卫将军柳津等分别守宫城的各个城门和朝堂。

【原文】

庚戌，侯景至板桥，遣徐思玉来求见上，实欲观城中虚实。上召问之。思玉诈称叛景请间陈事①，上将屏左右，舍人高善宝曰："思玉从贼中来，情伪难测，安可使独在殿上！"朱异侍坐，曰："徐思玉岂刺客邪！"思玉出景启，言"异等弄权，乞带甲入朝②，除君侧之恶。"异甚惭悚。景又请遣了事舍人出相领解③，上遣中书舍人贺季、主书郭宝亮随思玉劳景于板桥。景北面受敕，季曰："今者之举何名？"景曰："欲为帝也！"王伟进曰："朱异等乱政④，除奸臣耳。"景既出恶言，遂留季，独遣宝亮还宫。

**【注释】**

①间：单独。陈事：叙事。

②带甲：领兵。

③了事：明白事理；精明能干。胡三省注："了事，犹言晓事也。"

领解：谓辩难，辩正。胡三省注："领，总录也。解，分判也。领解，言总录景所欲言之事而分判是非也。"

④乱政：败坏政治。

**【译文】**

庚戌（二十三日），侯景的军队来到板桥，他派徐思玉拜见梁武帝，实际是想察看建康城里的虚实。梁武帝召见了他并问了他一些事。徐思玉假称他背叛了侯景，请求单独向梁武帝报告情况，梁武帝要屏退左右，舍人高善宝说："徐思玉从叛贼那里来，真假难以推测，怎么可以让他单独在殿堂上！"当时朱异正坐在梁武帝身边侍奉，他说："徐思玉怎么会是刺客！"徐思玉取出了侯景的启奏，上面写道："朱异等人玩弄权术，臣请求带兵入朝，除掉国君身边的坏人。"朱异感到非常惭愧和恐惧。侯景又请梁武帝派一名明白事理的舍人出来总录侯景要说的事并分辨是非，梁武帝于是派中书舍人贺季、主书郭宝亮跟随徐思玉一起到板桥来慰劳侯景。侯景面向北方承接了诏书，贺季问："你现在举兵到底要干什么？"侯景回答说："是想称皇帝。"王伟上前说："朱异等人搞乱了国家政务，我们是要除掉奸臣。"侯景已经说出了要反叛的话，于是便扣留了贺季，只打发郭宝亮回去。

【原文】

百姓闻景至，竞入城，公私混乱，无复次第，羊侃区分防拟①，皆以宗室间之。军人争入武库，自取器甲，所司不能禁，侃命斩数人，方止。是时，梁兴四十七年，境内无事，公卿在位及闾里士大夫罕见兵甲②，贼至猝迫，公私骇震。宿将已尽，后进少年并出在外，军旅指㧑③，一决于侃，侃胆力俱壮，太子深仗之。

【注释】

①区分防拟：布置城区的防御事务。

②闾里：民间。

③指㧑：即指挥。

【译文】

百姓听说侯景率军到了建康，争相逃入城里，官员和百姓混杂在一起，完全没了秩序，羊侃布置防守事务，每处都安排皇室成员来监督。军队的官员争相进入武器库，擅自拿取武器盔甲，掌管武器库的人禁止不了，羊侃下令斩杀几个人，才控制住局面。当时，梁朝建立四十七年，国内太平无事，朝中公卿及闾里士大夫都很少见到兵器和铠甲，现在，叛贼突然兵临城下，事起仓促，官员与百姓都很震惊。当时有经验的老将大多已过世，后进少年可以作战的又大多领兵防守边境，军队的指挥，完全由羊侃一人决定，羊侃有胆有谋，太子非常仰仗他。

【原文】

辛亥，景至朱雀桁南①，太子以临贺王正德守宣阳门，东宫学士新野庾信守朱雀门②，帅宫中文武三千馀人营桁北。太子命信开大桁以挫其锋③，正德曰："百姓见开桁，必大惊骇，可且安物情。"太子从之。俄而景至，信帅众开桁，始除一舠，见景军皆著铁面，退隐于门。信方食甘蔗，有飞箭中门柱，信手甘蔗，应弦而落，遂弃军走。南塘游军沈子睦[4]，临贺王正德之党也，复闭桁渡景。太子使王质将精兵三千援信，至领军府，遇贼，未陈而走。正德帅众于张侯桥迎景，马上交揖，既入宣阳门，望阙而拜，歔欷流涕，随景渡淮。景军皆著青袍，正德军并著绛袍，碧里，既与景合，悉反其袍。景乘胜至阙下，城中恟惧，羊侃诈称得射书云："邵陵王、西昌侯援兵已至近路[5]。"众乃少安。西丰公大春弃石头，奔京口；谢禧、元贞弃白下走；津主彭文粲等以石头城降景[6]，景遣其仪同三司于子悦守之。

## 【注释】

①朱雀桁：朱雀桥。桁，浮桥。

②新野：今河南新野。

③信：即庾信，南北朝文学家。庾信早年曾任梁湘东国常侍等职，陪同太子萧纲（梁简文帝）等写作一些绮艳的诗歌。梁武帝末，侯景叛乱，庾信时为建康令，率兵御敌，战败。建康失陷，他被迫逃亡江陵，投奔梁元帝萧绎。元帝承圣三年（公元554年）他奉命出使西魏，抵达长安不久，西魏攻克江陵，杀萧绎。他被留在长安，官至骠骑大将军开府仪同三司，故又称"庾开府"。开大桁：拆除浮桥。

④南塘游军：秦淮河以南的军队。

⑤邵陵王：萧纶。西昌侯：萧渊藻。

⑥津主：负责要塞的长官。

## 【译文】

辛亥（二十四日），侯景到了朱雀门浮桥的南面，太子命临贺王萧正德守卫宣阳门，东宫学士新野庾信守朱雀门，带领宫中文武官员三千余人在浮桥北面安营扎寨。太子命庾信拆掉浮桥以挫败侯景的先锋，萧正德说："百姓见到浮桥断了，一定会非常惊恐，还是暂且先安抚百姓的情绪。"

太子接受了这个建议。一会儿，侯景的人马到了，庾信带人断开了桥，才解开一艘浮船，就见侯景军都戴着铁面具，庾信的手下便马上隐藏到城门楼上。庾信正在吃甘蔗，一支箭飞来射中了城门柱子，庾信手中的甘蔗应声落地，于是，他就丢下军队逃走了。南塘游军将领沈子睦，是临贺王萧正德的党羽，又修好了浮桥让侯景的人马通过。太子派王质带三千精兵增援庾信，王质率军到了领军府，遭遇叛军，士兵还没有摆开阵势就纷纷逃走了。萧正德率人马在张侯桥迎接侯景，他们在马上相互行礼，进入宣阳门后，萧正德望着宫门跪拜，感叹流泪，跟随侯景一起渡过淮河。侯景的士兵都穿青色战袍，萧正德的士兵都穿绿色里子的绛色战袍，与侯景军会合后，萧正德就命令他的士兵都把袍子反过来穿。侯景乘胜追到城楼下面，城中人十分恐惧，羊侃谎称得到一封射进来的书信，说："邵陵王、西昌侯的援兵已到达附近。"众人才稍微镇定了些。西丰公萧大春放弃石头城，逃往京口；谢禧、元贞放弃白下逃走；津主彭文粲等人率石头城军民投降了侯景，侯景派他的仪同三司于子悦镇守石头城。

## 【原文】

壬子，景列兵绕台城①，幡旗皆黑②，射启于城中曰："朱异等蔑弄朝权，轻作威福，臣为所陷，欲加屠戮。陛下若诛朱异等，臣则敛辔北归。"上问太子："有是乎？"对曰："然。"上将诛之。太子曰："贼以异等为名耳，今日杀之，无救于急，适足贻笑将来③，侯贼平诛之未晚。"上乃止。

## 【注释】

①台城：即宫城。

②幡：旗帜。

③贻笑：见笑。

## 【译文】

壬子（二十五日），侯景带兵包围台城，他的旗帜都是黑色的，他将一封信射入城中，信上说："朱异等人弄权乱政，作威作福，臣被他们陷害，想杀掉我。如果陛下诛除朱异等人，臣就收兵回北方。"梁武帝问太子："有这种事吗？"太子回答说："是这样。"梁武帝想斩杀朱异等人。太子说："侯景不过是用朱异等人为借口而已，现在即使杀了朱异等人，于眼下也无济于事，只会将来被人笑话罢了，等叛乱平定后再杀掉他也不晚。"梁武帝于是没有杀朱异。

## 【原文】

景绕城既匝①，百道俱攻，鸣鼓吹唇②，喧声震地。纵火烧大司马、东西华诸门。羊侃使凿门上为窍，下水沃火③；太子自捧银鞍，往赏战士；直阁将军朱思帅战士数人逾城出外洒水④，久之方灭。贼又以长柯斧斫东掖门⑤，门将开，羊侃凿扇为孔，以槊刺杀二人⑥，斫者乃退。景据公车府⑦，正德据左卫府⑧，景党宋子仙据东宫，范桃棒据同泰寺。景取东宫妓数百，分给军士。东宫近城，景众登其墙射城内。至夜，景于东宫置酒奏乐，太子遣人焚之，台殿及所聚图书皆尽。景又烧乘黄厩⑨、士林馆、太府寺⑩。癸丑，景作木驴数百攻城，城上投石碎之。景更作尖项木驴，石不能破。羊侃使作雉尾炬，灌以膏蜡，丛掷焚之，俄尽。景又作登城楼，高十余丈，欲临射城中。侃曰："车高堑虚，彼来必倒，可卧而观之。"及车动，果倒。

## 【注释】

①匝：环绕一周。

②吹唇：吹口哨。胡三省注："吹唇者，以齿啮唇作气吹之，其声如鹰隼；其下者以指夹唇吹之，然后有声，谓之啸指。"

③沃火：用水浇灭火。

④逾城：翻墙出城。

⑤长柯斧：长柄斧子。斫：砍。

⑥槊：长杆矛。

⑦公车府：掌管宫门的官署。

⑧左卫府：负责守卫皇宫的左卫部队官署。

⑨乘黄厩：官署名。东汉太仆寺有未央厩，三国魏改乘黄厩，掌皇室车马及驾驭之法。

⑩士林馆：延集文士谈论学问的处所。在南京城西，梁武帝设立。太府寺：宫廷仓库。

## 【译文】

侯景将城包围起来后，各处一齐攻城，他们敲着战鼓，吹起了口哨，喧嚣的声音震撼了大地。侯景叫人放火烧大司马门、东华门、西华门。羊侃派人在门上凿出洞，用水灌入其中浇灭火焰；太子亲自捧着银制的马鞍，前去赏给有功的将士；直阁将军朱思率战士数人翻墙出城洒水，过了很久火才被浇灭。叛军又用长柄斧子砍东掖门，门就要被砍开的时候，羊侃叫人在门扇上凿出小孔，用槊刺杀了两名敌人，砍门的士兵才退了回去。侯景占领了公车府，萧正德占领了左卫府，侯景的党羽宋子仙占领了东宫，范桃棒占领了同泰寺。侯景把东宫里的几百名歌女分给了他手下的官兵。东宫靠近台城，侯景的士兵登上了东宫城墙向台城内射箭。到了夜里，侯景在东宫摆设酒宴，奏起音乐。太子派人纵火烧东宫，东宫建筑和所聚图册、典籍都化为灰烬。侯景又派人去焚烧乘黄厩、士林馆以及太府寺。癸丑（二十七日），侯景制作了几百个木驴用来攻打皇城，城上的人向木驴投掷石头击碎了木驴。侯景又改制了一种尖顶的木驴，石头无法将它击碎。羊侃让人制作了一种像鸡尾形状的火炬，灌上油脂和蜡，然后聚集众多火炬，点上火一起投向木驴，木驴很快就被烧掉了。侯景又制造了一种攀登城楼的战车，战车高十多丈，想用它居高临下向城里射箭。羊侃说："战车高壕沟土虚，战车到了壕沟边一定会倒下，我们可以埋伏起来观看它。"等战车到了壕沟边，果然倒下了。

## 【原文】

　　景攻既不克，士卒死伤多，乃筑长围以绝内外，又启求诛朱异等。城中亦射赏格出外曰①："有能送景首者，授以景位，并钱一亿万，布绢各万匹。"朱异、张绾议出兵击之，问羊侃，侃曰："不可。今出人若少，不足破贼，徒挫锐气；若多，则一旦失利，门隘桥小，必大致失亡。"异等不从，使千馀人出战；锋未及交，退走，争桥赴水死者大半。

## 【注释】

　　①赏格：悬赏所定的报酬条件。

## 【译文】

　　侯景攻城既没有成功，死伤的士兵又很多，于是便修筑起一条长长的围子来隔断皇城内外的联系，同时又向梁武帝启奏请求诛杀朱异等人。皇城里也向城外射出悬赏所定的报酬条件，上面写道："有能把侯景首级送来的人，就把侯景的爵位授给他，并赏赐一亿万钱，一万匹布和一万匹绢。"朱异、张绾商议出兵攻打侯景，征询羊侃的意见，羊侃说："不可以现在出兵。如果出兵少，不能攻破贼兵，只会白白地挫伤自己的锐气；如果出兵多，一旦失利，城门狭窄、浮桥又小，一定会导致重大伤亡。"朱异等人不听从羊侃的劝告，派出一千多人出去与侯景交战；还没交锋，就退了回来，在争着过桥时掉进水中淹死了一大半。

## 【原文】

　　景声言上已晏驾，虽城中亦以为然。壬戌，太子请上巡城，上幸大司马门，城上闻跸声①，皆鼓噪流涕，众心粗安②。

【注释】

①跸声：谓古代帝王出入时左右侍卫止人清道的吆喝声。

②粗安：略微安定下来。粗，略微，大略。安，平静，稳定。

【译文】

侯景造谣说梁武帝已经去世，就连城里的人也以为这是真的。壬戌（初五），太子请梁武帝巡视全城，梁武帝巡幸到大司马门时，城上的守军听到皇帝来了，都喧噪起来，流下了眼泪，军心这才稍稍安定下来。

【原文】

景初至建康，谓朝夕可拔，号令严整，士卒不敢侵暴①。及屡攻不克，人心离沮。景恐援兵四集，一旦溃去；又食石头常平诸仓既尽②，军中乏食；乃纵士卒掠夺民米及金帛子女。是后米一升至七八万钱，人相食，饿死者什五六。

【注释】

①侵暴：侵犯骚扰。

②石头常平诸仓：石头城中政府官仓。

【译文】

侯景刚到建康时，以为可以很快攻克建康，所以当初他的军队号令严格，仪容整齐，士兵们不敢侵扰凌暴百姓。等到屡攻不克，军心开始离散、沮丧。侯景担心救援建康的援兵从四面八方会集到这里，自己的军队迟早会有溃退的一天；加上石头城中备用粮仓的粮食已经吃光了，军中缺粮；于是，侯景就放纵士卒掠夺百姓的粮食以及金银、丝织品和百姓的儿女。从这以后，米的价格一升涨到七八万钱，以致出现人吃人的情况，建康城饿死的人达到十分之五六。

## 【原文】

乙丑，景于城东、西起土山，驱迫士民，不限贵贱，乱加殴捶①，疲羸②者因杀以填山，号哭动地。民不敢窜匿③，并出从之，旬日间，众至数万。城中亦筑土山以应之。太子、宣城王已下，皆亲负土，执畚锸，于山上起芙蓉层楼，高四丈，饰以锦罽。募敢死士二千人，厚衣袍铠，谓之"僧腾客"，分配二山，昼夜交战不息。会大雨，城内土山崩；贼乘之，垂入，苦战不能禁。羊侃令多掷火，为火城以断其路，徐于内筑城，贼不能进。

## 【注释】

①殴捶：殴打。

②羸：身体瘦弱。

③窜匿：逃跑和躲藏。

## 【译文】

乙丑（初八），侯景在城东、城西堆起土山，他驱赶、强迫士民去干活，不分贵贱，都乱加殴打。那些疲劳瘦弱的人就被杀死填入土山中，百姓的哭号声惊天动地。百姓不敢躲藏逃跑，都只得出来听命，十来天的时间，人数达到几万。建康城中也筑起土山对付侯景建造的土山。太子及宣城王以下的人都亲自背土，手握簸箕与铁锹，在土山上筑起了几层芙蓉高楼，楼高四丈，用彩帛和毳布饰起来。朝廷又招募了二千名敢于拼死战斗的士兵，给他们穿上厚厚的战袍和铠甲，称之为"僧腾客"，把这些战士分配在东土山和西土山上，他们日夜不停地与侯景的军队交战。这天正赶上大雨，城内的土山崩塌了；贼兵趁机从高处往城内坠下士兵，守军与贼兵浴血奋战，但也没能拦住贼兵。羊侃命令手下多投掷火把，形成一道火墙以切断贼兵的来路，接着在城内筑起城墙，侯景的军队无法攻进来。

## 【原文】

太清三年（己巳，公元549年）

俄而景遣王伟入文德殿奉谒①，上命褰帘开户引伟入②，伟拜呈景启，称："为奸佞所蔽，领众入朝，惊动圣躬，今诣阙待罪③。"上问："景何在？可召来。"景入见于太极东堂，以甲士五百人自卫。景稽颡殿下④，典仪引就三公榻⑤。上神色不变，问曰："卿在军中日久，无乃为劳！"景不敢仰视，汗流被面。又曰："卿何州人，而敢至此，妻子犹在北邪？"景皆不能对。任约从旁代对曰："臣景妻子皆为高氏所屠，唯以一身归陛下。"上又问："初渡江有几人？"景曰："千人。""围台城几人？"曰："十万。""今有几人？"曰："率土之内，莫非己有。"上俯首不言。

## 【注释】

①奉谒：拜见。
②褰帘开户：打开门，掀起帘子。
③诣阙待罪：到宫门请罪。
④稽颡：古代一种跪拜礼，屈膝下拜，以额触地，表示极度的虔诚。
⑤典仪：引导官员依照礼仪行事的官员。三公榻：三公的座位。

## 【译文】

太清三年（己巳，公元549年）

没过多久，侯景派王伟到文德殿拜见梁武帝，梁武帝命人揭起帘幕，打开房门带王伟进来，王伟拜呈侯景文书，声称："我们受到奸佞的蒙蔽，带领人马进入朝堂，惊动了皇上，现在特地到宫中等候降罪。"梁武帝问道："侯景在什么地方？可以把他叫来。"侯景到太极殿东堂晋见梁武帝，带了五百多全副武装的兵士保护自己。侯景在大殿下面屈膝下拜，以额触地，典仪带他来到三公坐的榻前。梁武帝神色不变，问侯景道：

"你在军队里的时间很长,真是劳苦功高!"侯景不敢抬头正视梁武帝,汗流满面。梁武帝又问:"你是哪个州的人,敢到这里来,妻儿还在北方吗?"对这些问题侯景都不能回答。任约在旁边代侯景答道:"臣下侯景的妻儿都被高氏杀光了,只有我单身一人投靠陛下。"梁武帝又问道:"当初你渡江过来的时候有多少人?"侯景说道:"一千人。""包围台城时有多少人?"回答说:"十万人。""现在有多少人?"侯景回答:"四海之内没有不属于我的人。"梁武帝低下头不再说话。

**【原文】**

景退,谓其厢公王僧贵曰①:"吾常跨鞍对陈,矢刃交下,而意气安缓,了无怖心;今见萧公,使人自慑②,岂非天威难犯!吾不可以再见之。"于是悉撤两宫侍卫,纵兵掠乘舆、服御、宫人皆尽。收朝士、王侯送永福省,使王伟守武德殿,于子悦屯太极东堂。矫诏大赦,自加大都督中外诸军、录尚书事。

建康士民逃难四出。太子洗马萧允,至京口,端居不行,曰:"死生有命,如何可逃!祸之所来,皆生于利;敬不求利,祸从何生!"

**【注释】**

①厢公:侯景对其亲信封加的官号。
②自慑:慑服,从内心觉得畏惧。

**【译文】**

侯景退出后,对他的厢公王僧贵说道:"我平时在战场上跨鞍对阵,面临刀丛箭雨,心绪平稳如常,没有觉得害怕;今天见到萧公,让人从内心觉得惶恐惊惧,这岂不是天子的威严难以触犯吗!我不能再见到他了。"于是他将两宫侍卫全部撤掉,放纵士兵将车马、服饰、宫人抢掠一空。收捕朝士、王侯送到永福省,派王伟守卫武德殿,于子悦驻守在太极殿的东堂。侯景又假传圣旨大赦天下，加封自己为都督中外诸军、录尚书事。

建康的老百姓从四面逃出建康。太子洗马萧允来到京口，端坐不走，说："死生都是命中注定，怎么可以逃掉呢！所有的灾祸都是因追逐利益造成的，如果不追求利益，灾祸从哪里来呢！"

## 【原文】

上虽外为侯景所制，而内甚不平。景欲以宋子仙为司空①，上曰："调和阴阳，安用此物！"景又请以其党二人为便殿主帅②，上不许。景不能强，心甚惮之。太子入，泣谏，上曰："谁令汝来！若社稷有灵，犹当克复；如其不然，何事流涕！"景使其军士入直省中，或驱驴马，带弓刀，出入宫庭，上怪而问之，直阁将军周石珍对曰："侯丞相甲士。"上大怒，叱石珍曰："是侯景，何谓丞相！"左右皆惧。是后上所求多不遂志，饮膳亦为所裁节，忧愤成疾。太子以幼子大圜属湘东王绎，并剪爪发以寄之。五月丙辰，上卧净居殿，口苦，索蜜不得，再曰："荷！荷！"遂殂③。年八十六。景秘不发丧，迁殡于昭阳殿，迎太子于永福省，使如常入朝。王伟、陈庆皆侍太子，太子呜咽流涕，不敢泄声，殿外文武皆莫之知。

## 【注释】

①司空：负责最高国务的长官。
②便殿主帅：正殿以外的别殿主帅，负责宫廷警卫。
③殂：死亡。

## 【译文】

梁武帝虽然表面上被侯景控制，但他的心里却非常不平。侯景想让宋子仙出任司空，梁武帝说："三公这个职位是负责调和阴阳的，怎么可以任用宋子仙这种人！"侯景又请求让他手下二人出任便殿主帅，梁武帝不同意。侯景不能强迫梁武帝，心里非常怕他。太子进来，流着泪劝告梁武帝，梁武帝说道："谁让你来的！如果国家的神灵还在，还可以恢复；如果不是这样，流泪又有什么用！"侯景派手下的士兵到几个省里值勤，有人赶着驴马，带着弓刀，在宫廷中出出进进。梁武帝觉得奇怪，问这是怎么回事，直阁将军周石珍回答说："这是侯丞相的卫兵。"梁武帝听了非常愤怒，斥责周石珍道："是侯景，为什么叫他丞相！"旁边的人都很害怕。从此以后梁武帝所提出的要求多数都不能满足，饮食也被侯景裁减，在忧虑与气愤交加的情况下病倒了。太子把幼子萧大圜托咐给湘东王萧绎，并将剪下的头发与指甲寄给他。五月丙辰（初二），梁武帝躺在净居殿，嘴里发苦，要喝蜂蜜水却没人给他，连说两声："荷！荷！"就死去了。享年八十六岁。侯景封锁消息不发丧，将梁武帝的遗体收殓后移到昭阳殿，从永福省接来太子，叫他像平常一样入朝。王伟、陈庆都跟在太子身边，太子呜咽着泪流满面，不敢发出声音，殿堂外文武百官都不知道武帝死了。

## 【原文】

高祖之末，建康士民服食、器用，争尚豪华，粮无半年之储，常资四方委输①。自景作乱，道路断绝，数月之间，人至相食，犹不免饿死，存者百无一二。贵戚、豪族皆自出采稆②，填委沟壑③，不可胜纪。

## 【注释】

①委输：转运。

②稆：野生的禾。

③填委沟壑：指人倒毙在水沟山谷中。

## 【译文】

梁武帝末年，建康城的官民在吃、穿、用方面都竞相崇尚豪华，家中没有超过半年的存粮，常常要靠各地运来粮食。自从侯景叛乱后，交通断绝，数月之间，建康就到了人吃人的地步，很多人这样还免不了被饿死，一百个人里面活下来的也不到一两个人。皇亲国戚、豪门大族都自己出去采野生的稻子，一时间因饿死倒毙在水沟和山谷中的不计其数。

# 陈 纪

## 陈朝覆灭

⊙ **导语**

　　陈朝的第五个皇帝，也是最后一个皇帝陈叔宝可以说是一个荒诞出奇的皇帝，极度爱好诗文，认为吟诗度曲才是正业，兴趣全在诗词歌舞上，还大兴土木，为自己的宠妃们建造了三座豪华的宫殿，生活极其奢侈，而管理国家只不过是他偶尔为之的"副业"。他在位期间，周围聚集了一大批的文人骚客，即便是朝廷命官也是不理朝政，天天和陈后主一起饮酒作诗听曲。君臣酣歌，连夕达旦，并以此为常。所有军国政事，置之不顾。前期比较殷实强大的陈朝，此时已经日渐衰落。

　　就在陈后主过着荒唐的帝王生活的同时，曾经动荡不安的北方已被杨坚统一起来了，建立了隋朝，并且逐渐强大。隋文帝本有削平四海之志，一直在为消灭陈朝做着准备，统一全国。隋朝开皇七年（公元587年）十一月，隋朝宰相向隋文帝杨坚献策，力劝文帝伐陈，隋朝众臣纷纷附议。

　　公元588年，隋文帝建造了大批战船，由他的儿子晋王杨广、丞相杨素担任讨陈元帅，贺若弼、韩擒虎为大将，率领五十一万大军，分八路进兵，向陈朝攻来。就在隋兵南下时，陈后主依然自持有长江天险，并不为意。直到隋军扑向建康（今江苏省南京市），陈后主方才如梦方醒。虽然建康城内还有陈军几十万人马，但是平时只懂吟诗作赋的陈朝统帅哪里懂得用兵打仗，隋军攻入建康城势如破竹。

　　隋军轻而易举地攻入陈朝皇宫，生俘陈后主和他的两个宠妃。自此，南朝的最后一个朝代——陈朝灭亡。

【原文】

祯明二年（戊申，公元588年）

秦王俊督诸军屯汉口，为上流节度。诏以散骑常侍周罗睺都督巴峡缘江诸军事以拒之①。

【注释】

①缘：沿着；顺着。

【译文】

祯明二年（戊申，公元588年）

隋朝秦王杨俊督率各部军队进驻汉口，节度指挥上游各军。南陈后主诏令散骑常侍周罗睺负责指挥监督巴峡一带沿江的军事防务，以抵抗隋朝军队。

【原文】

及隋军临江，间谍骤至①，宪等殷勤奏请②，至于再三。文庆曰③："元会将逼，南郊之日，太子多从；今若出兵，事便废阙④。"帝曰："今且出兵，若北边无事，因以水军从郊，何为不可！"又曰："如此则声闻邻境，便谓国弱。"后又以货动江总⑤，总内为之游说，帝重违其意⑥，而迫群官之请，乃令付外详议。总又抑宪等，由是议久不决。

【注释】

①骤：突然。

②宪：袁宪，陈尚书仆射。

③文庆：施文庆，是执掌机密的权臣。

④元会：元旦，这天天子要朝会群臣。南郊：当时每隔一年正月第一个辛日在南北二郊举行祭祀天地的大典。废阙：指缺漏。

⑤江总：陈尚书令。

⑥重违：难以反对。

## 【译文】

到了隋军进至长江北岸的时候，江南地区突然出现了大批密探，袁宪等人多次上奏禀报此事。施文庆对陈后主说："正月的大朝会即将来临，南郊大祀那天，太子势必要率领较多的军马；现在如果向京口、采石以及江面派遣军队和舰船，南郊大祀之事就得废省。"陈后主说："现在暂且派出军队，到时候如果北边战场无事，就顺便使用这支水军跟从到南郊，参加祭祀，又有什么不可以！"施文庆又回答说："这样做会被邻国知道，隋朝会认为我国弱小。"后来施文庆又用金银财物贿赂尚书令江总，于是江总进宫为施文庆游说，陈后主不好违背江总的意见，但又迫于群臣百官再三奏请，于是下令由朝廷百官大臣再仔细商议决定。江总又利用职权多方压制袁宪等人，所以长时间商议都没有做出决定。

## 【原文】

帝从容谓侍臣曰："王气在此①。齐兵三来②，周师再来③，无不摧败。彼何为者邪！"都官尚书孔范曰④："长江天堑，古以为限隔南北，今日虏军岂能飞渡邪！边将欲作功劳，妄言事急。臣每患官卑，虏若渡江，臣定作太尉公矣！"或妄言北军马死，范曰："此是我马，何为而死！"帝笑以为然，故不为深备，奏伎、纵酒、赋诗不辍。

## 【注释】

①王气：王者之气，这是古人的迷信说法。

②齐兵三来：梁敬帝绍泰元年（公元555年）北齐徐嗣徽攻建康，太平

元年（公元556年）北齐军再逼建康，陈文帝天嘉元年（公元560年）北齐刘伯球、慕容恃德等助梁叛将王琳攻芜湖，都告失败。

③周师再来：陈文帝天嘉元年（公元560年）北周独孤盛、贺若敦率兵入湘川，陈废帝光大元年（公元567年）北周宇文直等助原陈湘州刺史华胶起兵，也都告失败。

④都官尚书：主管刑部，相当于后来的刑部尚书。

## 【译文】

陈后主若无其事地对身边的侍卫说："帝王的气数在此地。自立国以来，齐军曾经三次大举进犯，周军也曾经两次大兵压境，无不遭到惨重失败。现在隋军又能把我怎么样呢？"都官尚书孔范附和说："长江是一道天堑，古人认为这是上天为了隔绝南方和北方而设的。现在敌军难道能飞渡不成？边镇的将帅想建立功勋，所以才谎报边事紧急。我常常担心自己现在的官职太低，如果敌军能越过长江，我一定会建功立业，荣升太尉的。"有人信口说隋军的马匹死了很多，孔范又说："这些军马都是我国的马，怎么会死亡呢！"陈后主听后大笑，认为孔范说的很对，所以根本不加以防备，每天不停地奏乐观舞，纵酒宴饮，赋诗取乐不止。

## 【原文】

是岁，吐谷浑裨王拓跋木弥请以千馀家降隋①。隋主曰："普天之下，皆是朕臣，朕之抚育，俱存仁孝。浑贼悖狂，妻子怀怖，并思归化，自救危亡。然叛夫背父，不可收纳。又其本意正自避死，今若违拒，又复不仁。若更有音信，但宜慰抚，任其自拔，不须出兵应接。其妹夫及甥欲来，亦任其意，不劳劝诱也。"

河南王移兹裒卒，隋主令其弟树归袭统其众。

## 【注释】

①拓跋木弥：拓跋党项在隋朝时的首领，西夏的先祖。本是吐谷浑裨王，因为吐谷浑可汗夸吕年老昏庸，太子大臣都背叛他归附隋朝。开皇八年（公元588年），拓跋木弥请求率领所属部落一千余家降附隋朝。隋文帝为了表明自己不鼓励背叛行为，对归附部落慰勉安抚，听其自然，不出兵接应。

## 【译文】

这一年，吐谷浑裨王拓跋木弥请求率领所属部落一千余家降附隋朝。隋文帝说："普天之下，都是朕的臣民，朕抚育苍生黎民，用的是仁孝之心。吐谷浑可汗夸吕昏聩狂暴，为政苛刻，以至连他的妻儿都心怀恐惧，都想归附我朝，拯救自己免遭屠戮。但背叛丈夫和父亲，有违忠孝，不能接纳他们。又因为他们的本意只是逃避死亡，现在如果拒绝了他们，又显得我大隋朝不仁不义。如果再有音信来，只应该加以慰勉安抚，听任他们自己率领所属部落前来归附，不要出兵接应。如果他的妹夫和外甥想来归附，也听任自便，不要进行劝诱。"

归附隋朝的吐谷浑河南王移兹裒去世，隋文帝诏令他的弟弟树归承袭王位，统领归附的吐谷部落。

# 隋 纪

## 隋军灭陈

⊙ **导语**

隋统一战争在中国战争史上占有重要地位,它结束了西晋以来长达三百年之久的分裂局面,使中原地区重新归于统一。

南北朝末期,北周大定元年(公元581年),大丞相杨坚取代北周,建立隋朝,随即着手做灭陈准备。开皇三年(公元583年),隋出兵反击突厥获胜,北部边患基本消除,解除了南下灭陈的后顾之忧。又经数年治理,隋朝国力日强。陈朝传至后主陈叔宝,政治日益腐败,库空民穷,戒备懈怠。

开皇九年(公元589年)正月,下游隋军主力乘陈朝欢度元会(即春节)之机,分路渡江。行军总管韩擒虎、贺若弼两军配合钳击建康,至行军总管宇文述军占据石头(今南京城西清凉山),至此,隋军主力已完成对建康的包围。随后,贺若弼军与陈军主力激战于白土冈(今南京城东),陈军全线溃退。韩擒虎军首先进入建康城,俘获陈叔宝。杨广入城后,令陈叔宝以手书招降上游陈军。吴州(治吴县,今江苏苏州)、湘州(治今长沙)等地陈将拒降,二月间均为隋军击破。岭南数郡共奉高凉(今广东阳江西)冼夫人为主,保境拒守。隋派使臣安抚岭南,杨广亦命陈叔宝致书冼夫人,劝其归隋。冼夫人与其孙率众迎接隋使,岭南诸州悉为隋地。至此,隋文帝完成了统一南北的大业。

## 【原文】

高祖文皇帝上之上开皇九年（己酉，公元589年）

春，正月乙丑朔，陈主朝会群臣，大雾四塞，入人鼻，皆辛酸，陈主昏睡，至晡时乃寤①。

## 【注释】

①晡时：黄昏时。寤：醒。

## 【译文】

高祖文皇帝上之上开皇九年（己酉，公元589年）

春季，正月乙丑朔（初一），陈朝举行元旦朝会，陈后主朝会群臣百官时，大雾弥漫，吸入鼻孔，感到又辣又酸，陈后主昏睡过去，一直到黄昏才醒过来。

## 【原文】

是日，贺若弼自广陵引兵济江①。先是弼以老马多买陈船而匿之，买弊船五六十艘，置于渎内。陈人觇之②，以为内国无船③。弼又请缘江防人每交代之际，必集广陵，于是大列旗帜，营幕被野，陈人以为隋兵大至，急发兵为备，既知防人交代，其众复散；后以为常，不复设备。又使兵缘江时猎，人马喧噪。故弼之济江，陈人不觉。韩擒虎将五百人自横江宵济采石④，守者皆醉，遂克之。晋王广帅大军屯六合镇桃叶山⑤。

## 【注释】

①贺若弼：隋大将，在晋王杨广（即后来的隋炀帝）统率下领兵平陈。广陵：今江苏扬州。江：长江。

②觇：侦察。

③内国：指隋朝统治的北方。

④韩擒虎：隋大将，在晋王统率下领兵平陈。横江：在今安徽和县。采石：在今安徽当涂西北长江东岸。

⑤六合镇：今江苏六合。桃叶山：在今六合，原为渡江之处，今距长江已远。

【译文】

这天，隋吴州总管贺若弼从广陵率军渡过长江。起先，贺若弼卖掉军中老马，大量购买陈朝的船只，把这些船只藏匿起来，又买了五六十艘破旧的船，停泊在小河里。陈军观察到的都是破船，以为隋军没有好船。贺若弼又请求朝廷，沿江防守的兵士每次调防，让他们务必都集中在广陵，于是隋军大举旗帜，帐篷布满原野，陈朝以为是隋朝大军来了，急忙调兵遣将准备迎战，随后知道是隋朝士卒换防交接，就将已聚集的军队又解散了；后来陈朝对此习以为常，就不再加强戒备。贺若弼又时常派遣军队沿江打猎，人喊马嘶。所以贺若弼渡江时，陈朝守军竟没有发觉。庐州总管韩擒虎率领将士五百人从横江浦夜渡到采石，陈朝守军全都喝醉了酒，隋军轻而易举攻下了采石。晋王杨广统帅大军驻扎在六合镇桃叶山。

【原文】

丙寅，采石戍主徐子建驰启告变；丁卯，召公卿入议军旅。戊辰，陈主下诏曰："犬羊陵纵，侵窃郊畿，蜂虿有毒，宜时扫定。朕当亲御六师，廓清八表，内外并可戒严。"以骠骑将军萧摩诃①、护军将军樊毅、中领军鲁广达并为都督，司空司马消难、湘州刺史施文庆并为大监军，遣南豫州刺史樊猛帅舟师出白下，散骑常侍皋文奏将兵镇南豫州。重立赏格，僧、尼、道士，尽令执役。

【注释】

①萧摩诃：陈骠骑将军。

## 【译文】

丙寅（初二），陈朝采石镇戍主将徐子建携带告急文书飞骑赶赴都城，报告隋军已渡江的消息；丁卯（初三），陈后主召集公卿大臣进宫商议军务事宜。戊辰（初四），陈后主下诏说："隋军胆敢任意兴兵凌逼，侵犯占据我都城近郊，就好似蜂虿有毒，应及时扫灭。朕当亲自统率大军，廓清天下，朝廷内外要实施戒备。"于是任命骠骑将军萧摩诃、护军将军樊毅、中领军鲁广达三人为都督，任命司空司马消难、湘州刺史施文庆二人为大监军，派南豫州刺史樊猛统帅水军从白下城出发，散骑常侍皋文奏统率军队镇守南豫州。陈后主下令设立重赏，让僧、尼、道士等出家人都从军服役。

## 【原文】

庚午，贺若弼攻拔京口①，执南徐州刺史黄恪②。弼军令严肃，秋毫不犯，有军士于民间酤酒者，弼立斩之。所俘获六千余人，弼皆释之，给粮劳遣，付以敕书，令分道宣谕③。于是所至风靡。

## 【注释】

①京口，古城名。故址在今江苏省镇江市。因城西有京观山得名。

②南徐州：今江苏省镇江市。

③宣谕：解释、宣布命令，晓谕。

## 【译文】

庚午（初六），贺若弼率军攻克京口，生擒南徐州刺史黄恪。贺若弼的军队纪律严明，秋毫无犯，有士卒在民间买酒的，贺若弼令立即将其斩首。所俘获的陈朝军队六千余人，贺若弼把他们全部释放了，发给资粮，好言安慰，遣返回乡，并付给他们隋文帝敕书，让他们分道宣传散发。因此，隋军所到之处，陈朝军队望风溃败。

【原文】

于是贺若弼自北道，韩擒虎自南道并进，缘江诸戍，望风尽走；弼分兵断曲阿之冲而入。陈主命司徒豫章王叔英屯朝堂，萧摩诃屯乐游苑，樊毅屯耆阇寺，鲁广达屯白土冈①，忠武将军孔范屯宝田寺，己卯，任忠自吴兴入赴②，仍屯朱雀门。

【注释】

①白土冈：在今江苏南京市东。
②任忠：陈镇东大将军、侍中。

【译文】

在此时，隋将贺若弼率军从北道，韩擒虎率军从南道，两军齐头并进，夹攻建康，陈朝沿江镇戍要塞的守军都望风而逃；贺若弼分兵占领曲阿，隔断了陈朝援军的通道，自己率主力进逼建康。陈后主命令司徒、豫章王陈叔英率军守卫朝堂，萧摩诃率军驻守乐游苑，樊毅率军驻守耆阇寺，鲁广达率军驻守白土冈，忠武将军孔范率军驻守宝田寺。己卯（十五日），任忠率军自吴兴到京师，驻守朱雀门。

【原文】

辛未，贺若弼进据钟山①，顿白土冈之东。晋王广遣总管杜彦与韩擒虎合军，步骑二万屯于新林②。蕲州总管王世积以舟师出九江破陈将纪瑱于蕲口，陈人大骇，降者相继。晋王广上状，帝大悦，宴赐群臣。

【注释】

①钟山：在今江苏南京市郊。
②新林：在今江苏江宁区西南。

## 【译文】

辛未,贺若弼率军占据钟山,驻扎在白土冈的东面。晋王杨广派遣总管杜彦和韩擒虎合军,共计步骑两万人驻扎在新林。隋蕲州总管王世积统率水军出九江,在蕲口击败陈将纪瑱,陈朝将士大为惊恐,不断有将士向隋军投降。晋王杨广上表禀报军情,隋文帝非常高兴,于是宴请并赏赐百官群臣。

## 【原文】

时建康甲士尚十馀万人,陈主素怯懦,不达军士,唯日夜啼泣,台内处分,一以委施文庆。文庆既知诸将疾己,恐其有功,乃奏曰:"此辈怏怏①,素不伏官②,迫此事机,那可专信!"由是诸将凡有启请,率皆不行③。

## 【注释】

①怏怏:因不满而郁郁不乐。
②官:当时称皇帝为官。
③率:大概,大抵。

## 【译文】

当时建康还有军队十余万人,但是陈后主生性怯懦软弱,又不懂军事,只是日夜哭泣,台城内的所有军情处置,全部交给施文庆办理。施文庆知道将帅们都恨自己,唯恐他们建立功勋,于是向陈后主上奏说:"这些将士们平时总是心怀不满,一向不甘心服事陛下,现在到了危急时刻,怎么可以完全信任他们呢。"因此这些将帅们凡是有所启奏请求,绝大部分都不能获得批准。

## 【原文】

贺若弼之攻京口也,萧摩诃请将兵逆战,陈主不许。及弼至钟山,摩诃又曰："弼悬军深入，垒堑未坚，出兵掩袭，可以必克。"又不许。陈主召摩诃、任忠于内殿议军事，忠曰："兵法：客贵速战，主贵持重。今国家足兵足食，宜固守台城①，缘淮立栅，北军虽来，勿与交战；分兵断江路，无令彼信得通。给臣精兵一万，金翅三百艘②，下江径掩六合；彼大军必谓其渡江将士已被俘获，自然挫气。淮南土人与臣旧相知悉③，今闻臣往，必皆景从④。臣复扬声欲往徐州⑤，断彼归路，则诸军不击自去。待春水既涨，上江周罗睺等众军必沿流赴援⑥。此良策也。"陈主不能从。明日，欻然曰："兵久不决，令人腹烦，可呼萧郎一出击之⑦。"任忠叩头苦请勿战。孔范又奏："请作一决，当为官勒石燕然⑧。"陈主从之，谓摩诃曰："公可为我一决！"摩诃曰："从来行陈，为国为身；今日之事，兼为妻子。"陈主多出金帛赋诸军以充赏。甲申，使鲁广达陈于白土冈，居诸军之南，任忠次之，樊毅、孔范又次之，萧摩诃军最在北。诸军南北亘二十里⑨，首尾进退不相知。

【注释】

①台城：东晋南朝中央政府机关和宫殿的所在地，筑有城墙。

②金翅：战船的名称。

③土人：当地人。

④景从：景，通"影"。景从，如影相从。

⑤徐州：治所在今江苏徐州。

⑥上江：指长江上游今湖北地区。周罗睺：陈散骑常侍，在上江督水军。

⑦欻然：突然。萧郎：指萧摩诃。

⑧勒石燕然：东汉窦宪破匈奴，登燕然山，刻石纪功而还。燕然山，即今蒙古国境内杭爱山。

⑨亘：连贯。

## 【译文】

贺若弼进攻京口时，陈朝都督萧摩诃曾经请求率军迎战，陈后主不许。等到贺若弼的人马到了钟山，萧摩诃又上奏说："贺若弼孤军深入，立足未稳，如果乘此时出兵袭击，可保必胜。"陈后主还是不许。陈后主招集萧摩诃、任忠在宫中内殿商议军事，任忠说："兵法上说：来犯之军利在速战，守军利在坚持。现在国家兵足粮丰，应该固守台城，沿着秦淮河建立栅栏，隋军虽然来攻，不要与他们交战；分兵截断长江水路，让隋军音信无法相通。陛下可给我一万精兵，金翅战船三百艘，顺江而下，径直突袭六合镇；这样，隋朝大军一定会认为他们渡过江的将士已经被我们俘获，自然会挫败他们的锐气。淮南当地居民以前与我就互相熟悉，如今听说是我率军前往，必定会响应跟从。我再扬言将要率军进攻徐州，切断隋军的退路，这样，各路隋军就会不战自退。待到雨季春水涨了，上游周罗睺等军必定顺流而下赶来增援。这是一个很好的计策。"陈后主不听从。到了第二天，陈后主忽然说："与隋军长久相持不进行决战，令人心烦，可叫萧摩诃出兵攻打一下。"任忠向陈后主跪地叩头，苦苦请求不要出战。忠武将军孔范又上奏说："请求与隋军决一死战，我军必胜，我将为陛下在燕然山刻石立碑纪念战功。"陈后主听从了孔范的意见，对萧摩诃说："你可为我率军与隋军一决胜负！"萧摩诃说："从来作战都是为了国家与自己，今日与敌决战，兼为妻子儿女。"于是陈后主拿出很多金钱财物，分配给诸军用作奖赏。甲申（二十日），命令鲁广达在白土冈摆开阵势，在各军的最南边，由南往北，依次是任忠、樊毅、孔范，萧摩诃的军队在最北边。陈朝军队所摆开的阵势南北长达二十里，首尾进退彼此都不知晓。

## 【原文】

贺若弼将轻骑登山，望见众军，因驰下，与所部七总管杨牙、员明等甲士凡八千，勒陈以待之①。陈主通于萧摩诃之妻，故摩诃初无战意；唯鲁广达以其徒力战，与弼相当。隋师退走者数四，弼麾下死者二百七十三人，弼纵烟以自隐，窘而复振。陈兵得人头，皆走献陈主求赏，弼知其骄惰，更引兵趣孔范；范兵暂交即走，陈诸军顾之，骑卒乱溃，不可复止，死者五千人。员明擒萧摩诃，送于弼，弼命牵斩之，摩诃颜色自若，弼乃释而礼之。

【注释】

①陈：同"阵"。

【译文】

贺若弼率领轻骑登上钟山，望见陈朝的军马，于是骑马下山，与所部七位总管杨牙、员明等将领率兵士八千人，摆好阵势准备迎战。陈后主与萧摩诃的妻子私通，所以萧摩诃一开始就不想打这一仗；只有鲁广达率领部下拼死力战，与贺若弼的军队不相上下。隋军曾经四次被迫后退，贺若弼部下战死的有二百七十三人，后来贺若弼部下纵放烟火用来掩护，才摆脱困境重新振作起来。陈朝兵士获得隋军人头，纷纷跑去献给陈后主以求得奖赏，贺若弼看到陈朝军队骄傲轻敌，于是再次率军冲击孔范的军阵；孔范的兵士与隋军刚一交战即败走，陈朝诸军望见，骑兵、步卒大乱，纷纷溃逃，不可阻止，死了五千人。总管员明擒获萧摩诃，把他送交贺若弼，贺若弼命令推出去斩首，萧摩诃神色自若，贺若弼于是给他松绑并对他以礼相待。

【原文】

任忠驰入台，见陈主言败状，曰："官好住，臣无所用力矣！"陈主与之金两縢，使募人出战，忠曰："陛下唯当具舟楫，就上流众军，臣以死奉卫。"陈主信之，敕忠出部分①，令宫人装束以待之，怪其久不至。时韩擒虎自新林进军，忠已帅数骑迎降于石子冈②。领军蔡徵守朱雀航③，闻擒虎将至，众惧而溃。忠引擒虎直入朱雀门，陈人欲战，忠挥之曰："老夫尚降,诸军何事!"众皆散走。于是城内文武百司皆遁,唯尚书仆射袁宪在殿中,尚书令江总等数人居省中。陈主谓袁宪曰:"我从来接遇卿不胜馀人,今日但以追愧。非唯朕无德,亦是江东衣冠道尽④。"

## 【注释】

①部分:部署,安排。

②石子冈:今江苏江宁区南。

③朱雀航:即朱雀桥,建康南门外浮桥,跨秦淮河两岸,是当时重要的交通要道。

④衣冠:当时南朝自以为衣冠之邦,而贱视北朝为夷狄。

## 【译文】

任忠驰马进入建康台城,谒见陈后主,述说了失败经过,说:"陛下好自为之,我是无能为力了!"陈后主给他两串金子,让他再募兵出战,任忠说:"陛下只有赶紧准备船只,前往上游会合周罗睺等人统领的大军,我拼死护送陛下。"陈后主相信了任忠,敕令他出外布置安排,又下令后宫宫女收拾行装,等待任忠,久等不至,觉得奇怪。当时韩擒虎率军从新林向台城进发,任忠已经率领部下数骑到石子冈去投降。当时陈朝领军将军蔡徵率军守卫朱雀桥,听说韩擒虎将到,手下惊惧害怕,都望风溃逃。任忠带领韩擒虎的人马径直进入朱雀门,还有一些陈军将士想进行抵抗,任忠对他们挥挥手说:"我都投降了,你们还抵抗什么!"于是陈军全都逃散。此时,台城内文武大臣全都逃跑,只有尚书仆射袁宪在殿内,尚书令江总等数人在省府中。陈后主对袁宪感叹道:"我从来待你不如别人好,今日只有你还留在我的身边,我对以前的事感到很惭愧。这不只是朕失德无道所致,也是江东士大夫的气节丧失净尽了。"

## 【原文】

陈主遑遽，将避匿，宪正色曰："北兵之入，必无所犯。大事如此，陛下去欲安之！臣愿陛下正衣冠，御正殿，依梁武帝见侯景故事。[①]"陈主不从，下榻驰去，曰："锋刃之下，未可交当，吾自有计！"从宫人十馀出后堂景阳殿，将自投于井，宪苦谏不从；后阁舍人夏侯公韵以身蔽井[②]，陈主与争，久之，乃得入。既而军人窥井，呼之，不应，欲下石，乃闻叫声；以绳引之，惊其太重，及出，乃与张贵妃、孔贵嫔同束而上[③]。沈后居处如常[④]。太子深年十五，闭阁而坐，舍人孔伯鱼侍侧，军士叩阁而入，深安坐，劳之曰："戎旅在途，不至劳也！"军士咸致敬焉。时陈人宗室王侯在建康者百馀人，陈主恐其为变，皆召入，令屯朝堂，使豫章王叔英总督之，又阴为之备，及台城失守，相帅出降。

## 【注释】

①梁武帝见侯景：侯景作乱，攻入建康，梁武帝坐于殿上见侯景，侯景未敢公然杀害。

②阁："阁"的异体字。后阁舍人：是皇帝亲近的官员。

③张贵妃：名丽华，与孔贵嫔都是陈后主最宠爱的妃嫔。

④沈后：陈后主的皇后，无宠，陈后主曾打算废掉她立张贵妃为皇后。

## 【译文】

陈后主惊慌失措，想躲藏起来，袁宪严肃地说道："隋军进入皇宫后，必不会对陛下有所侵侮。事已至此，陛下还能躲到什么地方去！我请求陛下把衣服冠冕穿戴整齐，端坐正殿，依照当年梁武帝见侯景的作法。"陈后主没有听从，下了坐床飞奔而去，说："兵刃之下，不能拿性命去冒险，我自有办法！"于是跟着十余个宫人逃出后堂景阳殿，要往井里跳，袁宪苦苦劝谏，陈后主不听。后阁舍人夏侯公韵用自己的身子挡住井口，陈后主极力相争，很长时间才得以跳进井里。不久，有隋军兵士向井里窥视,并大声喊叫,井下无人回应,士兵扬言要往下扔石头,这才听到井下有人呼叫,于是抛下绳索往上拉人,感到非常重,十分吃惊,直到把人拉上来,才看见是陈后主与张贵妃、孔贵嫔三人绑在一起上来了。而沈皇后仍像平常一样,毫不惊慌。皇太子陈深当时十五岁,关上阁门,安然端坐,太子舍人孔伯鱼在一旁侍奉,隋军兵士推门而入,陈深端坐不动,好言慰劳说:"你们一路上鞍马劳顿,还不至于过于疲劳吧?"隋军兵士都纷纷向他致敬。当时陈朝宗室王侯在建康城中的人有一百多,陈后主恐怕他们发动政变,就把他们全都召进宫里,命令他们聚集在朝堂,派豫章王陈叔英监督他们,并暗中严加戒备。到台城失守以后,他们都相继出降。

## 【原文】

贺若弼乘胜至乐游苑,鲁广达犹督馀兵苦战不息,所杀获数百人,会日暮,乃解甲,面台再拜恸哭,谓众曰:"我身不能救国,负罪深矣!"士卒皆流涕歔欷,遂就擒。诸门卫皆走,弼夜烧北掖门入,闻韩擒虎已得陈叔宝,呼视之,叔宝惶惧,流汗股栗,向弼再拜。弼谓之曰:"小国之君当大国之卿,拜乃礼也。入朝不失作归命侯,无劳恐惧。"既而耻功在韩擒虎后,与擒虎相诟,挺刃而出;欲令蔡徵为叔宝作降笺①,命乘骡车归己,事不果。弼置叔宝于德教殿,以兵卫守。

## 【注释】

①降笺:降书。

## 【译文】

隋将贺若弼率军乘胜进入乐游苑,陈朝都督鲁广达仍督率残兵败将苦战不止,共杀死俘虏隋军数百人,天色近晚,鲁广达方才放下武器,面向台城拜了三拜,失声痛哭,对部下说:"我没有能够拯救国家,负罪深重啊!"部下兵士也都痛哭流涕,于是被隋军俘获。台城的宫门卫士都四散逃走，贺若弼率军在夜间焚烧北掖门而进入皇宫，得知韩擒虎已抓住了陈叔宝，就把他叫来亲自察看，陈叔宝非常害怕，汗流浃背，浑身战栗，向贺若弼跪拜叩头。贺若弼对他说："小国的君主见了大国的公卿大臣，按照礼节应该跪拜。阁下到了隋朝仍不失封归命侯，所以不必恐惧。"过后，贺若弼因功在韩擒虎后觉得很没面子，就与韩擒虎发生争吵，随后怒气冲冲地拔刀而出，准备让陈朝前吏部尚书蔡徵为陈叔宝起草降书，又下令陈叔宝乘坐骡车归附自己，但没有实现。于是贺若弼将陈叔宝置于德教殿内，派兵守卫。

## 【原文】

高颎先入建康①，颎子德弘为晋王广记室，广使德弘驰诣颎所，令留张丽华，颎曰："昔太公蒙面以斩妲己，今岂可留丽华！"乃斩之于青溪。德弘还报，广变色曰："昔人云，'无德不报'，我必有以报高公矣！"

## 【注释】

①高颎：字昭玄，一名敏渤海蓚（今河北景县东）人，隋朝杰出的政治家，著名的军事家、谋臣，隋代名相。其父高宾是杨坚妻父的僚佐，官至刺史。

## 【译文】

高颎先进入建康，当时高颎的儿子高德弘是晋王府记室参军，杨广就派他驰马来见高颎，传令留下张丽华，高颎说："古时候姜太公吕尚蒙面斩了殷纣王的宠姬妲己，今天岂能留下张丽华！"于是在青溪将张丽华斩首。高德弘回去禀报杨广，杨广脸色大变说："古人云：'无德不报。'我一定要回报高公！"

## 【原文】

广以贺若弼先期决战，违军令，收以属吏。上驿召之，诏广曰："平定江表，弼与韩擒虎之力也。"赐物万段；又赐弼与擒虎诏，美其功。

## 【译文】

晋王杨广因为贺若弼率军与陈朝军队先期决战，违犯了军令，下令将他收捕送交执法官吏。隋文帝派驿使传令召贺若弼入朝，并对杨广下诏说："这次平定江表地区，全仗着贺若弼和韩擒虎二人之力。"于是下令赏赐贺若弼布帛等物一万匹。又赐给贺若弼和韩擒虎诏书，赞美他们二人的功绩。

# 杨广篡位

## ⊙ 导语

有些野史，把那个善于蛰伏、长于自制、强毅隐忍、雄图大志的杨广描写成了一个多年没有亲近过女人的色情狂。

根据一些野史记载：仁寿四年七月，文帝病危时，太子杨广写信向杨素询问文帝的病情，杨素回信给太子时，宫人却误送到文帝手中，文帝大怒。同时，文帝的宠妾宣华夫人告诉他，太子杨广欲行非礼。文帝这才下决心将太子杨广废掉，于是令柳述、元岩紧急召前太子杨勇前来，准备让他继承皇位。杨素得知这一消息后，马上报告杨广，杨广立即伪造圣旨，逮捕柳述、元岩，将自己的心腹派到宫里，又派亲信宇文述等控制宫门，把后宫的人遣往别处。一切布置妥当后，杨广派张衡入宫侍疾，不久文帝就驾崩了。

隋炀帝杨广相貌堂堂、风流倜傥、聪明伶俐，但荒淫无度。《唐书》

说其弑父、弑兄、奸母、淫妹、亲媚臣、杀忠良。司马光在《资治通鉴》中，称其"智可以拒谏，诈足以饰非"。

"杨广弑父"在史学界和学术界都颇具争议。关于文帝被弑的说法，唐朝编写的隋书在文帝和炀帝的本纪中均不采用。指控杨广"弑父"的资料都是出自野史和隋朝末年为了讨伐杨广而写的檄文，有可能出于政治需要而刻意歪曲事实，丑化隋炀帝。而唐朝既得天下，也必须将隋炀帝妖魔化，以证明自己取得帝位是顺应天意的。

也有学者说，秦始皇只留下了长城，杨广却给后世留下功在万代、远比长城更有实用价值的大运河。隋帝国的人口数量，已经创了历代之冠，国家财政实力也远远超过秦汉。

## 【原文】

开皇十九年（己未，公元599年）

时太子勇失爱于上①，潜有废立之志②，从容谓颎曰③："有神告晋王妃，言王必有天下，若之何？"颎长跪曰④："长幼有序，其可废乎！"独孤后知颎不可夺⑤，阴欲去之。

## 【注释】

①太子勇：杨勇，隋文帝杨坚长子，起初被立为太子，后被废。

②潜：暗中。

③从容：不慌不忙。

④长跪：直身而跪。古时席地而坐，坐时两膝据地，以臀部着足跟。跪则伸直腰股，以示庄敬。

⑤夺：夺志，改变想法。

## 【译文】

开皇十九年（己未，公元599年）

当时皇太子杨勇失去了隋文帝的宠爱，文帝暗中有废立的想法，闲时对宰相高颎说："有神告诉晋王杨广的妃子，说晋王必定享有天下，你说该怎么办？"高颎长跪回答说："长幼有序，怎么可以废黜呢！"独孤皇后知道高颎不会改变主意，暗中想要把他赶出朝廷。

## 【原文】

会上令选东宫卫士以入上台①，颎奏称："若尽取强者，恐东宫宿卫太劣。"上作色曰②："我有时出入，宿卫须得勇毅。太子毓德春宫③，左右何须壮士！此极弊法。如我意者，恒于交番之日④，分向东宫，上下团伍不别，岂非佳事！我熟见前代，公不须仍踵旧风⑤。"颎子表仁，娶太子女，故上以此言防之。

## 【注释】

①上台：指三公、宰辅出入的大殿。
②作色：脸上变色。指神情变严肃或发怒。
③毓德：修养德行。
④交番：轮流值班。
⑤踵：跟随，继续。

## 【译文】

正值文帝下令挑选东宫卫士到皇宫上台宿卫，高颎上奏说："如果把强壮的卫士都选走，恐怕东宫的宿卫力量太薄弱了。"文帝变了脸色说："我时常出入，宿卫之士必须要壮勇强健。太子在东宫修养仁德，哪里用得着壮士！在东宫保持强大的警卫力量是极大的弊政。要是按照我的意思，经常在轮换值班的时候，分到东宫宿卫，这样两宫宿卫合为一体，岂不是件好事吗！我熟悉前代各种制度的得失，你不必仍然遵循传统的做法了。"高颎的儿子高表仁，娶了太子之女，所以文帝用这些话提醒他。

**【原文】**

颎夫人卒，独孤后言于上曰："高仆射老矣，而丧夫人，陛下何能不为之娶！"上以后言告颎。颎流涕谢曰："臣今已老，退朝，唯斋居读佛经而已，虽陛下垂哀之深，至于纳室，非臣所愿。"上乃止。既而颎爱妾生男，上闻之，极喜，后甚不悦。上问其故，后曰："陛下尚复信高颎邪？始，陛下欲为颎娶，颎心存爱妾，面欺陛下。今其诈已见，安得信之！"上由是疏颎。

**【译文】**

高颎夫人去世，独孤皇后对文帝说："高仆射老了，现在夫人又去世，陛下怎么能不为他另娶一房继室！"文帝把皇后的话告诉了高颎。高颎流着眼泪辞谢说："臣如今已老，退朝以后，不过斋戒读佛经而已，虽然陛下垂怜老臣至深，至于说到再娶，实非臣所愿。"文帝只好作罢。不久高颎的爱妾生了一个儿子，文帝听说以后，非常高兴，皇后却很不高兴。文帝询问缘故，皇后说："陛下还会再信任高颎吗？开始时，陛下想为他再娶，高颎明明心里装着爱妾，却当面欺骗陛下，说他不愿再娶。如今他的欺诈已经暴露了，陛下怎么能再信任他！"文帝从此疏远了高颎。

**【原文】**

初，上使太子杨勇参决军国政事，时有损益；上皆纳之。勇性宽厚，率意任情①，无矫饰之行。上性节俭，勇尝文饰蜀铠②，上见而不悦，戒之曰："自古帝王未有好奢侈而能久长者。汝为储后③，当以俭约为先，乃能奉承宗庙。吾昔日衣服，各留一物，时复观之以自警戒。恐汝以今日皇太子之心忘昔时之事，故赐汝以我旧所带刀一枚，并涟酱一合④，汝昔作上士时常所食也⑤。若存记前事，应知我心。"

【注释】

①率意：直率，按照本意。任情：任意，恣意。

②铠：铠甲。

③储后：储君。

④菹酱：酱菜。

⑤上士：军衔，军士的最高一级。

【译文】

当初，文帝让太子杨勇参与决策军国政事，杨勇经常会提出批评建议，文帝都采纳了。杨勇性情宽厚，直率热情，平易近人，不会弄虚作假。文帝本性崇尚节俭，杨勇曾经装饰自己来自蜀地的铠甲，文帝见了很不高兴，告诫他说："自古以来喜好奢侈的帝王没有能长久的。你作为皇位继承人，应当以俭约为先，这样才能继承宗庙。我过去的衣服，都各留了一件，时常拿出来看看以告诫自己。我恐怕你如今做了皇太子而忘记过去的事，所以把我以前所佩带的刀赐给你，还有一盒酱菜，酱菜是你旧日做上士时经常食用的。如果你还记得以前的事，就应该懂得我的用心。"

【原文】

后遇冬至，百官皆诣勇，勇张乐受贺①。上知之，问朝臣曰："近闻至日内外百官相帅朝东宫，此何礼也？"太常少卿辛亶对曰："于东宫，乃贺也，不得言朝。"上曰："贺者正可三数十人，随情各去，何乃有司征召②，一时普集！太子法服设乐以待之③，可乎？"因下诏曰："礼有等差，君臣不杂。皇太子虽居上嗣④，义兼臣子，而诸方岳牧正冬朝贺⑤，任土作贡⑥，别上东宫；事非典则，宜悉停断。"自是恩宠始衰，渐生猜阻。

【注释】

①张乐：奏乐。

②何乃：何故，为何。

③法服：古代根据礼法规定的不同等级的服饰。这里指正式的礼服。

④上嗣：君主的嫡长子。后指太子。

⑤岳牧：泛称封疆大吏。

⑥任土作贡：依据土地的具体情况，制定贡赋的品种和数量。

【译文】

冬至到了，百官都去见杨勇，杨勇排列乐队接受百官的祝贺。文帝知道了这件事，问朝臣说："最近听说冬至那天，朝廷内外百官去朝见太子，这是什么礼法？"太常少卿辛亶答道："百官到东宫，是祝贺，不能说是朝见。"文帝说："庆贺冬至的人应该是数十人，随意各自去，为什么由有关部门召集，百官同时汇集起来同去！太子身穿礼服奏乐来接待百官，能这样吗？"于是文帝下诏说："礼法有等级差别，君臣之间不能混杂。皇太子虽然位居储君，但从礼义上讲也是臣子，各地方长官冬至朝贺，进献自己辖地的特产，另外给皇太子上贡，不符合典章制度，应该全部停止。"从此，文帝对杨勇的恩宠开始减少，渐渐有了猜疑和戒心。

【原文】

勇多内宠，昭训云氏尤幸①。其妃元氏无宠，遇心疾②，二日而薨，独孤后意有他故，甚责望勇。自是云昭训专内政，生长宁王俨，平原王裕，安成王筠；高良娣生安平王嶷，襄城王恪；王良媛生高阳王该，建安王韶；成姬生颍川王煚；后宫生孝实，孝范。后弥不平，颇遣人伺察，求勇过恶。

【注释】

①昭训：皇太子侧室的名号，下文良娣、良媛也是。

②心疾：劳思、忧愤等引起的疾病。也指心脏病。

## 【译文】

杨勇有很多姬妾,尤其宠幸昭训云氏。他的妃子元氏不受宠爱,突然得了心疾,两天就死了。独孤皇后怀疑另有原因,狠狠地责备杨勇。自此以后,云昭训主理东宫内政,生了长宁王杨俨、平原王杨裕、安成王杨筠;高良娣生了安平王杨嶷、襄城王杨恪;王良媛生了高阳王杨该、建安王杨韶;成姬生了颍川王杨煚;其他的宫人生杨孝实、杨孝范。独孤皇后更加不高兴,经常派人窥伺东宫,寻找杨勇的过失和罪过。

## 【原文】

晋王广弥自矫饰①,唯与萧妃居处,后庭有子皆不育②,后由是数称广贤。大臣用事者,广皆倾心与交。上及后每遣左右至广所,无贵贱,广必与萧妃迎门接引,为设美馔③,申以厚礼;婢仆往来者,无不称其仁孝。上与后尝幸其第,广悉屏匿美姬于别室④,唯留老丑者,衣以缦彩⑤,给事左右;屏帐改用缣素⑥;故绝乐器之弦,不令拂去尘埃。上见之,以为不好声色,还宫,以语侍臣,意甚喜,侍臣皆称庆,由是爱之特异诸子。

## 【注释】

①晋王广:杨广,隋文帝杨坚次子,即隋炀帝。

②不育:不养育。

③馔:食物。

④屏匿:隐藏。

⑤缦彩:无花纹的丝织品。

⑥缣素:双丝织成的细绢。

## 【译文】

晋王杨广知道了这件事,更加伪装自己,他只和萧妃住在一起,妻妾生了孩子都不去抚育,独孤皇后因此多次称赞杨广贤德。朝廷中执掌朝政的重臣，杨广都倾心与他们结交。文帝和独孤皇后每次派身边的人到杨广的住处，无论来人的地位高低，杨广必定和萧妃一起到门口迎接，为来人准备丰盛的饮食，并厚赠礼品。凡是去过杨广那里的奴婢仆人，没有不称颂杨广为人仁爱贤孝的。文帝与独孤皇后有一次曾去他的府第，杨广将他的美姬都藏到别的房间里，只留下年老貌丑的侍女，穿着没有花纹装饰的衣服，侍奉左右；房间里的屏帐改用简单的幔帐；故意将乐器的弦弄断，不让拂去上面的灰尘。文帝见了，以为杨广不好声色，返回皇宫后，告诉侍臣这一情况，他感到非常高兴，侍臣们都向文帝祝贺，从此，文帝喜爱杨广超过了其他儿子。

## 【原文】

上密令善相者来和遍视诸子，对曰："晋王眉上双骨隆起，贵不可言。"上又问上仪同三司韦鼎："我诸儿谁得嗣位？"对曰："至尊、皇后所最爱者当与之，非臣敢预知也。"上笑曰："卿不肯显言邪①！"

## 【注释】

①显言：明白说出。

## 【译文】

文帝暗中命令善于看相的来和把他的儿子们都看了一遍，来和说："晋王杨广眉上双骨隆起，贵不可言。"文帝又问上仪同三司韦鼎："我这些儿子哪个可以继承皇位？"韦鼎回答："陛下和皇后最喜爱的儿子应当继承皇位，不是我敢预知的。"文帝笑着说："你不肯明说呀！"

## 【原文】

晋王广美姿仪，性敏慧，沉深严重；好学，善属文①；敬接朝士，礼极卑屈；由是声名籍甚②，冠于诸王。

## 【注释】

①属文：撰写文章。

②籍：声名盛大。

## 【译文】

晋王杨广容貌俊美，举止优雅，生性聪慧，为人深沉持重；好学，擅长写文章；和朝中之士来往时礼节极其周到，待人非常礼貌谦卑，因此他的声名盛大，高于其他诸王。

## 【原文】

广为扬州总管，入朝，将还镇，入宫辞后，伏地流涕，后亦泫然泣下①。广曰："臣性识愚下，常守平生昆弟之意②，不知何罪失爱东宫，恒蓄成怒，欲加屠陷。每恐谗谮生于投杼③，鸩毒遇于杯勺④，是用勤忧积念，惧履危亡。"后忿然曰："晛地伐渐不可耐⑤，我为之娶元氏女，竟不以夫妇礼待之，专宠阿云，使有如许豚犬⑥。前新妇遇毒而夭⑦，我亦不能穷治⑧，何故复于汝发如此意！我在尚尔，我死后，当鱼肉汝乎⑨！每思东宫竟无正嫡，至尊千秋万岁之后，遣汝等兄弟向阿云儿前再拜问讯，此是几许苦痛邪！"广又拜，呜咽不能止，后亦悲不自胜。自是后决意欲废勇立广矣。

## 【注释】

①泫然：流泪貌。亦指流泪。

②昆弟：兄弟。

③谗谮生于投杼：春秋时，有个和曾参同名的人杀了人，有人告诉曾参的母亲，说曾参杀了人。起初曾母不信，但第三人来告诉她的时候，她扔下手里织布的梭子就逃走了。用来比喻流言可畏或诬枉之祸。典出《战国策·秦策二》。谮，恶言中伤。杼，梭子。

④鸩：传说中的一种毒鸟，把它的羽毛放在酒里，可以毒死人。

⑤睍地伐：太子杨勇的小名。

⑥豚犬：蔑称不成器的儿子。

⑦新妇：称儿媳。

⑧穷治：追究。

⑨鱼肉：侵害，摧残。

**【译文】**

杨广任扬州总管，去朝见文帝，即将返回扬州，他进宫向独孤皇后辞行，跪在地上流泪，独孤皇后也潸然泪下。杨广说："臣性情见识愚笨低下，一直顾念兄弟之间的感情，不知犯了什么过错得罪了皇太子，他常常含着怒气，想要陷害我。我常常恐惧谗言出于亲人之口，担心他会在酒具食器中对我下毒，因此一直都很忧虑，害怕遭到危亡的命运。"皇后愤怒地说："睍地伐越来越让人无法忍受了，我为他娶了元氏的女儿，他竟不以夫妇之礼对待元氏，专宠阿云，这样，元氏就好像许配给了猪狗一般。先前，才娶不久的妻子被毒害致死，我也不能特别地追究，为什么又对你生出这样歹毒的念头！我还活着，他都敢这样，我死后，他就该残害你们了！我每次想起东宫竟没有嫡长子，在你们父皇百年之后，要让你们兄弟在阿云的儿子前行礼问安，这是多么痛苦的事啊！"杨广再拜，呜咽不止，皇后也悲伤得不能自已。自此皇后决定废黜太子杨勇，改立杨广为太子。

**【原文】**

广与安州总管宇文述素善①，欲述近己，奏为寿州刺史。广尤亲任总管司马张衡②，衡为广画夺宗之策③。广问计于述，述曰："皇太子失爱已久，令德不闻于天下。大王仁孝著称，才能盖世，数经将领，频有大功；主上之与内宫，咸所钟爱，四海之望，实归大王。然废立者国家大事，处人父子骨肉之间，诚未易谋也。然能移主上意者，唯杨素耳④，素所与谋者唯其弟约。

述雅知约，请朝京师，与约相见，共图之。"广大悦，多赍金宝⑤，资述入关。

**【注释】**

①安州：治所在今湖北安陆。总管：武官名。隋代至唐代初在各州设总管，边镇和大州设大总管，为地方军政长官。宇文述：鲜卑族，隋朝名将。

②总管司马：总管属官。张衡：杨广心腹。

③画：计划，谋划。

④杨素：隋朝著名将相。在文帝废立太子事件中，杨素是举足轻重的人物。

⑤赍：携带。

**【译文】**

杨广与安州总管宇文述平时很要好，他想拉拢宇文述为己所用，于是奏请任命宇文述为寿州刺史。杨广尤其亲近信任总管司马张衡，张衡为杨广筹划谋取皇太子地位的办法。杨广向宇文述请教计策，宇文述说："皇太子失宠已经很久了，天下人也没听说他有什么好的德行。大王以仁孝著称，才能盖世，几次被任命为统帅军队的将领，屡建大功；皇帝与皇后，都对您非常钟爱，四海之内的声望，实际上已为大王所有。但太子的废立是国家大事，而我处在你们父子骨肉之间，实在不是一件容易谋划的事。然而能使陛下改变主意的人只有杨素，能与杨素商量筹划的人只有他弟弟杨约。我很了解杨约，请您派我去京师，与杨约相见，一起筹划这事。"杨广非常高兴，送给宇文述许多金银财宝，资助他入关进京。

**【原文】**

约时为大理少卿①，素凡有所为，皆先筹于约而后行之②。述请约，盛陈器玩，与之酣畅，因而共博③，每阳不胜④，所赍金宝尽输之约。约所得既多，稍以谢述。述因曰："此晋王之赐，令述与公为欢乐耳。"约大惊曰："何为尔？"述因通广意，说之曰⑤："夫守正履道，固人臣之常致；反经合义⑥，亦达者之令图⑦。自古贤人君子，莫不与时消息以避祸患⑧。公之兄弟，功名盖世，当涂用事有年矣，朝臣为足下家所屈辱者，可胜数哉！又，储后以所欲不行，每切齿于执政⑨；公虽自结于人主，而欲危公者固亦多矣！主上一旦弃群臣⑩，公亦何以取庇！今皇太子失爱于皇后，主上素有废黜之心，此公所知也。今若请立晋王，在贤兄之口耳。诚能因此时建大功，王必永铭骨髓，斯则去累卵之危⑪，成太山之安也⑫。"约然之，因以白素。素闻之，大喜，抚掌曰："吾之智思殊不及此，赖汝启予。"约知其计行，复谓素曰："今皇后之言，上无不用，宜因机会早自结托，则长保荣禄，传祚子孙⑬。兄若迟疑，一旦有变，令太子用事，恐祸至无日矣！"素从之。

### 【注释】

①大理少卿：掌刑法的官员。

②筹：想办法，定计划。

③博：古代的一种棋戏，后来泛指赌博。

④阳：通"佯"。佯装，假装。

⑤说之：劝说他。

⑥反经合义：虽违背常道，但仍合于义理。

⑦令图：善谋，远大的谋略。

⑧与时消息：指事物无常，随时间的推移而兴盛衰亡。

⑨执政：宰相。

⑩弃群臣：皇帝去世。

⑪累卵之危：像垒起来的鸡蛋那样危险的局面。

⑫太山：即泰山。

⑬传祚：流传后世。

## 【译文】

杨约当时是大理少卿，杨素凡是要做的事，都先和杨约商量后再做。宇文述邀请杨约，陈设了许多玩物器皿，和他一起畅饮，然后一起下棋，宇文述每次都假装输了，把杨广所送的金银财宝输给了杨约。杨约得到很多金银财宝，就向宇文述略表谢意，宇文述就说："这些金银财宝是晋王杨广赏赐给我的，让我陪您高兴的。"杨约大惊道："这是为什么？"宇文述就转达了杨广的意思，劝说杨约道："遵循常规，固然是人臣的本分；但是违反常规以符合道义，也是明智之人远大的谋略。自古贤人君子，没有不关注世情以避免祸患的。你们兄弟功名盖世，执掌大权有多年了，您家所得罪的朝臣数不胜数！还有，皇太子往往想做的事而不能做到，常常切齿痛恨当政的大臣；您虽然主动地结好于皇上，但是想要危害您的人实在很多啊！陛下一旦弃群臣而去，您又靠谁庇护呢？如今皇太子失宠于皇后，陛下一直就有废黜皇太子的想法，这您是知道的。现在如果请陛下立晋王杨广为太子，不过是令兄一句话罢了。要是真能在这个时候建立大功，晋王必定永远将这事铭记在心，这样您就可以去掉累卵一样的危难，成就此后稳固如泰山的权势了。"杨约觉得他说得有道理，就将此话转告了杨素。杨素听了后非常高兴，拍手道："我的智慧思虑远远达不到这儿，全仗着你启发了我。"杨约知道他的计策成功了，又对杨素说："当今皇后所说的话，陛下无不采纳。应当趁机会早早自动结交依靠皇后，就会长久地保住荣华富贵，并传给子孙后世。兄长如果迟疑，一旦局势有变，陛下让太子执掌朝政，恐怕灾祸很快就要来了！"杨素听从了杨约的话。

## 【原文】

后数日，素入侍宴，微称"晋王孝悌恭俭①，有类至尊"，用此揣后意②。

后泣曰："公言是也！吾儿大孝爱，每闻至尊及我遣内使到，必迎于境首；言及违离，未尝不泣。又其新妇亦大可怜，我使婢去，常与之同寝共食。岂若睍地伐与阿云对坐，终日酣宴，昵近小人，疑阻骨肉！我所以益怜阿㦬者③，常恐其潜杀之。"素既知后意，因盛言太子不才。后遂遗素金，使赞上废立。

【注释】

①悌：敬爱兄长。这里泛指敬重长上。

②揣：试探。

③阿㦬：晋王杨广的小名。

【译文】

过了几天，杨素入宫侍奉宴会，他婉转地说"晋王孝悌恭俭，很像陛下"，用这话来揣摩独孤皇后的心思。皇后流着泪说："您说的是啊！我儿非常孝顺仁爱，每次听说陛下和我派内使去了，必定亲自远迎；说到远离双亲，没有不落泪的。而且晋王的新婚妻子也很令人怜爱，我派婢女去她那里，晋王妃经常与婢女同寝共食。怎么像睍地伐和阿云对坐，整天沉溺于酒宴，亲近小人，猜忌防备骨肉！所以我愈加爱怜阿㦬，常担心太子会暗中害他。"杨素已经了解了皇后的心思，就开始极力说太子不成器。于是皇后就送给杨素财物，让他辅佐文帝进行废立太子之事。

【原文】

勇颇知其谋，忧惧，计无所出，使新丰人王辅贤造诸厌胜①；又于后园作庶人村，室屋卑陋，勇时于中寝息，布衣草褥，冀以当之。上知勇不自安，在仁寿宫，使杨素观勇所为。素至东宫，偃息未入②，勇束带待之，素故久不进以激怒勇；勇衔之③，形于言色。素还言："勇怨望，恐有他变，愿深防察！"上闻素谮毁，甚疑之。后又遣人伺觇东宫④，纤介事皆闻奏⑤，因加诬饰以成其罪。

## 【注释】

①厌胜：也作压胜，指以迷信的方法如符咒等，镇服或驱避可能出现的灾祸，或致灾祸于人。

②偃息：止息，停止。

③衔之：怀恨在心。

④伺觇：暗中窥视守候。

⑤纤介：细微。

## 【译文】

杨勇非常清楚杨广他们的阴谋，对此感到忧虑恐惧，但是想不出办法来，就派新丰人王辅贤制作了巫术诅咒之物，又在后园建造平民村，村里的房屋低矮简陋，杨勇常在里面睡觉休息，他身穿布衣，铺着草褥子，希望用这样的办法避祸。文帝知道杨勇内心不安，在仁寿宫派杨素观察杨勇的所作所为。杨素到了东宫，停下来不进去，杨勇换好衣服等待杨素，杨素故意很久不进去，以激怒杨勇；杨勇怀恨杨素，并且表现在言语和神色上。杨素回去禀报文帝："太子杨勇怨恨，恐怕会有别的变故，愿陛下多多防备观察！"文帝听到杨素的谗言和诋毁之词，更怀疑太子。后来独孤皇后又派人暗中窥视东宫，所有细微琐事都向皇帝奏报，搜寻诬陷之词构成杨勇的罪状。

## 【原文】

上遂疏忌勇，乃于玄武门达至德门量置候人①，以伺动静，皆随事奏闻。又，东宫宿卫之人，侍官以上②，名籍悉令属诸卫府，有勇健者咸屏去之③。出左卫率苏孝慈为淅州刺史④，勇愈不悦。太史令袁充言于上曰⑤："臣观天文，皇太子当废。"上曰："玄象久见，群臣不敢言耳。"充，君正之子也。

**【注释】**

①玄武门：皇宫正北门。至德门：皇宫东北门。量置：酌量安置。候人：斥候，军中侦伺敌情者。
②侍官：在宫廷中轮番宿卫的军士。
③屏去：退除，除却。
④左卫率：统带东宫侍卫的武职官员。淅州：今河南淅川。
⑤太史令：官名，掌管起草文书，记载史事，天文历法、祭祀等。

**【译文】**

文帝于是疏远猜忌杨勇，就在玄武门到至德门之间的路上，派人观察杨勇的动静，看到什么都要随时上报。另外，东宫宿卫中侍官以上的人员，名册都令归属各个卫府管辖，勇猛矫健的人都要调走。左卫率苏孝慈被调出任淅州刺史，杨勇愈加不高兴。太史令袁充上奏文帝说："臣观察天象，皇太子应当废黜。"文帝说："天象出现很久了，群臣不敢说而已。"袁充是袁君正的儿子。

**【原文】**

晋王广又令督王府军事姑臧段达私赂东宫幸臣姬威①，令伺太子动静，密告杨素；于是内外喧谤②，过失日闻。段达因胁姬威曰："东宫过失，主上皆知之矣。已奉密诏，定当废立；君能告之，则大富贵！"威许诺，即上书告之。

**【注释】**

①督王府军事：掌管王府军事的官员。姑臧：今甘肃武威。
②喧谤：大声指责。

## 【译文】

晋王杨广又让姑臧人督王府军事段达私下贿赂东宫宠臣姬威,要他暗中察看太子动静,密报给杨素;于是朝廷内外到处都对杨勇大声指责,天天可以听到杨勇的罪过。段达趁机要挟姬威说:"东宫的过失,陛下全都知道了。我已得到密诏,定要废黜太子;如果你能告发太子,就会大富大贵!"姬威答应了,立即上书告发了太子。

## 【原文】

秋,九月壬子,上至自仁寿宫。翌日,御大兴殿,谓侍臣曰:"我新还京师,应开怀欢乐;不知何意翻邑然愁苦①?"吏部尚书牛弘对曰②:"臣等不称职,故至尊忧劳。"上既数闻谮毁,疑朝臣悉知之,故于众中发问,冀闻太子之过。弘对既失旨,上因作色,谓东宫官属曰:"仁寿宫此去不远,而令我每还京师,严备仗卫,如入敌国。我为下利③,不解衣卧。昨夜欲近厕,故在后房恐有警急,还移就前殿,岂非尔辈欲坏我家国邪!"于是执太子左庶子唐令则等数人付所司讯鞫④;命杨素陈东宫事状以告近臣。

## 【注释】

①邑然:忧闷不安的样子。
②吏部尚书:吏部长官。掌官员升迁、任免。
③下利:同"下痢"。
④太子左庶子:东宫属官。讯鞫:同"讯鞠",审讯。

## 【译文】

秋季,九月壬子(二十六日),文帝从仁寿宫归来。第二天,驾临大兴殿,他对侍臣说:"我刚刚回到京师,应当开怀欢乐,不知为什么变得抑郁愁闷?"吏部尚书牛弘答道:"是臣等不称职,使陛下忧愁劳累。"文帝已经听到很多诬陷太子的话,怀疑朝臣也都知道了,因此向朝臣们发问,希望能听到有关太子的过失。牛弘的回答不合文帝的心意，于是文帝脸色一变，对东宫的官吏僚属说："仁寿宫离此不远，令我每次回京师，都要侍卫谨严，就像进了敌国。我因为得了痢疾，不脱衣服睡觉。昨夜要上厕所，担心在后边的房间有紧急情况发生，只好返回前殿就厕，难道不是你们这些人想要危害我们的家国吗！"于是捉拿太子左庶子唐令则等数人交付有关部门进行审讯，命令杨素把东宫的情况告诉近臣。

## 【原文】

素乃显言之曰："臣奉敕向京，令皇太子检校刘居士馀党①。太子奉诏，作色奋厉②，骨肉飞腾③，语臣云：'居士党尽伏法，遣我何处穷讨？尔作右仆射，委寄不轻，自检校之，何关我事！'又云：'昔大事不遂，我先被诛，今作天子，竟乃令我不如诸弟，一事以上，不得自遂！'因长叹回视云：'我大觉身妨④。'"上曰："此儿不堪承嗣久矣，皇后恒劝我废之。我以布衣时所生，地复居长，望其渐改，隐忍至今。勇尝指皇后侍儿谓人曰：'是皆我物。'此言几许异事！其妇初亡，我深疑其遇毒，尝责之，勇即怼曰⑤：'会杀元孝矩⑥。'此欲害我而迁怒耳。长宁初生⑦，朕与皇后共抱养之，自怀彼此，连遣来索。且云定兴女，在外私合而生，想此由来，何必是其体胤⑧！昔晋太子取屠家女，其儿即好屠割。今傥非类，便乱宗祏⑨。我虽德惭尧、舜，终不以万姓付不肖子！我恒畏其加害，如防大敌；今欲废之以安天下！"

## 【注释】

①检校：调查。刘居士：上柱国彭公刘昶之子，在东宫掌管皇太子宿卫，为七品官。刘居士不守朝廷法度，屡次犯罪，文帝由于刘昶的缘故，每次都赦免了他。于是刘居士有恃无恐，常无故殴打路人，侵夺财物，为非作歹，甚至连公卿大臣、后妃公主也都不敢和他计较。后来有人上告说刘居士图谋不轨，文帝下令将刘居士斩首，很

多公卿子弟受到牵连而被除名为民。

②作色奋厉：神情凌厉凶狠。

③骨肉飞腾：形容太子暴跳如雷、激动愤怒的样子。

④妨：妨碍，受限。

⑤怼：怨恨。

⑥元孝矩：隋臣，太子妃元氏父亲。

⑦长宁：太子勇的长子长宁王杨俨，云昭训所生。

⑧体胤：亲生的后代。

⑨宗祐：宗庙中藏神主的石室。亦借指宗庙、宗祠。

**【译文】**

于是杨素就公开地说："我奉旨到京师，令皇太子追查刘居士余党。太子接到诏书，脸色大变，表情非常愤怒，他对我说：'刘居士的余党都已经伏法了，让我到哪里去追讨呢？你作为右仆射，身负重任，你应该去追查此事，关我什么事！'又说：'当年以隋代周要是不顺利，我先得被杀，如今父亲做了天子，竟然令我的处境还不如几个弟弟，凡事都不能自己做主！'他又长叹回头看着我说：'我觉得太受妨碍了。'"文帝说："朕很早就觉得这个儿子不能继承皇位了，皇后一直劝朕废黜他。朕认为他是我做平民时生的，又是长子，希望他能渐渐改过，所以才忍耐到现在。杨勇曾经指着皇后的侍女对人说：'这些都是我的。'这话说得多么奇怪啊！他的妾元妃刚死时，朕十分怀疑她是被毒死的，曾经责问过杨勇，他就怨恨地说：'早晚杀掉元孝矩。'这是想要害朕而迁怒他人。长宁王刚生下的时候，朕和皇后一起抱来抚养，杨勇却心中另有想法，连连派人来要回去。况且云定兴的女儿，是云定兴在外面私合而生，想到她的出身来历，何必用她的后代作为继承杨家基业的人！以前晋太子娶了屠户的女儿，他的儿子就喜欢屠宰之事。倘若他们不是咱们这一类人，会乱了宗祠。朕虽然没有尧、舜那样的德行，但终归不能把天下百姓交给品行不端的儿子！朕总担心他会谋害我，对他就像防备大敌一样；现在朕打算废掉他以安天下！"

**【原文】**

左卫大将军五原公元旻谏曰①："废立大事，诏旨若行，后悔无及。谗言罔极②，惟陛下察之。"

**【注释】**

①左卫大将军：禁军大将军之一。
②罔极：无极，无边际。

**【译文】**

左卫大将军五原公元旻劝谏说："废立大事，诏旨一旦颁布，后悔就来不及了。谗言无边际，希望陛下再仔细调查这些事。"

**【原文】**

上不应，命姬威悉陈太子罪恶。威对曰："太子由来与臣语，唯意在骄奢，且云：'若有谏者，正当斩之，不杀百许人，自然永息。'营起台殿，四时不辍①。前苏孝慈解左卫率，太子奋髯扬肘曰②：'大丈夫会当有一日，终不忘之，决当快意。'又宫内所须，尚书多执法不与，辄怒曰：'仆射以下，吾会戮一二人，使知慢我之祸。'每云：'至尊恶我多侧庶③，高纬、陈叔宝岂孽子乎④！'尝令师姥卜吉凶⑤，语臣云：'至尊忌在十八年，此期促矣⑥。'"上泫然曰："谁非父母生，乃至于此！朕近览《齐书》，见高欢纵其儿子，不胜忿愤，安可效尤邪！"于是禁勇及诸子，部分收其党与。杨素舞文巧诋⑦，锻炼以成其狱⑧。

**【注释】**

①辍：停止。

②奋髯：抖动胡须。激愤或激昂貌。扬肘：挥舞手臂。

③侧庶：嫡妻外的偏房。

④高纬、陈叔宝：分别为北齐、陈朝的亡国之君。孽子：庶出之子。

⑤师姥：巫婆。

⑥促：快到了，逼近。

⑦舞文巧诋：罗织罪名，蓄意毁谤。

⑧锻炼：罗织罪状，陷人于罪。

**【译文】**

文帝不听，他令姬威把太子的罪恶都讲出来。姬威说："太子历来和臣说话，口气都极为骄横，还说：'要是有劝我的，就应当处死，杀百许人，自然就永远清静了。'太子营建楼台宫殿，一年四季都不停止。之前苏孝慈被解除左卫率官职的时候，太子愤怒得胡子都翘起来了，他挥舞着手臂，很激愤地说：'大丈夫终会有一天，总不会忘记此事，到时候就会有杀伐决断的快感。'另外，东宫内所需的东西，尚书经常恪守制度不肯给，太子就发怒说：'仆射以下的人，我可以杀一二人，让你们知道怠慢我的灾祸。'太子常说：'陛下厌恶我有许多姬妾，如果让他生了像高纬、陈叔宝这样的孽子，他又会怎样看呢？'太子曾经让巫婆占卜吉凶，对我说：'陛下忌期在开皇十八年（公元598年），这个期限快要到了。'"文帝流着泪说："谁不是父母所生的，他竟做出这样的事来！朕最近看《齐书》，看到高欢纵容他的儿子，非常气愤，怎么能仿效这种人呢！"于是软禁了杨勇和他的几个儿子，收捕了他的部分党羽。杨素舞文弄墨，巧言诋毁，罗织罪名以构成太子杨勇下狱之罪。

**【原文】**

居数日，有司承素意，奏元旻常曲事于勇①，情存附托，在仁寿宫，勇使所亲裴弘以书与旻，题云："勿令人见。"上曰："朕在仁寿宫，有纤介事，东宫必知，疾于驿马，怪之甚久，岂非此徒邪！"遣武士执旻于仗。右卫大将军元胄时当下直②，不去，因奏曰："臣向不下直者，为防元旻耳。"上以旻及裴弘付狱。

## 【注释】

①曲事：曲意侍奉。

②右卫大将军：禁军大将之一。下直：在宫中当值结束。

## 【译文】

过了些天，有关部门的官员秉承杨素的意思，奏报文帝说元旻常常曲意逢迎杨勇，有阿谀结交之事，在仁寿宫，杨勇派亲信裴弘送信给元旻，信上说："不要暴露自己。"文帝说："朕在仁寿宫，有任何小事，东宫必定知道，比驿马传报的还要快，我觉得奇怪已经很长时间了，难道不是这家伙做的吗？"于是派武士在左卫仗中捉拿元旻。右卫大将军元胄当时在宫中当值结束，却没有离开，于是上奏说："臣先前不下值，就是为了防备元旻。"文帝将元旻和裴弘投入监狱。

## 【原文】

先是，勇见老枯槐，问："此堪何用？"或对曰："古槐尤宜取火。"时卫士皆佩火燧①，勇命工造数千枚，欲以分赐左右；至是，获于库。又药藏局贮艾数斛②，索得之，大以为怪，以问姬威，威曰："太子此意别有所在，至尊在仁寿宫，太子常饲马千匹，云：'径往守城门，自然饿死。'"素以威言诘勇，勇不服，曰："窃闻公家马数万匹，勇忝备太子③，马千匹，乃是反乎！"素又发东宫服玩，似加雕饰者④，悉陈之于庭，以示文武群官，为太子之罪。上及皇后迭遣使责问勇，勇不服。

## 【注释】

①火燧：引火之物。

②艾：草本植物，叶子有香气，可做药，点着后烟能熏蚊蝇，还可制艾绒，是灸法治病的燃料。斛：古量器名，也是容量单位，十斗为一斛。

③忝：羞辱，愧对，表示愧于进行某事。

④雕：治玉，引申为雕刻、刻镂，或指用彩绘装饰。

## 【译文】

当初，杨勇见到一棵老枯槐树，问道："这树能做什么用？"有人回答说："古槐最适宜作柴来取火。"当时杨勇的卫士都随身带着火燧，杨勇让工匠制做了几千枚火燧，打算分赐给身边的人；现在，在东宫的库房里找到了。另外，药藏局贮存着好几斛的艾绒，杨素收缴上来，觉得非常奇怪，就问姬威，姬威说："太子储存这些东西另有目的，陛下住在仁寿宫，太子经常饲养着一千匹马（艾叶可以为马治病），说：'这些马只是往来守城门，自然就会饿死。'"（言下之意是要用这些马随时到仁寿宫发动兵变）杨素以姬威的话来盘问杨勇，杨勇不服气，说："我听说你杨公家饲养的马有数万匹，我作为太子，养一千匹马就是造反吗！"杨素又找出东宫的服饰玩器，凡是有雕刻缕画装饰的器物全都陈列在宫庭里，展示给文武群臣，作为太子的罪证。文帝和独孤皇后多次派人去责问杨勇，杨勇不服气。

## 【原文】

冬，十月乙丑，上使人召勇，勇见使者惊曰："得无杀我邪①？"上戎服陈兵，御武德殿，集百官立于东面，诸亲立于西面，引勇及诸子列于殿庭，命内史侍郎薛道衡宣诏②，废勇及其男、女为王、公主者。勇再拜言曰："臣当伏尸都市③，为将来鉴戒；幸蒙哀怜，得全性命！"言毕，泣下流襟，既而舞蹈而去，左右莫不闵默④。长宁王俨上表乞宿卫，辞情哀切；上览之闵然⑤。杨素进曰："伏望圣心同于蝥手⑥，不宜复留意。"

## 【注释】

①得无：也作"得毋""得微"，能不，岂不是。

②内史侍郎：即内史省长官的副职。薛道衡：著名诗人，历仕北齐、北周、隋。

③伏尸都市：在法场上被处死。

④闵默：忧郁不语。

⑤闵然：忧伤貌。

⑥蝥手：比喻为了顾全大局而忍痛牺牲局部。

## 【译文】

冬季，十月乙丑（初九），文帝派人召杨勇，杨勇看到使者，吃惊地说："不是无故来杀我的吧？"文帝穿着戎装，陈列禁军，亲自来到武德殿，召集百官立于殿东面，皇室宗亲立在殿西面，引着杨勇和他的几个儿子排列在武德殿的庭院里，文帝命内史侍郎薛道衡宣读诏书，将杨勇和被封为王及被封为公主的子女，一律贬为庶人。杨勇再拜说："臣本当被处死，作为后人的借鉴；幸而蒙陛下哀怜，才得以保全性命！"说完，眼泪流满了衣襟，随即跪拜行礼后离去，左右随从看到这一幕，无不为杨勇怜悯沉默。长宁王杨俨上表请求留京担任宿卫，言辞哀伤恳切；文帝看了很伤心。杨素向文帝进言："希望圣上对这件事应像蝮蛇蝥手一样，不应再留此意。"

## 【原文】

己巳，诏："元旻、唐令则及太子家令邹文腾①、左卫率司马夏侯福、典膳监元淹、前吏部侍郎萧子宝、前主玺下士何竦并处斩，妻妾子孙皆没官。车骑将军榆林阎毗、东郡公崔君绰、游骑尉沈福宝②、瀛州术士章仇太翼，特免死，各杖一百，身及妻子、资财、田宅皆没官。副将作大匠高龙叉、率更令晋文建③、通直散骑侍郎元衡皆处尽。"于是集群官于广阳门外，宣诏戮之。乃移勇于内史省，给五品料食。赐杨素物三千段，元胄、杨约并千段，上赏鞫勇之功也。

文林郎杨孝政上书谏曰："皇太子为小人所误，宜加训诲，不宜废黜。"上怒，挞其胸。

## 【注释】

①太子家令：管理东宫事务的属官。

②榆林：今内蒙古托克托。游骑尉：武职散官。

③副将作大匠：将做大匠的副手，掌营造。率更令：官名，为太子属官，掌宫殿门户、赏罚之事，以及皇族次序、刑法事。

## 【译文】

己巳（十三日），文帝下诏书说："元旻、唐令则及太子家令邹文腾、左卫率司马夏侯福、典膳监元淹、前吏部侍郎萧子宝、前主玺下士何竦一并斩首，他们的妻妾子孙都收入官府。车骑将军榆林人阎毗、东郡公崔君绰、游骑尉沈福宝、瀛州术士章仇太翼，特赦免死，各受杖刑一百，本人和妻子儿女、资财、田宅都没入官府。副将作大匠高龙叉、率更令晋文建、通直散骑侍郎元衡都被判罪令其自尽。"于是在广阳门外召集百官宣读诏书，将上述判死刑的人处死。把杨勇迁到内史省，供给他五品官员的俸禄。赐给杨素帛物三千匹，赐给元胄、杨约财物一千匹，作为审讯杨勇的功劳的奖赏。

文林郎杨孝政上书给文帝进谏说："皇太子是被小人教坏了，应该加强训诫教诲，不应该废黜。"文帝发怒，用鞭子抽打他的胸部。

## 【原文】

初，云昭训父定兴，出入东宫无节，数进奇服异器以求悦媚①；左庶子裴政屡谏，勇不听。政谓定兴曰："公所为不合法度。又，元妃暴薨，道路籍籍②，此于太子，非令名也③。公宜自引退，不然，将及祸。"定兴以告勇，勇益疏政，由是出为襄州总管。唐令则为勇所昵狎，每令以弦歌教内人，右庶子刘行本责之曰："庶子当辅太子以正道，何有取媚于房帷之间哉④！"令则甚惭而不能改。时沛国刘臻、平原明克让、魏郡陆爽，并以文学为勇所亲；行本怒其不能调护，每谓三人曰："卿等正解读书耳！"夏侯福尝于阁内与勇戏，福大笑，声闻于外。行本闻之，待其出，数之曰："殿下宽容，赐汝颜色。汝何物小人，敢为亵慢！"因付执法者治之。数日，勇为福致请，乃释之。勇尝得良马，欲令行本乘而观之，行本正色曰："至尊置臣于庶子，欲令辅导殿下，非为殿下作弄臣也。"勇惭而止。及勇败，二人已卒，上叹曰："向使裴政、刘行本在，勇不至此。"

## 【注释】

①悦媚：逢迎取悦。
②籍籍：喧哗纷乱的样子。
③令名：指好的名声。
④房帷：指宫闱，宫中。

## 【译文】

当初，云昭训的父亲云定兴出入东宫没有节制，他多次进献奇异的服饰器物给杨勇，以逢迎取悦杨勇；左庶子裴政屡次劝谏，杨勇不听。裴政对云定兴说："您这样做不符合法度。还有，元妃暴死，外面议论纷纷，这对于太子，不是好名声。您最好自行引退，否则将会遭到灾祸。"云定兴将此话告诉杨勇，杨勇越发疏远裴政，并把裴政调任为襄州总管。唐令则被杨勇所亲近，杨勇常常令唐令则教给东宫的宫人丝弦歌舞，右庶子刘行本责备唐令则说："侍从官员应当辅佐太子走正路，为什么要用声色歌舞来取媚于太子呢！"唐令则甚感惭愧却改不了。当时沛国人刘臻、平原人明克让、魏郡人陆爽，都因为辞章修养被杨勇所亲近。刘行本对他们不能引导太子走正路而非常愤怒，常对三人说："你们几位正好带着太子解读经书！"夏侯福曾在房间里与杨勇开玩笑，夏侯福哈哈大笑，声音传到门外。刘行本听见，等夏侯福出来，责备他说："太子殿下性情宽容，给你面子。像你这样的小人物，敢这样轻慢！"于是把夏侯福交执法人员治罪。过了几天，杨勇替夏侯福讲情，才将他释放。杨勇曾得到一匹良马，想让刘行本骑马让他观看，刘行本正色道："陛下任命我为右庶子，是让我辅佐教导殿下，而不是陪殿下玩乐的弄臣。"杨勇听后感到惭愧，于是作罢。到杨勇被废黜时，裴政、刘行本二人都去世了，文帝叹息道："要是裴政、刘行本二人还在，杨勇不至于到这个地步。"

## 【原文】

勇尝宴宫臣，唐令则自弹琵琶，歌《媚娘》。洗马李纲起白勇曰："令则身为宫卿，职当调护；乃于广坐自比倡优①，进淫声，秽视听。事若上闻，令则罪在不测，岂不为殿下之累邪！臣请速治其罪！"勇曰："我欲为乐耳，君勿多事。"纲遂趋出。及勇废，上召东宫官属切责之，皆惶惧无敢对者。纲独曰："废立大事，今文武大臣皆知其不可而莫肯发言，臣何敢畏死，不一为陛下别白言之乎！太子性本中人②，可与为善，可与为恶。曩向使陛下择正人辅之，足以嗣守鸿基。今乃以唐令则为左庶子，邹文腾为家令，二人唯知以弦歌鹰犬娱悦太子，安得不至于是邪！此乃陛下之过，非太子之罪也。"因伏地流涕呜咽。上惨然良久曰："李纲责我，非为无理，然徒知其一，未知其二；我择汝为宫臣，而勇不亲任，虽更得正人，何益哉！"对曰："臣所以不被亲任者，良由奸人在侧故也。陛下但斩令则、文腾，更选贤才以辅太子，安知臣之终见疏弃也。自古废立冢嫡，鲜不倾危，愿陛下深留圣思，无贻后悔③。"上不悦，罢朝，左右皆为之股栗。会尚书右丞缺，有司请人，上指纲曰："此佳右丞也！"即用之。

## 【注释】

①倡优：古代称以音乐歌舞或杂技戏谑娱人的艺人。倡伎及优伶的合称。倡，指乐人；优，指伎人。古本有别，后常并称。

②中人：一般人。

③无贻后悔：不要将来后悔。

## 【译文】

杨勇曾宴请东宫的臣僚，唐令则亲自弹奏琵琶，唱《妩媚娘》。洗马李纲起身对杨勇说："唐令则身为宫卿，职责应是调教保护太子，他却在大庭广众之下自比倡伎优伶，进献靡靡之音，污浊视听。这事要是皇上知道了，唐令则的罪责就大了，这岂不是要连累殿下吗！我请求速将他治罪！"杨勇说："我想听听音乐，你不要多管闲事。"于是李纲就赶快退出来。等到杨勇被废黜，文帝召集东宫的臣僚严厉责备他们，所有人都惶恐没人敢答话。只有李纲说："太子的废立大事，如今文武大臣都知道这事不可更改了而不肯说话，臣怎能因为怕死就不把对此事的看法对陛下讲出来！太子的性情本是常人的性情，可以使之变好，也可以使之变坏。以前陛下如果挑选正直的人辅佐太子，他足以继承皇统鸿业。如今用唐令则为左庶子，邹文腾为太子府总管，这两个人只知道用声色犬马取悦太子，能不到这个地步吗？这是陛下的过失，并不是太子的罪过。"说完跪在地上呜咽流泪。文帝神色惨然，过了许久才说："李纲责备我，不是没有道理。但是你只知其一，不知其二。我选择你做东宫的臣僚，但杨勇不亲近信任你，就是换上正直的人，又有什么用呢！"李纲回答说："我之所以不被太子亲近信任，实在是有佞人在太子身边的缘故，陛下只要将唐令则、邹文腾斩首，更换贤能才学之士辅佐太子，怎么会知道臣最后会被疏远抛弃呢。自古废立嫡长子，国家很少有不发生倾覆危险的，希望陛下好好考虑，不要将来后悔。"文帝不高兴，退朝后，文帝身边的人都替李纲担心。恰好尚书右丞空缺，有关部门请求派人，文帝指着李纲说："此人是很好的尚书右丞。"立即任命李纲为尚书右丞。

**【原文】**

十一月戊子，立晋王广为皇太子。天下地震，太子请降章服，宫官不称臣。十二月戊午，诏从之。以宇文述为左卫率。始，太子之谋夺宗也①，洪州总管郭衍预焉，由是征衍为左监门率。

**【注释】**

①夺宗：谓父为士，庶子夺宗嫡、主祭祀。

**【译文】**

十一月戊子（初三），文帝立晋王杨广为皇太子。很多地方地震，太子杨广请求免穿礼服，东宫的臣僚不对太子称臣。十二月戊午（初三），文帝下诏采纳杨广的建议。杨广任命宇文述为左卫率。当初，杨广谋划篡位时，洪州总管郭衍参与了这个阴谋，因此把郭衍召来任命他为左监门率。

**【原文】**

帝囚故太子勇于东宫，付太子广掌之。勇自以废非其罪，频请见上申冤，而广遏之不得闻。勇于是升树大叫，声闻帝所，冀得引见。杨素因言勇情志昏乱，为癫鬼所著①，不可复收。帝以为然，卒不得见。

**【注释】**

①癫鬼：使人癫狂的鬼祟。

**【译文】**

　　文帝将前太子杨勇囚禁在东宫,交由太子杨广管束。杨勇认为自己没有犯下该被废黜的罪过,屡次请见文帝申冤,但杨广加以阻止,不让文帝知道。杨勇于是爬到树上大声喊叫,声音传到文帝的住所,希望能得到文帝的接见。杨素就说杨勇情志昏乱,就像癫鬼附体,无法可救。文帝信以为真,杨勇最终还是没有见到文帝。

# 唐　纪

## 玄武门之变

⊙ **导语**

　　因为李渊父子的同心协力，唐朝得以顺利地建立政权。但是在短短几年时间内，因为继承人问题，皇室内部起了极大的冲突。冲突的一方是太子李建成和齐王李元吉，另一方则是立下赫赫战功的秦王李世民。他们各自拥有自己的官属和军事力量，暗中招兵买马，笼络人心。随着天下局势的稳定，到武德六年（公元623年）以后，双方的关系越来越紧张。

　　从《资治通鉴》的记载看，高祖李渊经常在两边摇摆。由于太子一方争取到了后宫的支持，所以随着时间的推移，李渊越来越倾向于太子。在数度暗算失败以后，李建成、李元吉分散秦王的属下，削夺他的兵权，准备寻找时机除掉秦王。

　　李世民的态度则一直不明确，他和对手一样，也在暗中扩大自身实力，甚至收买对方心腹，但在表面始终容忍退让。在对方的步步紧逼和下属的忠心劝谏之下，公元626年六月，秦王发动兵变，一举除掉了太子李建成和齐王李元吉。因为事变发生在皇宫北面的玄武门，所以被后世称为"玄武门之变"。事变的结果是李世民大获全胜，很快掌握了政权。

　　司马光在最后的评论中指出，从太原起兵开始，李世民就是李唐皇室真正的缔造者，所以在唐高祖立长的时候就埋下了祸根。换言之，这也是为李世民发动政变辩护的最主要的理论依据。事实上，这也是唐代修史以来一贯的思路，但是这一观点近年来遭到部分史家的质疑。考虑到贞观以后对于史书的修正，关于如何评价秦王、太子甚至是李渊在唐朝建立过程中的作用，还需要进一步地分析。

## 【原文】

高祖神尧大圣光孝皇帝武德七年（甲申，公元624年）

初，齐王元吉劝太子建成除秦王世民①，曰："当为兄手刃之！"世民从上幸元吉第，元吉伏护军宇文宝于寝内②，欲刺世民，建成性颇仁厚，遽止之。元吉愠曰③："为兄计耳，于我何有！"

## 【注释】

①齐王元吉劝太子建成除秦王世民：唐高祖李渊四子，长子建成，次子世民，三子早逝，四子元吉。建成被立为太子，和齐王元吉关系友善。

②护军：唐初秦王府和齐王府各置左右六府护军，武职。

③愠：含怒，生气。

## 【译文】

高祖神尧大圣光孝皇帝武德七年（甲申，公元624年）

当初，齐王李元吉劝太子李建成除掉秦王李世民，他说："我自当为兄长亲手杀掉他！"李世民跟随高祖李渊驾临李元吉的府第，李元吉派护军宇文宝埋伏在寝室内，准备刺杀李世民，李建成生性颇为仁爱宽厚，马上制止了他。李元吉恼怒地说："我这都是为兄长着想，对我有什么好处呢！"

## 【原文】

建成擅募长安及四方骁勇二千馀人为东宫卫士，分屯左、右长林①，号长林兵。又密使右虞侯率可达志从燕王李艺发幽州突骑三百②，置宫东诸坊③，欲以补东宫长上④，为人所告。上召建成责之，流可达志于巂州⑤。

## 【注释】

①屯：驻军防守。左、右长林：长林门，太极宫东宫的宫门。

②右虞侯：东宫官属，掌警卫伺查。突骑：精锐骑兵。

③坊：官署。

④长上：武官名。唐时九品，其职为守边和宿卫宫禁。

⑤巂州：今四川西昌地区。

## 【译文】

太子李建成擅自招募了长安和各地的骁勇之士二千余人为东宫卫士，让他们分别驻扎在左、右长林门，号称长林兵。李建成又暗中让右虞侯率领可达志从燕王李艺那里调来幽州三百精锐骑兵，将他们安置在宫中东面的各个坊市中，准备用这些骑兵补充东宫宿卫的军官。这件事被人告发，高祖召见李建成把他责备了一番，将可达志流放到巂州。

## 【原文】

杨文干尝宿卫东宫，建成与之亲厚，私使募壮士送长安。上将幸仁智宫，命建成居守，世民、元吉皆从。建成使元吉就图世民①，曰："安危之计，决在今岁。"又使郎将尔朱焕、校尉桥公山以甲遗文干②。二人至豳州③，上变，告太子使文干举兵，使表里相应。又有宁州人杜凤举亦诣宫言状④。上怒，托他事，手诏召建成，令诣行在⑤。建成惧，不敢赴。太子舍人徐师谟劝之据城举兵⑥；詹事主簿赵弘智劝之贬损车服⑦，屏从者，诣上谢罪，建成乃诣仁智宫。未至六十里，悉留其官属于毛鸿宾堡⑧，以十馀骑往见上，叩头谢罪，奋身自掷⑨，几至于绝。上怒不解，是夜，置之幕下，饲以麦饭，使殿中监陈福防守⑩，遣司农卿宇文颖驰召文干⑪。颖至庆州⑫，以情告之，文干遂举兵反。上遣左武卫将军钱九陇与灵州都督杨师道击之⑬。

【注释】

①图：图谋。

②郎将：武官名。秦置，主宿卫、车骑。校尉：为武散官低品官号。

③豳州：今陕西彬县。

④宁州：今甘肃宁县。

⑤行在：皇帝所在的地方。

⑥太子舍人：东宫属官，掌文书。

⑦詹事主簿：东宫属官，类似于秘书官。

⑧毛鸿宾堡：今陕西淳化西。

⑨奋身自掷：以头碰地，表示自责之意。

⑩殿中监：殿中省长官，多以皇帝之亲戚、贵臣担任，掌管皇帝生活起居之事。

⑪司农卿：官名，掌国家仓廪。

⑫庆州：今甘肃庆阳。

⑬左武卫将军：唐代十二卫中之一。灵州：治所在今宁夏灵武。都督：军事长官。

【译文】

杨文干曾经在东宫担任东宫侍卫，李建成亲近并厚待他，悄悄派他招募壮士送到长安。高祖准备去仁智宫，命令李建成留守京城长安，李世民、李元吉随驾。李建成让李元吉乘机除去李世民，他说："无论我们的打算是平安还是危险，就决定在今年了。"李建成又派郎将尔朱焕和校尉桥公山将盔甲送给杨文干。二人到了豳州，就向皇帝禀报了太子的图谋，告发太子指使杨文干起兵，让他与自己内外呼应。还有宁州人杜凤举也到仁智宫举报太子的事。高祖大怒，借口别的事，亲笔诏书传召李建成，让他到仁智宫来。李建成心里害怕，不敢前去。太子舍人徐师谟劝他占据长安城，发兵起事；詹事主簿赵弘智则劝他免去太子的车驾章服，屏除随从人员，单独进见皇帝去承认罪责，于是李建成决定前往仁智宫。还没走六十里的路程，李建成就将官属全部留在北魏毛鸿宾遗留下来的堡栅中，只带了十多个人骑马前去觐见皇帝，向皇帝磕头请罪，以头碰地，撞得几乎晕死过去。高祖怒气仍未消除，这天夜里，高祖将太子安顿在幕下，给他麦饭充饥，并派殿中监陈福看守着他，又派司农卿宇文颖速去传召杨文干。宇文颖到了庆州，将太子的情况告诉了杨文干。于是，杨文干起兵造反。高祖派左武卫将军钱九陇和灵州都督杨师道迎击。

**【原文】**

甲子，上召秦王世民谋之，世民曰："文干竖子，敢为狂逆，计府僚已应擒戮，若不尔，正应遣一将讨之耳。"上曰："不然。文干事连建成，恐应之者众。汝宜自行，还，立汝为太子。吾不能效隋文帝自诛其子，当封建成为蜀王。蜀兵脆弱，他日苟能事汝，汝宜全之；不能事汝，汝取之易耳！"

**【译文】**

甲子（二十六日），高祖召秦王李世民商议杨文干叛乱的事，李世民说："杨文干这小子竟然敢做这样狂妄谋逆的事，想来他幕府的僚属应当已经将他捉拿并杀掉了，如果不是这样，朝廷就应该派一员将领率兵讨伐他。"高祖说："不是这样的。杨文干的事牵连着建成，恐怕响应的人会很多。你应该亲自出征讨伐，得胜回朝，我就立你为太子。我不能效法隋文帝去诛杀自己的儿子，到时候封建成为蜀王。蜀中兵力薄弱，这样的话，如果以后他能够侍奉你，你应该保全他的性命；如果他不肯侍奉你，你要制伏他也容易啊！"

**【原文】**

上以仁智宫在山中，恐盗兵猝发，夜，帅宿卫南出山外。行数十里，东宫官属将卒继至，皆令三十人为队，分兵围守之。明日，复还仁智宫。

【译文】

仁智宫建造在山中，高祖担心盗兵突然发难，便连夜率领担任警卫的军队从南面走出山来。走了数里地的时候，太子东宫所属的官员相继到来，高祖让大家一概以三十人为一队，将兵马分散开来，围绕并守卫着。第二天，高祖才又返回仁智宫。

【原文】

世民既行，元吉与妃嫔更迭为建成请，封德彝复为之营解于外①，上意遂变，复遣建成还京师居守。惟责以兄弟不睦，归罪于太子中允王珪、左卫率韦挺、天策兵曹参军杜淹②，并流于巂州。挺，冲之子也。初，洛阳既平，杜淹久不得调，欲求事建成。房玄龄以淹多狡数，恐其教导建成，益为世民不利，乃言于世民，引入天策府。

【注释】

①营解：营救。
②太子中允：东宫属官。王珪：贞观名臣。天策兵曹参军：秦王的天策上将府属官。

【译文】

李世民出征以后，李元吉与后宫妃嫔相继为李建成求情，封德彝又在外朝设法营救他，高祖的想法就改变了，重新派李建成返回长安驻守。高祖只是责备他与兄弟不和，将罪责推给了太子中允王珪、左卫率韦挺、天策兵曹参军杜淹，将他们一并流放到巂州。韦挺是韦冲的儿子。当初，洛阳平定以后，杜淹很久都不得调任，想侍奉李建成。房玄龄认为杜淹狡猾多计，担心他会教唆李建成，越发对李世民不利，便向李世民进言，将杜淹推荐到天策府任职。

## 【原文】

上校猎城南，太子、秦、齐王皆从，上命三子驰射角胜①。建成有胡马，肥壮而喜蹶②，以授世民曰："此马甚骏，能超数丈涧③，弟善骑，试乘之。"世民乘以逐鹿，马蹶，世民跃立于数步之外，马起，复乘之，如是者三，顾谓宇文士及曰："彼欲以此见杀，死生有命，庸何伤乎！"建成闻之，因令妃嫔谮之于上曰④："秦王自言，我有天命，方为天下主，岂有浪死⑤！"上大怒，先召建成、元吉，然后召世民入，责之曰："天子自有天命，非智力可求。汝求之一何急邪！"世民免冠顿首，请下法司案验。上怒不解，会有司奏突厥入寇，上乃改容劳勉世民，命之冠带，与谋突厥。闰月己未，诏世民、元吉将兵出豳州以御突厥，上饯之于兰池⑥。上每有寇盗，辄命世民讨之，事平之后，猜嫌益甚。

## 【注释】

①角胜：争胜负。

②蹶：颠覆。

③超：越过。涧：山间流水的沟。

④谮：无中生有地说人坏话。

⑤浪死：徒然死去，白白送死。

⑥兰池：在今陕西咸阳东。

## 【译文】

高祖到城南设场围猎，太子李建成、秦王李世民、齐王李元吉都随同前往，高祖下令，让三人比赛骑马射猎，以决胜负。李建成有匹胡马，膘肥体壮，但是喜欢尥蹶子，李建成将这匹胡马交给李世民说："这匹马跑得很快，能跃过数丈宽的涧水，二弟善于骑马，骑上它试一试吧。"李世民骑马逐鹿，胡马忽然尥起后蹶，李世民跃身而起，跳到数步以外站稳，胡马站起来以后，李世民便再骑上去，这样连续好几次，李世民回头对宇文士及说："他想用这种方式来害我，可是生死有命，难道他能伤害我什么吗！"李建成听说了，就让妃嫔对高祖说李世民的坏话："秦王自己说，上天授命于我，将来要成为天下之主，怎么会这样白白死去呢！"高祖非常生气，先命人将李建成和李元吉二人召来，然后召李世民觐见，责备他说："谁是天子，自然会有上天授命于他，不是人的智力所能够谋求的。你也未免太着急了吧！"李世民摘去王冠，伏地叩头谢罪，请求将自己交付执法部门调查。高祖仍然怒气不息，正在此时，有司上奏突厥入侵，高祖这才换了脸色，安慰勉励李世民，让他重新戴上王冠，系好腰带，和他商量对付突厥的事。闰七月，己未（二十一日），高祖颁诏让李世民、李元吉带兵由豳州出发前去抵御突厥，高祖在兰池为他们饯行。每当有战事，高祖总是让李世民前去讨伐敌人，待战事平息以后，高祖对李世民的猜忌就越发厉害了。

## 【原文】

秦王世民既与太子建成、齐王元吉有隙，以洛阳形胜之地①，恐一朝有变，欲出保之，乃以行台工部尚书温大雅镇洛阳，遣秦府车骑将军荥阳张亮将左右王保等千馀人之洛阳，阴结纳山东豪杰以俟变，多出金帛，恣其所用②。元吉告亮谋不轨，下吏考验，亮终无言，乃释之，使还洛阳。

## 【注释】

①形胜：地理位置优越，地势险要。
②恣：放纵，任凭，无拘束。

## 【译文】

秦王李世民因为和太子李建成、齐王李元吉结下嫌隙，想到洛阳地势险要，担心将来一旦发生变故，就打算离京防守此地，于是就让行台工部尚书温大雅去镇守洛阳，派秦府车骑将军荥阳人张亮率亲信王保等千余人前往洛阳，暗中结识接纳山东豪杰，等待时势的变化，并拿出大量金银布帛，任由他们使用。李元吉告发张亮图谋不轨，张亮被交付法官考察验证，张亮最终什么也没讲，法官便释放了他，让他返回洛阳。

**【原文】**

建成夜召世民，饮酒而鸩之。世民暴心痛①，吐血数升，淮安王神通扶之还西宫②。上幸西宫，问世民疾，敕建成曰："秦王素不能饮，自今无得复夜饮。"因谓世民曰："首建大谋，削平海内，皆汝之功。吾欲立汝为嗣③，汝固辞，且建成年长，为嗣日久，吾不忍夺也。观汝兄弟似不相容，同处京邑，必有纷竞，当遣汝还行台④，居洛阳，自陕以东皆王之。仍命汝建天子旌旗，如汉梁孝王故事⑤。"世民涕泣，辞以不欲远离膝下，上曰："天下一家，东、西两都，道路甚迩⑥，吾思汝即往，毋烦悲也。"将行，建成、元吉相与谋曰："秦王若至洛阳，有土地甲兵，不可复制；不如留之长安，则一匹夫耳⑦，取之易矣。"乃密令数人上封事⑧，言"秦王左右闻往洛阳，无不喜跃，观其志趣，恐不复来"。又遣近幸之臣以利害说上。上意遂移，事复中止。

**【注释】**

①暴：突然而猛烈。

②淮安王神通：高祖李渊的堂弟。

③嗣：继承人。

④行台：台省在外者称行台。魏晋始有之，为出征时随其所驻之地设立的代表中央的政务机构，北朝后期，称尚书大行台，设置官属无异于中央，自成行政系统。唐贞观以后渐废。

⑤汉梁孝王故事：汉梁孝王是汉景帝的同母弟，准许他建天子旌旗。

⑥迩：近。

⑦匹夫：泛指寻常的个人。

⑧封事：密封的奏章。

## 【译文】

李建成在夜间叫来李世民，请他饮酒，借机在酒中下毒。李世民突然感到心痛，吐了几口血，淮安王李神通扶他回到西宫。高祖到西宫探望李世民，询问他的病情，下诏书给李建成说："秦王平素不善于饮酒，以后再不要与他夜间饮酒了。"高祖为此又对李世民说："第一个提出反隋的谋略，并平定了海内，这些都是你的功劳。我想立你为太子，你坚持推辞掉了，况且建成年长，又做了很长时间太子，我不忍心废黜他的储位。看你们兄弟之间好像彼此不能相容，一起待在京城长安肯定要发生纷争，我打算派你回行台，驻守洛阳，陕州以东都由你主持。让你建天子旌旗，一如汉梁孝王开创的先例。"李世民哭泣着，以不愿意远离高祖膝下为理由，表示推辞，高祖说："天下都是一家，西都和东都离得很近，我想念你了就去看你，你不用烦恼悲伤。"秦王就要出发时，李建成和李元吉商议说："秦王如果到了洛阳，有土地和军队，就无法再控制他了，不如将他留在长安，那他不过是个寻常人，制伏他也就容易了。"于是，他们暗中让几个人密奏皇帝，说："秦王身边的人听说前往洛阳，无不欢喜雀跃，察看李世民的意向，恐怕去了之后就不会再回来了。"又派皇帝亲近宠信的大臣以秦王去留的得失利弊劝说高祖，高祖便改变了主意，李世民去洛阳的事就被半途搁置了。

## 【原文】

建成、元吉与后宫日夜谮诉世民于上，上信之，将罪世民。陈叔达谏曰："秦王有大功于天下，不可黜也。且性刚烈，若加挫抑，恐不胜忧愤，或有不测之疾，陛下悔之何及！"上乃止。元吉密请杀秦王，上曰：

"彼有定天下之功，罪状未著，何以为辞？"元吉曰："秦王初平东都，顾望不还，散钱帛以树私恩，又违敕命，非反而何！但应速杀，何患无辞！"上不应。

**【译文】**

李建成、李元吉与后宫嫔妃日夜不停地在高祖面前讲李世民的坏话，高祖信以为真，准备惩治李世民。陈叔达劝谏说："秦王为全国立下了巨大的功劳，是不能够废免的。况且他性情刚强严正，倘若加以压抑贬斥，恐怕经受不住内心的忧伤愤郁，一旦染上难以测知的疾病，到那时陛下可就后悔莫及了！"于是，高祖也就不再追究。李元吉秘密地向高祖奏请杀掉李世民，高祖说："秦王有平定天下的功劳，而他的罪状并不显著，用什么理由杀他呢？"李元吉说："秦王刚刚平定东都洛阳的时候，观望形势，不肯返回长安，广施财物树立个人的恩德，又违抗父皇的诏命，这不是造反又是什么！应该立刻处死他，何必担心找不到借口！"高祖没有回答他。

**【原文】**

秦府僚属皆忧惧不知所出。行台考功郎中房玄龄谓比部郎中长孙无忌曰①："今嫌隙已成，一旦祸机窃发，岂惟府朝涂地②，乃实社稷之忧，莫若劝王行周公之事以安家国③。存亡之机，间不容发④，正在今日！"无忌曰："吾怀此久矣，不敢发口。今吾子所言，正合吾心，谨当白之。"乃入言世民。世民召玄龄谋之，玄龄曰："大王功盖天地，当承大业！今日忧危，乃天赞也。愿大王勿疑。"乃与府属杜如晦共劝世民诛建成、元吉⑤。

**【注释】**

①行台考功郎中：秦府属官，吏部官员，掌官员考核事宜。房玄龄：唐代初年名相。比部郎中：刑部所属四司之一的比部司官，掌稽核

簿籍。长孙无忌：先世为鲜卑拓跋氏，后改为长孙氏。长孙无忌是唐太宗李世民的内兄，文德顺圣皇后的哥哥。

②涂地：彻底败坏而不可收拾。

③周公之事：西周时，成王年幼，辅政的周公旦诛杀叛乱的管叔、蔡叔等诸侯，安定天下。

④间不容发：中间容不下一根头发。比喻与灾祸相距极近，情势极其危急。

⑤杜如晦：出身于西北望族，唐初名相。

【译文】

秦府官员都担心害怕，不知如何是好。行台考功郎中房玄龄对比部郎中长孙无忌说："如今秦王和太子的嫌隙已经造成，一旦祸患暗中发动起来，不只是秦王府会受到损害，实在也是国家的忧患，不如劝秦王效法周公诛管、蔡之事，以安定皇室和国家。如今正是一触即发的危急关头，采取行动就在今天！"长孙无忌说："我早就有这样的想法了，只是不敢讲出来。如今你所说的话正合我意，让我去禀告秦王。"于是，长孙无忌进去告诉了李世民。李世民召房玄龄计议此事，房玄龄说："大王的功劳足以遮盖天地，应当继承大业！如今局势危急，正是上天帮助我们。希望您不要犹豫。"于是，房玄龄和秦王府的属官杜如晦共同劝李世民诛杀李建成、李元吉。

【原文】

建成、元吉以秦府多骁将，欲诱之使为己用，密以金银器一车赠左二副护军尉迟敬德①，并以书招之曰："愿迂长者之眷，以敦布衣之交。"敬德辞曰："敬德，蓬户瓮牖之人②，遭隋末乱离，久沦逆地③，罪不容诛。秦王赐以更生之恩，今又策名藩邸，唯当杀身以为报。于殿下无功，不敢谬当重赐。若私交殿下，乃是贰心，徇利忘忠④，殿下亦何所用！"建成怒，遂与之绝。敬德以告世民，世民曰："公心如山岳，虽积金至斗，知公不移。相遗但受，何所嫌也！且得以知其阴计，岂非良策！不然，祸将及公。"既而元吉使壮士夜刺敬德，敬德知之，洞开重门，安卧不动，刺客屡至其庭，终不敢入。元吉乃谮敬德于上，下诏狱讯治，将杀之，世民固请，得免。又谮左一马军总管程知节⑤，出为康州刺史⑥。知节谓世民曰："大王股肱羽翼尽矣⑦，身何能久！知节以死不去，愿早决计。"又以金帛诱右二护军段志玄，志玄不从。建成谓元吉曰："秦府智略之士，可惮者独房玄龄、杜如晦耳。"皆谮之于上而逐之。

**【注释】**

①左二副护军：和下文的左一马军总管、右二护军等相似，都是唐初王府的武职官员。尉迟敬德：唐初著名大将。

②蓬户瓮牖：指贫穷人家。蓬户，用蓬草编成的门户。瓮牖，用破瓮做的窗户。

③久沦逆地：指尉迟敬德在降唐之前曾经跟随刘武周。

④徇利忘忠：即见利忘义。

⑤程知节：唐初名将。

⑥康州：今甘肃省成县。

⑦股肱：比喻左右辅助得力的人。

**【译文】**

李建成、李元吉认为秦府有很多骁勇善战的将领，想要收买过来以为己用，于是就私下里将一车金银器物送给左二副护军尉迟敬德，并且写信给他，对他说："我希望得到您的顾念，以加深我们之间的布衣之交。"尉迟敬德辞谢道："敬德出身贫苦，遭逢隋末乱世，一直到现在沦落到抗拒朝廷的境地里，实在是罪大恶极，罪不容诛。秦王赐予我重生的恩德，如今又成为秦王府的属下，只能以死来报答秦王的知遇之恩。敬德没有为殿下立过尺寸之功，不敢凭空接受殿下如此丰厚的赏赐。如果我私下和殿下交往，就是对秦王怀有二心，因贪图财利而忘掉忠义，殿下要这种人又有什么用处呢！"李建成大怒，便与他断绝了往来。尉迟敬德把此事告诉了李世民，李世民说："您的心就像山岳般坚定，即使成斗的黄金放在眼前，您的心也不会动摇的。如果太子再送礼物，您就收下，这有什么值得猜疑的呢！而且这样做还可以知道他们的阴谋，岂不是一个上好的计策！不然的话，祸事就要降临到您的头上了。"不久，李元吉派壮士夜里行刺尉迟敬德，尉迟敬德得知这一消息后，将重重门户都打开，自己安然躺着不动，刺客数次到了他的庭院里，最终还是没敢进屋。于是，李元吉就在高祖面前诬陷尉迟敬德，高祖下诏将尉迟敬德下狱并审讯拷打，想要处死他，由于李世民一直为他求情，尉迟敬德才得以幸免。李元吉又诬陷左一马军总管程知节，高祖将他外放为康州刺史。程知节对李世民说："辅佐大王的人都被调走了，大王自身又怎么能够长久呢！知节宁死不离开京城，希望大王及早决定下来。"李元吉又用金银布帛引诱右二护军段志玄，段志玄不肯从命。李建成对李元吉说："在秦府有谋略的人物中，值得畏惧的只有房玄龄、杜如晦而已。"李建成与李元吉在高祖面前说他们的坏话，让高祖把他们赶走。

## 【原文】

　　世民腹心唯长孙无忌尚在府中，与其舅雍州治中高士廉①、右候车骑将军三水侯君集及尉迟敬德等②，日夜劝世民诛建成、元吉。世民犹豫未决，问于灵州大都督李靖③，靖辞；问于行军总管李世勣④，世勣辞。世民由是重二人。

## 【注释】

　　①治中：官名，为州刺史的助理。
　　②三水：今陕西省旬邑县北。侯君集：唐朝名将，凌烟阁二十四功臣之一。

③李靖：唐朝名将。

④行军总管：武官名。唐初在各州设总管，边镇和大州设大总管，均为地方军政长官，后恢复都督名称，但统兵出征的将帅仍称为总管。李世勣：本姓徐，入唐后赐姓李，后避唐太宗讳，单名勣。唐初名将。

## 【译文】

李世民的亲信只有长孙无忌还在秦王府中，他和他的舅舅雍州治中高士廉、右候车骑将军三水侯君集及尉迟敬德等人，日夜劝说李世民诛杀李建成和李元吉。李世民犹豫不决，向灵州大都督李靖问计，李靖推辞了；又问行军总管李世勣，李世勣也推辞了。从此，李世民便器重他们二人。

## 【原文】

会突厥郁射设将数万骑屯河南①，入塞，围乌城②，建成荐元吉代世民督诸军北征，上从之，命元吉督右武卫大将军李艺、天纪将军张瑾等救乌城。元吉请尉迟敬德、程知节、段志玄及秦府右三统军秦叔宝等与之偕行，简阅秦王帐下精锐之士以益元吉军。率更丞王晊密告世民曰③："太子语齐王：'今汝得秦王骁将精兵，拥数万之众，吾与秦王饯汝于昆明池，使壮士拉杀之于幕下，奏云暴卒，主上宜无不信。吾当使人进说，令授吾国事。敬德等既入汝手，宜悉坑之，孰敢不服！'"世民以晊言告长孙无忌等，无忌等劝世民先事图之。世民叹曰："骨肉相残，古今大恶。吾诚知祸在朝夕，欲俟其发，然后以义讨之，不亦可乎！"敬德曰："人情谁不爱其死！今众人以死奉王，乃天授也。祸机垂发，而王犹晏然不以为忧④，大王纵自轻，如宗庙社稷何！大王不用敬德之言，敬德将窜身草泽⑤，不能留居大王左右，交手受戮也⑥！"无忌曰："不从敬德之言，事今败矣。敬德等必不为王有，无忌亦当相随而去，不能复事大王矣！"世民曰："吾所言亦未可全弃，公更图之。"敬德曰："王今处事有疑，非智也；临难不决，非勇也。且大王素所畜养勇士八百馀人，在外者今已入宫，擐甲执兵⑦，事势已成，大王安得已乎！"

## 【注释】

①郁射设：阿史那郁射设，突厥将领。

②乌城：今陕西定边南。

③率更丞：官名，为太子属官，率更令下属。

④晏然：安定的样子。

⑤窜身：藏身。窜，躲藏。

⑥交手受戮：合着双手等别人来杀自己。

⑦擐甲：穿上甲胄，贯甲。执兵：手执武器。

## 【译文】

适逢突厥郁射设率领数万骑兵屯驻黄河以南，侵入边关，包围了乌城，李建成便推荐李元吉代替李世民率军北征突厥，高祖答应了，让李元吉督率右武卫大将军李艺、天纪将军张瑾等人前去援救乌城。李元吉请求让尉迟敬德、程知节、段志玄及秦府右三统军秦叔宝等人与他一同出征，检阅并挑选秦王帐下精锐之士编入李元吉军中，来增强李元吉的军力。率更丞王晊秘密禀告李世民说："太子对齐王说：'现在你得到秦王手下的骁将精兵，拥有数万人马，我同秦王在昆明池为你饯行，让勇士就在帐幕里摧折他的肋骨，将他杀死，上奏说他暴病身亡，皇上该不会不相信。我会让人进言，请陛下将国事交与我。敬德等人既然到你手中，你就全部活埋了他们，谁还敢不服呢！'"李世民将王晊的话告诉了长孙无忌等人，长孙无忌等人劝李世民先发制人。李世民叹息道："骨肉相残，是自古以来最大的恶行。我也知道早晚会有祸事，但一直想等他们先动手，然后再用有负道义的罪名讨伐他们，这不也是可以的吗！"尉迟敬德说："作为人之常情，谁能舍生死去呢！如今众人甘心冒着生命危险拥戴大王，这是上天所授。祸患随时都会发生，而大王仍旧态度安然，不以此事为忧，大王即使不把自己的生命看得那么重要，又怎么对得起宗庙社稷呢！如果大王不肯采用我的主张，敬德就将藏身于民间，不能再留在大王身边，拱手等着别人来杀我！"长孙无忌说："如果大王不肯听从尉迟敬德的主张，事情现在便已经败了。尉迟敬德等人不会再跟随大王，无忌也会随之离开，不能再侍奉大王了！"李世民说："我所说的意见也不能够完全舍弃，您再计议一下吧。"尉迟敬德说："如今大王处理此事犹有疑虑，这是不智；面临危难不能决断，这是不勇。况且，大王平时畜养的八百多名勇士，凡是在外面的，现在也已经进入宫中，他们穿好盔甲，手执兵器，起事的形势已经形成，大王怎么能够制止得住呢！"

### 【原文】

世民访之府僚，皆曰："齐王凶戾①，终不肯事其兄。比闻护军薛实尝谓齐王曰：'大王之名，合之成"唐"字，大王终主唐祀。'齐王喜曰：'但除秦王，取东宫如反掌耳。'彼与太子谋乱未成，已有取太子之心。乱心无厌②，何所不为！若使二人得志，恐天下非复唐有。以大王之贤，取二人如拾地芥耳③，奈何徇匹夫之节④，忘社稷之计乎！"世民犹未决，众曰："大王以舜为何如人？"曰："圣人也。"众曰："使舜浚井不出⑤，则为井中之泥，涂廪不下⑥，则为廪上之灰，安能泽被天下，法施后世乎！是以小杖则受，大杖则走⑦，盖所存者大故也。"世民命卜之，幕僚张公谨自外来，取龟投地，曰："卜以决疑；今事在不疑，尚何卜乎！卜而不吉，庸得已乎！"于是定计。

### 【注释】

① 戾：凶暴，猛烈。

② 厌：满足。

③ 如拾地芥：比喻取之极易。

④徇：无原则地顺从。

⑤浚：疏通，挖深。文中所举的舜的例子都是关于他遭受父亲和弟弟迫害的事例。

⑥廪：米仓。

⑦小杖则受，大杖则走：儒家讲究的孝道，父亲生气了要打人，儿子应该逆来顺受，但是如果父亲大怒，可能会置儿子于死地时，儿子就应该先行逃跑，以免真的被打死，陷父亲于不义不慈之地。

## 【译文】

李世民就此事向秦王府僚属询问，大家都说："齐王凶暴乖张，终究是不肯侍奉自己的兄长的。近来听说护军薛实曾经对齐王说：'大王之名，合起来可以成为一个"唐"字，看来大王最终是要主持大唐祭祀的。'齐王欢喜地说：'只要能够除掉秦王，再除东宫就易如反掌了。'李元吉和太子共同谋事还未成功，就已经有了夺取储位的心思。他作乱的心思没有满足的时候，什么事做不出来呢！假使太子和齐王如愿以偿了，恐怕天下就不再归大唐所有。以大王的贤明，捉拿这两个人如捡取草芥一样容易，怎么能为了信守平常人的节操，而忘记社稷大事呢！"李世民仍犹豫未决。众人说："大王认为舜是什么样的人呢？"李世民说："是圣人。"众人说："假如舜挖井的时候没能逃出来，他便化为井中的泥土了，假如他在粉刷粮仓的时候没能下来，就成为仓库上面的灰烬了，还怎么能够使自己的恩泽遍及天下，法度流传后世呢！所以，虞舜在遭到父亲用小棍棒笞打的时候便忍受了，在遭到父亲用大棍棒笞打的时候便逃走，这恐怕是因为虞舜心里所想的是大事啊。"李世民让人占卜一下这样做是否顺利，恰好幕僚张公谨从外面进来，他拿起占卜用的龟甲扔到地上说："占卜是用来决定疑难之事的，如今的事根本没有疑问，还占卜什么呢！如果占卜得到的结果是不吉的，难道就不采取行动了吗！"于是秦王做了决定。

## 【原文】

己未，太白复经天。傅奕密奏："太白见秦分，秦王当有天下。"上以其状授世民。于是世民密奏建成、元吉淫乱后宫，且曰："臣于兄弟无丝毫负，今欲杀臣，似为世充、建德报仇雠①。臣今枉死，永违君亲，魂归地下，实耻见诸贼！"上省之②，愕然③，报曰："明当鞫问④，汝宜早参。"

## 【注释】

①世充、建德：王世充、窦建德，都是唐朝建立时的对手，为李世民所平定。

②省：知觉。

③愕然：形容吃惊。

④鞫问：审讯。

## 【译文】

己未（初三），金星再次白天出现在天空正南方的午位。傅奕密奏道："太白在秦地上空出现，这是秦王应当拥有天下的征兆。"高祖把傅奕的密状交给了李世民。于是，李世民向高祖奏陈李建成与李元吉淫乱后宫，并且说："儿臣丝毫没有对不起哥哥与弟弟的地方，如今他们想要杀死儿臣，好像是要为王世充、窦建德报仇。儿臣要是枉死，永远离开陛下和亲人，魂魄回到地下，实在羞于见到经我手除灭的那些贼人。"高祖有所醒悟，惊讶不已，答复道："明天我会审问此事，你最好及早前来朝参。"

## 【原文】

庚申，世民帅长孙无忌等人，伏兵于玄武门。张婕妤窃知世民表意，驰语建成。建成召元吉谋之，元吉曰："宜勒宫府兵①，托疾不朝，以观形势。"建成曰:"兵备已严,当与弟入参,自问消息。"乃俱入,趣玄武门。上时已召裴寂、萧瑀、陈叔达等,欲按其事。

## 【注释】

①勒:统率,率领。

## 【译文】

庚申(初四),李世民率长孙无忌等人进宫,在玄武门埋伏好士兵。张婕妤私下里得知李世民上表的大意,派人前去告诉李建成。李建成召李元吉商议,李元吉说:"我们应该率领东宫与府中的兵力,称病不去上朝,看看形势再说。"李建成说:"我们的兵力已经布置严密了,我还是应该和你一同入朝,亲自打听消息。"于是二人一起入朝,向玄武门走来。当时,高祖已经召裴寂、萧瑀、陈叔达等人入宫,准备查问这件事情了。

## 【原文】

建成、元吉至临湖殿,觉变,即跋马东归宫府。世民从而呼之,元吉张弓射世民,再三不彀①,世民射建成,杀之。尉迟敬德将七十骑继至,左右射元吉坠马。世民马逸入林下,为木枝所挂②,坠不能起。元吉遽至③,夺弓将扼之④,敬德跃马叱之。元吉步欲趣武德殿,敬德追射,杀之。翊卫车骑将军冯翊冯立闻建成死,叹曰:"岂有生受其恩而死逃其难乎!"乃与副护军薛万彻、屈咥直府左车骑万年谢叔方帅东宫、齐府精兵二千驰趣玄武门。张公谨多力,独闭关以拒之,不得入。云麾将军敬君弘掌宿卫兵,屯玄武门,挺身出战,所亲止之曰:"事未可知,且徐观变,俟兵集,成列而战,未晚也。"君弘不从,与中郎将吕世衡大呼而进,皆死之。君弘,显儁之曾孙也。守门兵与万彻等力战良久,万彻鼓噪欲攻秦府,将士大惧,尉迟敬德持建成、元吉首示之,宫府兵遂溃。万彻与数十骑亡入终南山。冯立既杀敬君弘,谓其徒曰:"亦足以少报太子矣!"遂解兵，逃于野。

## 【注释】

①彀：将弓拉满。

②挂：牵绊，勾住。

③遽：马上，立刻。

④扼：用力掐住，抓住。

## 【译文】

李建成、李元吉来到临湖殿的时候，察觉有变故，立即勒转马头向东，准备返回东宫和齐王府。李世民跟在后面招呼他们，李元吉张弓射李世民，一连两三次，怎么也没将弓拉满，李世民射中李建成，杀死了他。尉迟敬德带领七十人相继赶到，随从将士把李元吉射下马来。李世民的马跑到林子里，被树枝挂住，李世民坠马倒在地上，不能起来。李元吉突然赶到，夺过弓来，想要掐死李世民，尉迟敬德骑马赶到，大声呵斥李元吉。李元吉打算步行逃往武德殿，尉迟敬德追上去，将他射死了。翊卫车骑将军冯翊人冯立得知李建成死去的消息，叹息道："怎么能活着时蒙受人家的恩惠，人家一死便逃避人家的祸难呢！"于是就和副护军薛万彻、屈咥直府左车骑万年人谢叔方率领东宫、齐府二千精兵骑马赶往玄武门。张公谨膂力过人，独自关上宫门阻挡东宫、齐府兵，使他们不能进来。云麾将军敬君弘掌管宿卫军，驻扎在玄武门，他挺身而起，准备和冯立交战，手下阻止他说："事情未见分晓，姑且慢慢观察事态的发展变化，等军队都到了以后，再结成阵列出战也不晚。"敬君弘不肯听，便与中郎将吕世衡大声呼喊着出战，结果都战死了。敬君弘是敬显㒞的曾孙。把守玄武门的士兵与薛万彻等人奋力交战，持续了很长时间，薛万彻擂鼓呼喊着，准备攻打秦王府，秦府的将士们大为惊惧，这时，尉迟敬德提着李建成和李元吉的头颅给薛万彻等人看，东宫和齐王府的人马就溃散了。薛万彻带数十骑逃进终南山。冯立杀了敬君弘后,对手下人说:"这样也足够报答太子的了!"于是解散人马,落荒而逃。

## 【原文】

　　上方泛舟海池,世民使尉迟敬德入宿卫,敬德擐甲持矛,直至上所。上大惊,问曰:"今日乱者谁邪?卿来此何为?"对曰:"秦王以太子、齐王作乱,举兵诛之,恐惊动陛下,遣臣宿卫。"上谓裴寂等曰:"不图今日乃见此事,当如之何?"萧瑀、陈叔达曰:"建成、元吉本不预义谋,又无功于天下,疾秦王功高望重,共为奸谋。今秦王已讨而诛之,秦王功盖宇宙,率土归心,陛下若处以元良①,委之国务,无复事矣!"上曰:"善!此吾之夙心也②。"时宿卫及秦府兵与二宫左右战犹未已,敬德请降手敕,令诸军并受秦王处分,上从之。天策府司马宇文士及自东上阁门出宣敕,众然后定。上又使黄门侍郎裴矩至东宫晓谕诸将卒,皆罢散。上乃召世民,抚之曰:"近日以来,几有投杼之惑③。"李世民跪而吮上乳,号恸久之。

## 【注释】

①元良:太子的代称。

②夙心:本心,一贯的想法。

③投杼:表示流言可畏,对某人的谣言一多,连最亲近者的信心也会被动摇。

## 【译文】

　　当时高祖正泛舟海池,李世民派尉迟敬德入宫守卫,尉迟敬德身披铠甲,手执长矛,径直来到高祖所在的地方。高祖很震惊,问他说:"今日作乱的是谁?你来这里干什么?"尉迟敬德答道:"由于太子和齐王作乱,秦王起兵诛杀了他们,秦王担心惊动陛下,所以派臣担任警卫。"高祖对裴寂等人说:"想不到今天竟然会出现这种事情,现在该怎么办?"

萧瑀和陈叔达说："李建成与李元吉本来就没有参与起兵反隋之事，又没有为天下立下功劳，他们嫉妒秦王功勋大、威望高，所以共同策划邪恶的阴谋。如今秦王既然已经讨伐诛杀了二人，加上秦王的功绩布满天下，百姓都诚心归向他，如果陛下立他为太子，将国家政务交托给他，就不会再发生事端了。"高祖说："好！这正是我一直以来的想法啊。"当时，宫廷宿卫、秦王府的兵马和东宫以及齐府的将士仍在激战，尉迟敬德请高祖颁布亲笔敕令，命令各军都由秦王统领，高祖答应了。天策府司马宇文士及从东上阁门出来宣布敕令，然后局势渐渐平息下来。高祖又派黄门侍郎裴矩到东宫开导各个将士，让他们罢兵解散。于是，高祖召见李世民，抚慰他说："近来，我几乎出现了曾母误听曾参杀人而丢开织具逃走的疑惑。"李世民跪下来，伏在高祖的胸前，放声痛哭了很长时间。

**【原文】**

建成子安陆王承道、河东王承德、武安王承训、汝南王承明、钜鹿王承义，元吉子梁郡王承业、渔阳王承鸾、普安王承奖、江夏王承裕、义阳王承度皆坐诛，仍绝属籍。

**【译文】**

李建成的儿子安陆王李承道、河东王李承德、武安王李承训、汝南王李承明、钜鹿王李承义，李元吉的儿子梁郡王李承业、渔阳王李承鸾、普安王李承奖、江夏王李承裕、义阳王李承度等人都因为受到牵连而被杀，还在宗室的名册上除去他们的名字。

**【原文】**

初，建成许元吉以正位之后，立为太弟，故元吉为之尽死。诸将欲尽诛建成、元吉左右百馀人，籍没其家①，尉迟敬德固争曰："罪在二凶，既伏其诛，若及支党，非所以求安也！"乃止。是日，下诏赦天下。凶逆之罪，止于建成、元吉，自馀党与，一无所问。其僧、尼、道士、女冠并宜依旧。国家庶事，皆取秦王处分。

## 【注释】

①籍没：登记并没收家产。

## 【译文】

当初，李建成答应李元吉在自己即位以后，将他立为皇太弟，所以李元吉为李建成尽死效力。各位将领准备将李建成和李元吉手下的一百多名亲信全部诛除，将他们的家产没收充公，尉迟敬德再三争辩说："罪过都在两个元凶身上，如今他们已经受到死刑的处罚了，倘若还要牵连他们的党羽，就不是殿下谋求安定天下的本愿了！"秦王接受了他的建议不再追究。当天，高祖颁诏大赦天下。叛逆的罪名只加在建成和李元吉二人身上，对其余党羽一概不问。那些僧人、女尼、男女道士依照原先颁布的诏令处理。国家的各项政务，全部由秦王处置。

## 【原文】

辛酉，冯立、谢叔方皆自出。薛万彻亡匿，世民屡使谕之，乃出。世民曰："此皆忠于所事，义士也。"释之。

## 【译文】

辛酉（初五），冯立和谢叔方都自动出来。薛万彻逃亡躲避起来以后，李世民多次让人晓示他，薛万彻就出来了。李世民说："这些人都忠于自己所侍奉的人，真是义士啊！"于是免除了他们的罪。

## 【原文】

癸亥，立世民为皇太子。又诏："自今军国庶事，无大小悉委太子处决，然后闻奏。"

## 【译文】

癸亥（初七），高祖立李世民为皇太子。又颁布诏书说："从今以后，军队和国家的各项事务，无论大小，都交给太子处决，然后再上奏。"

## 【原文】

臣光曰：立嫡以长，礼之正也。然高祖所以有天下，皆太宗之功；隐太子以庸劣居其右，地嫌势逼，必不相容。向使高祖有文王之明，隐太子有泰伯之贤①，太宗有子臧之节②，则乱何自而生矣！既不能然，太宗始欲俟其先发，然后应之，如此，则事非获已，犹为愈也。既而为群下所迫，遂至蹀血禁门③，推刃同气，贻讥千古，惜哉！夫创业垂统之君，子孙之所仪刑也④，彼中、明、肃、代之传继⑤，得非有所指拟以为口实乎！

## 【注释】

①隐太子：李建成，谥"隐"。泰伯：一作太伯，周太王长子，让位于其弟。
②子臧：子臧贤能，曹国人想拥立他为君，取代无德的曹王，子臧拒绝并离开曹国。
③蹀血：同"喋血"，血流遍地。
④仪刑：效法，为法，做楷模。
⑤中、明、肃、代之传继：这几任皇帝即位之际都发生过武装政变。

## 【译文】

司马光说：将嫡长子立为太子，是礼制的正常法则。然而，高祖之所以拥有天下，完全是倚仗李世民的功劳。太子李建成天资平庸，却位居李世民之上，所处的地位居于尴尬的境地，易生嫌猜，所拥有的权力相互威胁，兄弟二人势必不能相容。假如高祖有周文王的明智，太子李建成有泰伯的贤德，太宗有子臧那样的节操，变乱又会从哪里生出来呢！既然不能如此，那么太宗这才打算等待李建成首先发难，然后采取相应的行动，这样说，太宗也是迫不得已才这样做的，尚且算是做得较好的了。接着，秦王被各位下属施加压力，于是导致宫廷门前发生了流血事件，手刃兄弟，引起后世的嘲笑，多么可惜啊！一般说来，创立基业传给后世的君主，是子孙后代效仿的楷模，后来中宗、玄宗、肃宗、代宗帝位传承的情形，岂不是对太宗的指顾与效法中找到借口的吗！

# 贞观治道

## ⊙ 导语

唐太宗李世民，是唐朝第二位皇帝，他名字的意思是"济世安民"。他被史学家司马光誉为"太宗文武之才，高出前古。盖三代以还，中国之盛未之有也"。

唐太宗开创了历史上的"贞观之治"，它是中国历史上最为人称道的治世，或者可以说这是最接近古代理想社会的时期。

关于"贞观之治"，太宗所说的"去奢省费，轻徭薄赋，选用廉吏，使民衣食有余"大约是最简约的概括了，《资治通鉴》涉及贞观之治的内容都是围绕着这些主题展开的。

唐太宗能够倡导文教，以诚信治理天下。他充分发挥大臣的作用，重农桑，轻徭薄赋，纳忠谏。太宗的知人善任、虚己以听和归美群臣都为后世所称赞，因此这一时期的君臣关系也成为古代社会君臣关系的典范。

史书记载：贞观年间"官吏多自清谨。制驭王公、妃主之家，大姓豪猾之伍，皆畏威屏迹，无敢侵欺细人。商旅野次，无复盗贼，囹圄常空，马牛布野，外户不闭。又频致丰稔，米斗三四钱，行旅自京师至于岭表，自山东至于沧海，皆不粮，取给于路。入山东村落，行客经过者，必厚加供待，或发时有赠遗。此皆古昔未有也"。

唐太宗开创的"贞观之治"是封建时代太平盛世的典范。唐太宗以其政治家的深谋远虑和思想家的远见卓识，为我们留下了丰富的治世资源。包括他居安思危的忧患意识、以史为鉴的反思精神、静抚天下的治国方针、民为邦本的民本情结、选贤任能的人才战略、从善如流的为政风格以及先正其身的安天下之道等，都值得后世认真研究和学习。

## 【原文】

武德九年（丙戌，公元626年）

丙午，上与群臣论止盗。或请重法以禁之，上哂之曰①："民之所以为盗者，由赋繁役重，官吏贪求，饥寒切身，故不暇顾廉耻耳。朕当去奢省费，轻徭薄赋，选用廉吏，使民衣食有馀，则自不为盗，安用重法邪！"自是数年之后，海内升平，路不拾遗，外户不闭，商旅野宿焉②。

上又尝谓侍臣曰："君依于国，国依于民。刻民以奉君，犹割肉以充腹，腹饱而身毙，君富而国亡。故人君之患，不自外来，常由身出。夫欲盛则费广，费广则赋重，赋重则民愁，民愁则国危，国危则君丧矣。朕常以此思之，故不敢纵欲也。"

## 【注释】

①哂：嘲笑。
②野宿：露宿。

## 【译文】

武德九年（丙戌，公元626年）

丙午（二十一日），唐太宗李世民和群臣讨论如何平息盗贼。有人请求设严格的法令来禁止，太宗微微笑了笑说："百姓之所以成为盗贼，是因为赋役繁重，官吏贪污求贿，民众饥寒交集，所以才不顾廉耻了。朕应当绝弃奢侈浪费，轻徭薄赋，任用清廉的官员，让百姓衣食有余，他们就不会做盗贼了，何必用严刑重法呢！"自此过了几年后，天下太平，路不拾遗，外面的大门都不用关闭，商旅之人可以在荒郊野外露宿。

太宗又曾经对身边的大臣说："君主依靠国家，国家倚仗百姓。欺压百姓来侍奉君主，就像割肉用来充饥一样，肚子饱了人却死了，君主富有了国家却要灭亡了。因此人君最担心的，不是外患，而是国家内部出现问题。欲望多了花费就大，花费大了赋税就重，赋税重则百姓愁苦，百姓愁苦则国家就危险了，国家危险君主也就难以自保了。朕经常思考这些，所以不敢放纵自己的欲望。"

## 【原文】

上厉精求治①，数引魏徵入卧内②，访以得失。徵知无不言，上皆欣然嘉纳。上遣使点兵，封德彝奏："中男虽未十八③，其躯干壮大者，亦可并点。"上从之。敕出，魏徵固执以为不可，不肯署敕，至于数四。上怒，召而让之曰："中男壮大者，乃奸民诈妄以避征役，取之何害，而卿固执至此！"对曰："夫兵在御之得其道，不在众多。陛下取其壮健，以道御之，足以无敌于天下，何必多取细弱以增虚数乎！且陛下每云：'吾以诚信御天下，欲使臣民皆无欺诈。'今即位未几，失信者数矣！"上愕然曰："朕何为失信？"对曰："陛下初即位，下诏云：'逋负官物④，悉令蠲免⑤。'有司以为负秦府国司者，非官物，征督如故。陛下以秦王升为天子，国司之物，非官物而何！又曰：'关中免二年租调，关外给复一年⑥。'既而继有敕云：'已役已输者，以来年为始。'散还之后，方复更征，百姓固已不能无怪。今既征得物，复点为兵，何谓以来年为始乎！又陛下所与共治天下者在于守宰，居常简阅，咸以委之，至于点兵，独疑其诈，岂所谓以诚信为治乎！"上悦曰："向者朕以卿固执，疑卿不达政事，今卿论国家大体，诚尽其精要。夫号令不信，则民不知所从，天下何由而治乎！朕过深矣！"乃不点中男，赐徵金瓮一⑦。

## 【注释】

①厉精求治：振奋精神，力图治理好国家。

②魏徵：贞观名臣，以敢于进谏闻名。

③中男：未成丁的男子。

④逋负：拖欠，欠税。

⑤蠲免：免除。

⑥给复：免除赋税徭役。

⑦瓮：一种口小腹大的陶制容器。

## 【译文】

太宗励精图治，多次将魏徵带入卧室，询问他施政的得失。魏徵知无不言，太宗都欣然采纳。太宗派人征兵，封德彝奏道："未成丁的男子虽然未满十八，但是其中身材健壮的也可以征募。"太宗同意了。敕令传出后，魏徵坚持认为不可，不肯签署，以致往返四次。太宗发怒，召见魏徵责问道："未成丁的男子中身材壮大的，都是狡猾的百姓虚报年龄欺骗官府，妄图用这种方法逃避征役，征募这些人又有什么害处，而你却这么固执己见！"魏徵答道："军队在于统领得法，而不在人数众多。陛下征发成丁男子中身体健壮的，用合适的方法带领，便足以无敌于天下，又何必多征尚未成丁的男子以增加虚数呢！何况陛下经常说：'我以诚信治理天下，欲使臣下百姓都没有欺诈行为。'如今陛下即位没多久，却已经失信好几次了！"太宗吃惊地问道："朕怎么失信了？"魏徵答道："陛下刚即位时，就下诏说：'百姓所欠朝廷的赋税，全部免除。'有关部门认为欠秦王府库租税的，不属于官家财物，照旧征收。陛下从秦王升为天子，秦王府库之物不是朝廷之物又是什么呢！又下诏：'关中免二年租调，关外免一年的赋税徭役。'不久又有敕令说：'当年已经征发徭役和已经交纳赋税的，从第二年开始。'把百姓上交的赋税散还以后，又再征收，这样百姓不能没有责怪之意。如今已经征收赋役，还指派中男为兵，还谈什么从下一年开始免除呢！还有，辅佐陛下共同治理天下的都是这些地方官员，各方面要接受陛下的监督，日常公务陛下都交托给他们，可是到了征兵的时候，却怀疑他们欺骗，这难道是以诚信为治国之道吗！"太宗高兴地说："以前朕觉得你固执，怀疑你不通达政务，如今见你议论国家大政方针，确实是说到了它的精要。朝廷政令没有诚信，则百姓不知道应当遵行什么，国家如何能得到治理呢！朕的过失很严重啊！"于是不再征募未成丁的男子，赏赐魏徵一件金瓮。

## 【原文】

上闻景州录事参军张玄素名①，召见，问以政道，对曰："隋主好自专庶务，不任群臣。群臣恐惧，唯知禀受奉行而已，莫之敢违。以一人之智决天下之务，借使得失相半，乖谬已多，下谀上蔽，不亡何待！陛下诚能谨择群臣而分任以事，高拱穆清而考其成败以施刑赏②，何忧不治！又，臣观隋末乱离，其欲争天下者不过十馀人而已，其馀皆保乡党、全妻子，以待有道而归之耳。乃知百姓好乱者亦鲜，但人主不能安之耳。"上善其言，擢为侍御史③。

## 【注释】

①景州：今河北衡水。录事参军：官名，刺史属官，掌管文书，纠察府事。
②高拱：两手相抱，高抬于胸前。安坐时的姿势。穆清：太平祥和。
③侍御史：官名，唐代属于御史台官员，举劾非法，督察郡县。

## 【译文】

太宗听说了景州录事参军张玄素的名声，召见他，向他询问为政之道，张玄素答道："隋朝皇帝喜欢自己把持所有事务，不委任给群臣。群臣内心恐惧，只知道奉命加以执行，没有敢违抗的。以一人的智慧决定天下事，即使能够做到得失参半，乖谬失误之处已经很多了，加上君主被下面阿谀奉承所蒙蔽，国家不灭亡还等什么！陛下如果能够谨慎地选择群臣，让他们各司其事，自己安坐在朝廷上，清和静穆，考察臣下的成败而施以刑法或者赏赐，如果能够这样，还担心国家治理不好吗！而且，我留心到隋末乱世，其中想要争夺天下的不过十余人，其余大部分都想保全乡里和妻子儿女，等待有道的君主出现而诚心归附。于是知道百姓很少有人喜欢乱世的，只不过君主不能使他们安定罢了。"太宗欣赏他的言论，提拔他为侍御史。

## 【原文】

贞观元年（丁亥，公元627年）

上令封德彝举贤，久无所举。上诘之，对曰："非不尽心，但于今未有奇才耳！"上曰："君子用人如器，各取所长，古之致治者，岂借才于异代乎？正患己不能知，安可诬一世之人！"德彝惭而退。

御史大夫杜淹奏"诸司文案恐有稽失①，请令御史就司检校"。上以问封德彝，对曰："设官分职，各有所司。果有愆违②，御史自应纠举；若遍历诸司，搜擿疵颣③，太为烦碎。"淹默然。上问淹："何故不复论执？"对曰："天下之务，当尽至公，善则从之，德彝所言，真得大体，臣诚心服，不敢遂非。"上悦曰："公等各能如是，朕复何忧！"

## 【注释】

①稽失：延误，贻误。

②愆违：过失。

③擿：挑出。疵颣：缺点，毛病。

【译文】

太宗让封德彝推荐贤才，过了很久也没有人选。太宗质问他是怎么回事，封德彝回答说："不是臣不尽心，只是如今没有杰出的人才！"太宗说："君子用人如用器物，各取其长处，古代国家达到大治的，难道依靠的是从别的时代借来的人才吗？应当忧虑自己不能识别人才，怎么能冤枉天下所有的人呢！"封德彝惭愧地退下了。

御史大夫杜淹上奏道："各部门文件案宗恐有稽延错漏，请求下令让御史到各部门检查核对。"太宗问封德彝，封德彝回答道："设立不同的官职，各有分工。如果各部门真的有过失，御史自当纠察检举；如果让御史查遍各部门，搜摘出各种毛病，实在是太烦琐。"杜淹沉默不语。太宗问杜淹："为什么不加争辩呢？"杜淹答道："处理天下事务，应当尽心尽力，务求公正，听到好的意见就要接受，德彝讲的话深得大体，臣心悦诚服，不敢有所非议。"太宗很高兴，说："各位如果都能做到这样，朕还有什么忧虑的呢！"

【原文】

初，隋末丧乱，豪桀并起，拥众据地，自相雄长。唐兴，相帅来归，上皇为之割置州县以宠禄之，由是州县之数，倍于开皇、大业之间。上以民少吏多，思革其弊。二月，命大加并省，因山川形便，分为十道①：一曰关内②，二曰河南③，三曰河东④，四曰河北⑤，五曰山南⑥，六曰陇右⑦，七曰淮南⑧，八曰江南⑨，九曰剑南⑩，十曰岭南⑪。

【注释】

①道：行政区域单位，相当于省。

②关内：古雍州之地。

③河南：古兖豫青徐四州之地。

④河东：古冀州之地。

⑤河北："河北"在唐代以前是个约定俗成的地域泛称，指太行山以东，黄河下游以北的广大地区，包括今河北省及其相邻地区。这里说的河北道是"河北"成为大政区名称的开始。

⑥山南：古荆梁二州之地。

⑦陇右：古雍梁二州之地。

⑧淮南：古扬州之地。

⑨江南：古苏州之地。

⑩剑南：古梁州之地。

⑪岭南：古荆州之地。

**【译文】**

起初，隋朝末年天下大乱，英雄豪杰蜂拥而起，拥兵占据地盘，各自称雄一方。唐兴起后，各路豪杰相继归附，高祖为他们分置州县，施以恩宠，由于这一原因导致州县的数目大大超过隋朝开皇、大业年间。太宗认为官多民少，想革除这一弊端。二月，下令对这些州县大力合并，依山川地势条件，将全国分为十个区域单位：一关内，二河南，三河东，四河北，五山南，六陇右，七淮南，八江南，九剑南，十岭南。

**【原文】**

有上书请去佞臣者，上问："佞臣为谁？"对曰："臣居草泽①，不能的知其人②，愿陛下与群臣言，或阳怒以试之。彼执理不屈者，直臣也；畏威顺旨者，佞臣也。"上曰："君，源也；臣，流也。浊其源而求其流之清，不可得矣。君自为诈，何以责臣下之直乎！朕方以至诚治天下，见前世帝王好以权谲小数接其臣下者③，常窃耻之。卿策虽善，朕不取也。"

**【注释】**

①草泽：边野荒地，泛指社会下层。

②的：准确。

③权谲：狡诈。接：接触。

**【译文】**

有大臣上书给唐太宗请求去除奸佞的人，太宗问上书的人："奸佞小人是谁？"上书者回答说："臣下位居下层，不能准确地知道谁是奸佞小人，希望陛下和大臣们说，或者佯装大怒来测试大臣们。那些坚持真理不肯屈服的人，是正直的大臣；那些害怕权势顺从旨意的大臣，便是奸佞之人。"太宗说："君主，是水的源头；臣子，是水的支流。源泉混浊而要求水流清澈，是不可能的。君主自己都做欺诈的事，怎么能要求臣子们的行为正直呢！朕正用诚信来治理天下，看到以前的帝王喜欢用狡诈的伎俩来对待臣下，私下常常认为这是可耻的。你所说的方法虽然很好，朕不能采纳啊。"

**【原文】**

上问公卿以享国久长之策，萧瑀言："三代封建而久长，秦孤立而速亡。"上以为然，于是始有封建之议。

**【译文】**

太宗向公卿大臣询问使国运长久的办法，萧瑀说："夏、商、周分封诸侯而统治时间长久，秦国孤立专制便迅速灭亡了。"太宗认为有道理，于是有了分封诸侯王的想法。

**【原文】**

上神采英毅，群臣进见者，皆失举措。上知之，每见人奏事，必假以辞色①，冀闻规谏②。尝谓公卿曰："人欲自见其形，必资明镜；君欲自知其过，必待忠臣。苟其君愎谏自贤③，其臣阿谀顺旨，君既失国，臣岂能独全！如虞世基等谄事炀帝以保富贵④，炀帝既弑⑤，世基等亦诛。公辈宜用此为戒，事有得失，无毋尽言！"

## 【注释】

①假以辞色：对别人和颜悦色。

②冀：希望，期望。

③愎谏自贤：对别人的劝告态度不诚恳，刚愎自用，认为只有自己才最聪明正确。

④谄事：逢迎侍奉。虞世基：隋炀帝重臣。

⑤弑：君主被臣下所杀。

## 【译文】

太宗神情、风采英武刚毅，觐见的人看到他时，都手足失措。太宗知道后，每每见人上朝奏事，都对他们和颜悦色，希望听到大臣的规谏之言。太宗曾经对公卿说："人要想看见自己的样子，一定要借助于镜子；君主想要知道自己的过失，就一定要善待忠正耿直的大臣。如果君王刚愎自用，认为只有自己才最聪明正确，不听劝告，大臣阿谀逢迎，这样君主就会失去国家，君主亡了国，大臣又岂能独自保全！就像虞世基等人逢迎侍奉隋炀帝以此来保全自身的富贵，隋炀帝被杀以后，虞世基等人也被处死。各位应当把这些当作前车之鉴，处事总有得失，你们要把听到想到的话都说出来。"

## 【原文】

上谓公卿曰："昔禹凿山治水而民无谤讟者，与人同利故也。秦始皇营宫室而人怨叛者，病人以利己故也①。夫靡丽珍奇②，固人之所欲，若纵之不已，则危亡立至。朕欲营一殿，材用已具，鉴秦而止。王公已下，宜体朕此意。"由是二十年间，风欲素朴，衣无锦绣，公私富给。

【注释】

①病：损害，祸害。

②靡丽：华丽。

【译文】

太宗对公卿说："从前大禹凿山治水而百姓没有怨言，是因为大禹治水的事是与民利益攸关的。秦始皇营造宫室而百姓怨声载道、图谋反叛，是因为秦始皇损害老百姓的利益以利他自己。华丽的奇珍异宝，本是每个人都想得到的，假如放纵自己不知适可而止，那么国家的危亡立刻就到了。朕想要建造一个宫殿，材料费用已经齐备，有鉴于秦的灭亡，建造宫殿的事便停止了。亲王公卿以下，应当体会朕的这个想法。"从此二十年间，民风更加质朴淳厚，穿的衣服不用锦绣，官府与百姓都很富足。

【原文】

上谓黄门侍郎王珪曰："国家本置中书、门下以相检察①，中书诏敕或有差失，则门下当行驳正。人心所见，互有不同，苟论难往来，务求至当，舍己从人，亦复何伤！比来或护己之短，遂成怨隙，或苟避私怨②，知非不正，顺一人之颜情③，为兆民之深患，此乃亡国之政也。炀帝之世，内外庶官，务相顺从。当是之时，皆自谓有智，祸不及身。及天下大乱，家国两亡，虽其间万一有得免者，亦为时论所贬，终古不磨。卿曹各当徇公忘私，勿雷同也！"

【注释】

①中书：古代文官官职名。中书省、门下省都是三省六部制中的一省，负责执行国家的重要政令。

②避：防止；私怨，私人之间的怨恨。

③颜情：情面。

## 【译文】

太宗对黄门侍郎王珪说:"朝中本来设置中书省、门下省,是用来相互监督检察,中书省起草诏令制敕如有差误,门下省当予以纠驳指正。每个人的见解都各有不同,如果往来辩论,务求准确恰当,放弃个人见解从善如流,又有什么不好呢!近来有的人对自己的短处不能正确处理,于是产生仇怨隔阂,有的人为了避免私人之间的怨恨,明明知道其所作所为错误却也不加指正,顺从顾及某个人的情面,造成万民的灾患,这是亡国的政治。隋炀帝在位时,内外官吏都相互顺从。在那个时候,都自认为有智慧,祸患殃及不到自身。等到天下大乱,家庭与国家俱亡,虽然这中间偶然有得以幸免的,也要被舆论所针砭,永远难以磨灭。你们每个人都应徇公忘私,不要犯同样的错误!"

## 【原文】

上谓侍臣曰:"吾闻西域贾胡得美珠①,剖身以藏之,有诸?"侍臣曰:"有之。"上曰:"人皆知彼之爱珠而不爱其身也。吏受赇抵法,与帝王徇奢欲而亡国者,何以异于彼胡之可笑邪!"魏徵曰:"昔鲁哀公谓孔子曰:'人有好忘者,徙宅而忘其妻。'孔子曰:'又有甚者,桀、纣乃忘其身。'亦犹是也。"上曰:"然。朕与公辈宜戮力相辅,庶免为人所笑也!"

## 【注释】

①贾胡:少数民族的商人。

## 【译文】

太宗对亲近的大臣说:"我听说西域有一个少数民族的商人得到一颗宝珠,割开身上的肉来藏这颗宝珠,有这么回事吗?"大臣答道:"有这么回事。"太宗说:"人们都知道这个人爱珍珠而不爱惜自己的身体。有些官吏受贿贪赃受刑,帝王追求奢华而遭致国家灭亡,这些与少数民族商人的可笑有什么区别呢!"魏徵说:"从前鲁哀公对孔子说:'有的人非常健忘,搬家而忘记自己的妻子。'孔子说:'还有比这严重的,夏桀、商纣均贪恋身外之物而忘记了自己的身体。'也是像这样啊。"太宗说:"对。朕与你们应当同心合力,相互辅助,以免被后人耻笑!"

【原文】

上谓房玄龄曰:"官在得人①,不在员多。"命玄龄并省,留文武总六百四十三员。

【注释】

①得人:得到德才兼备的人,用人得当。

【译文】

太宗对房玄龄说:"任用官吏最重要的是用人得当,而不在于人多。"命房玄龄裁减合并官职,只留下文武官员总计六百四十三人。

【原文】

上问魏徵曰:"人主何为而明,何为而暗①?"对曰:"兼听则明,偏信则暗。昔尧清问下民,故有苗之恶得以上闻②;舜明四目,达四聪③,故共、鲧、驩兜不能蔽也④。秦二世偏信赵高,以成望夷之祸⑤;梁武帝偏信朱异⑥,以取台城之辱⑦;隋炀帝偏信虞世基⑧,以致彭城阁之变⑨。是故人君兼听广纳,则贵臣不得拥蔽⑩,而下情得以上通也⑪。"上曰:"善!"

【注释】

①人主:君主。明:明辨是非。暗:昏庸糊涂。

②有苗：古部落名。

③明四目，达四聪：《尚书·舜典》："明四目，达四聪。"眼睛明亮，耳朵灵敏。形容力图透彻了解。

④共、鲧、驩兜：共，指上古传说中的共工；鲧，古人名，传说是夏禹的父亲，禹之父曰鲧；驩兜，又作欢兜或驩头，是中国古代传说中的三苗族首领，传说因为与共工、鲧一起作乱，而被舜流放至崇山。均为劣臣。蔽：遮，挡，蒙蔽。

⑤望夷：秦朝望宫官。

⑥梁武帝：即萧衍，南朝梁的建立者。朱异：中国南朝梁时代大臣，颇受梁武帝信任。史家批评他贪腐奸诈，是梁朝衰落的原因之一。

⑦台城：城名。梁武帝因受贿在这里被下臣侮辱。

⑧虞世基：隋朝大臣。陈时任太子中舍人、尚书左丞。隋时为通直郎、直内史省、内史舍人，受炀帝器重，专典机密，参掌朝政。隋大业八年（公元612年），从炀帝出征高句丽，以功进金紫光禄大夫。后数次劝谏均不纳，又见大臣相继诛戮，惧祸及己，遂唯诺取容，不敢逆帝，为时人所讥。十四年，宇文化及于江都兵变，杀隋炀帝，他也一同被杀。

⑨彭城阁：隋炀帝被杀于扬州彭城阁。

⑩广纳：广泛的采纳（建议）。贵臣，宦官。拥蔽，堵塞、遮掩。拥：堵塞。

⑪上通：反映上来。

**【译文】**

太宗问魏徵："君主怎样做叫明，怎样做叫暗？"魏徵回答说："能广泛听取各方面的意见，就是明，偏听偏信，就是暗。从前尧帝明晰地向下面民众了解情况，所以才能知道有苗的恶行；舜帝耳听四面，眼观八方，所以共工、鲧、驩兜都不能蒙蔽他。秦二世偏信赵高，导致在望夷宫被赵高所杀；梁武帝偏信朱异，招致台城下臣的羞辱；隋炀帝偏信虞世基，死于扬州的彭城阁兵变。所以人君善于听取各方面意见，则亲贵大臣就无法阻塞言路，下面的情况得以反映上来。"太宗说："好啊！"

## 【原文】

上谓黄门侍郎王珪曰①："开皇十四年大旱，隋文帝不许赈给，而令百姓就食山东，比至末年，天下储积可供五十年。炀帝恃其富饶，侈心无厌，卒亡天下。但使仓廪之积足以备凶年，其馀何用哉！"

## 【注释】

①黄门侍郎：又称黄门郎，秦代初置，即给事于宫门之内的郎官，是皇帝近侍之臣，可传达诏令，汉代以降沿用此官职。秦汉时，宫门多油漆成黄色，故称黄门。东汉始设为专官，或称之给事黄门侍郎。隋唐时，黄门侍郎隶属门下省，成为门下省的副官，唐玄宗天宝元年（公元742年）改称门下侍郎。

## 【译文】

太宗对黄门侍郎王珪说："隋朝开皇十四年（公元594年）天下大旱，隋文帝不准赈济百姓，而让百姓自己到关东地区寻找食物，等到了隋文帝末年，全国储备的粮食可供五十年食用。隋炀帝倚仗着富足的粮食，奢侈无度，最后导致国家灭亡了。只要使仓库中的粮食足以应对灾年就可以了，多余的又有何用呢！"

## 【原文】

二月，上谓侍臣曰："人言天子至尊①，无所畏惮。朕则不然，上畏皇天之监临②，下惮群臣之瞻仰③，兢兢业业，犹恐不合天意，未副人望。"魏徵曰："此诚致治之要，愿陛下慎终如始，则善矣。"

## 【注释】

①至尊：最尊贵，最崇高。

②监临：监督。《史记·张耳陈馀列传》："且夫监临天下诸将，不为王不可，愿将军立为楚王也。"

③瞻仰：仰望，恭敬地看。

## 【译文】

二月，太宗对亲近的大臣说："人们都说君主最尊贵，最崇高，行事无所顾忌。然而朕并不是这样，上怕皇天的监督，下惧群臣的仰望，兢兢业业，唯恐不符合上天的旨意，不能满足百姓的期望。"魏徵说："这的确是达到治世的要旨，希望陛下能一直谨慎就像开始时那样，那就好了。"

## 【原文】

上谓房玄龄等曰："为政莫若至公。昔诸葛亮窜廖立①、李严于南夷②，亮卒而立、严皆悲泣，有死者，非至公能如是乎！又高颎为隋相，公平识治体，隋之兴亡，系颎之存没。朕既慕前世之明君，卿等不可不法前世之贤相也！"

## 【注释】

①廖立：三国时期人物，荆楚良才，蜀汉大臣，后因诽谤先帝刘备，疵毁众臣，被废立为民，最后得知诸葛亮死讯时，廖立郁郁而终。

②李严：三国时期蜀汉重臣，与诸葛亮同为刘备临终前的托孤之臣。公元231年，蜀军北伐时，李严延误押运粮草，为推卸责任而谎报军情，使诸葛亮不得不退兵，因而获罪，被废为平民。公元234年，诸葛亮病逝，李严得知这个消息，认为以后再也不会有人能够起用自己了，因此心怀激愤而死。

## 【译文】

太宗对房玄龄等人说:"处理政务没有比大公无私更重要的了。以前诸葛亮流放廖立、李严到南夷之地,诸葛亮死的时候,廖立悲痛万分,李严哀伤而死,如果不是大公无私能这样吗!再如高颎为隋朝丞相,公正无私,颇识治国之本,隋朝的兴亡,与高颎的生死休戚相关。朕既然仰慕前代的明君,你们也不可不效法历史上的贤相啊!"

## 【原文】

上谓侍臣曰:"古语有之:'赦者小人之幸,君子之不幸。''一岁再赦①,善人喑哑。'夫养稂莠者害嘉谷②,赦有罪者贼良民,故朕即位以来,不欲数赦,恐小人恃之轻犯宪章故也!"

## 【注释】

①一岁再赦:一年之中再次赦罪。指赦免过滥。

②稂莠:稂和莠,都是形状像禾苗而妨害禾苗生长的杂草。古以粟(小米)为嘉谷,后为五谷的总称。

## 【译文】

太宗对亲近的大臣说:"古语说道:'宽赦是小人的幸事,是君子的不幸。''一年中两次大赦,善良的人都会哑口无言。'养杂草则对好谷子有害,宽赦有罪的人则使善良的百姓遭殃,所以自从朕即位以来,不想屡次发布赦令,唯恐小人靠着赦令而不顾忌法令轻易犯罪!"

## 【原文】

贞观二年(戊子,公元628年)

上曰:"为朕养民者,唯在都督、刺史,朕常疏其名于屏风,坐卧观之，得其在官善恶之迹，皆注于名下，以备黜陟①。县令尤为亲民，不可不择。"乃命内外五品已上，各举堪为县令者，以名闻。

## 【注释】

①黜陟：官吏的升降。

## 【译文】

太宗说："为朕养护百姓的，唯有都督、刺史这些地方官，朕常常将他们的名字写在屏风上，坐卧的时候都看得到，了解了他们在任上做的好事和坏事，一一注于他们的名下，以此作为他们升迁和降职时的依据。县令尤其与百姓亲近，不可不认真选择。"于是下令朝廷内外五品以上官员，各荐举能胜任县令职位的人，将名字奏报上来。

## 【原文】

丁巳，上谓房玄龄、杜如晦曰："公为仆射，当广求贤人，随才授任，此宰相之职也。比闻听受辞讼①，日不暇给，安能助朕求贤乎！"因敕"尚书细务属左右丞②，唯大事应奏者，乃关仆射"。

## 【注释】

①辞讼：诉讼的言辞。
②左右丞：尚书左右丞，为尚书令、仆射的助手，分别管理尚书省事，品秩与六部侍郎相等，为正四品。

## 【译文】

丁巳（十六日），太宗对房玄龄、杜如晦说："你们身为仆射，应当广求天下贤才，根据他们的才能授予官职，这是宰相的职责。近来听说你们受理辞讼案情，日不暇给，怎么能帮助朕求得贤才呢！"于是下令"尚书省的日常事务交给尚书左右丞掌管，只有应当奏明的大事，才由左右仆射处理"。

**【原文】**

玄龄明达政事，辅以文学，夙夜尽心①，惟恐一物失所。用法宽平，闻人有善，若己有之，不以求备取人，不以己长格物。与杜如晦引拔士类，常如不及。至于台阁规模，皆二人所定。上每与玄龄谋事，必曰："非如晦不能决。"及如晦至，卒用玄龄之策。盖玄龄善谋，如晦能断故也。二人深相得②，同心徇国③，故唐世称贤相者，推房、杜焉。玄龄虽蒙宠待，或以事被谴，辄累日诣朝堂，稽颡请罪④，恐惧若无所容。

**【注释】**

①夙夜：朝夕，日夜。指日夜从事。
②相得：彼此投合。
③徇国：为国家利益奉献。
④稽颡：古代一种跪拜礼，屈膝下拜，以额触地，表示极度的虔诚。

**【译文】**

房玄龄明敏通晓政务，又有文才，日夜尽心，唯恐一件事情处理不好有所失误。他用法宽大平和，听到别人的长处，就像他自己所有一样，待人不求全责备，不以自己的长处要求别人。与杜如晦一起引荐人才，常常不及杜如晦的样子。至于尚书省的制度程式，都由二人商议决定。太宗每次与房玄龄商议政事，一定要说："非杜如晦不能决定。"等到杜如晦来，最后总是采用房玄龄的建议。这是因为房玄龄善于谋略，杜如晦长于决断。二人相处彼此投合，同心为国出力，所以唐朝被称为贤相的，首推房、杜二人。房玄龄虽然多蒙太宗宠信，有时因某件事受责备，总是一连数日到朝堂内，磕头请罪，惶恐敬畏得好像无地自容。

## 【原文】

乙丑，上问房玄龄、萧瑀曰①："隋文帝何如主也？"对曰："文帝勤于为治，每临朝，或至日昃，五品已上，引坐论事，卫士传餐而食；虽性非仁厚，亦励精之主也。"上曰："公得其一，未知其二。文帝不明而喜察。不明则照有不通，喜察则多疑于物，事皆自决，不任群臣。天下至广，一日万机，虽复劳神苦形，岂能一一中理！群臣既知主意，唯取决受成，虽有愆违②，莫敢谏争，此所以二世而亡也。朕则不然。择天下贤才，寘之百官，使思天下之事，关由宰相，审熟便安，然后奏闻。有功则赏，有罪则刑，谁敢不竭心力以修职业，何忧天下之不治乎！"因敕百司："自今诏敕行下有未便者，皆应执奏，毋得阿从，不尽己意。"

## 【注释】

①萧瑀：萧皇后的弟弟。萧瑀自幼以孝行闻名天下，且善学能书，骨鲠正直。被隋炀帝疏斥，唐朝时深得李渊信任。唐太宗继位，拜为尚书左仆射。由于性情骨鲠，有一次与大臣在太宗面前厉声愤争，因不敬之罪被免官，而后很少再能进入太宗政事裁决的核心班子。
②愆违：罪过，过失。

## 【译文】

乙丑（初二），太宗问房玄龄、萧瑀道："隋文帝作为一代君主怎么样呢？"回答说："隋文帝勤于治理朝政，每次监朝听政，有时要到日落西山的时候，五品以上的官员，围坐在一起商议朝政，卫士都要传递食物来吃饭；虽然品性不算仁厚，也可称为是励精图治的君主。"太宗说："你们只知其一，不知其二。文帝不贤明却喜欢细致深刻地观察，不贤明则观察事情往往不能通达，喜欢细致深刻地观察事物往往对事物多有疑心，所有的事务都自行决定，不信任群臣。天下如此之大，日理万机，虽然一再伤身劳神处理政事，怎么能每一件事都切中要领！群臣已经知道隋文帝的意思，便只有按照他的意思办，即使主上出现过失，也没人敢争辩谏议，所以到了第二代隋朝就灭亡了。朕则不是这样。选拔天下贤能之士，分别充任文武百官，让他们思考国家大事，汇总到宰相那里，经过宰相深思熟虑后，上奏到朕这里。有功就奖赏，有罪就处罚，谁还敢不尽心竭力各司其职，何愁天下治理不好呢！"因而敕令各部门："今后诏敕文书有不当之处，都应该执意禀奏，不要阿谀顺从，不充分发表自己的见解。"

## 【原文】

诸宰相侍宴，上谓王珪曰："卿识鉴精通①，复善谈论，玄龄以下，卿宜悉加品藻②，且自谓与数子何如？"对曰："孜孜奉国③，知无不为，臣不如玄龄。才兼文武，出将入相，臣不如李靖。敷奏详明④，出纳惟允⑤，臣不如温彦博。处繁治剧，众务毕举，臣不如戴胄。耻君不及尧、舜，以谏争为己任，臣不如魏徵。至于激浊扬清⑥，嫉恶好善，臣于数子，亦有微长。"上深以为然，众亦服其确论。

## 【注释】

①识鉴：见识和鉴别人才。
②品藻：评论。
③孜孜：勤勉努力的样子。
④敷奏：陈奏，向君上报告。
⑤允：公平。
⑥激浊扬清：冲去污水，让清水上来，比喻清除坏的，发扬好的。

## 【译文】

众位宰相陪太宗饮宴，太宗对王珪说："你精通鉴别人才，又善于言辞，房玄龄以下的官员，你要详细地加以品评，而且衡量一下自己与他们相比如何。"王珪答道："勤勉努力地为国出力，知道的没有不去做的，我不如房玄龄。文武全才，出将入相，我不如李靖。议事详尽周到，传达诏令，反映群臣意见，都平允恰当，我不如温彦博。将繁重的事务处理得井井有条，我不如戴胄。唯恐君王赶不上尧、舜，以进谏为己任，我不如魏徵。至于辨别清浊，嫉恶奖善，我与他们相比，是臣略有所长的地方。"太宗非常赞同，众人也钦佩他的说法。

## 【原文】

上之初即位也，尝与群臣语及教化，上曰："今承大乱之后，恐斯民未易化也。"魏徵对曰："不然。久安之民骄佚①，骄佚则难教；经乱之民愁苦，愁苦则易化。譬犹饥者易为食，渴者易为饮也。"上深然之。封德彝非之曰："三代以还②，人渐浇讹③，故秦任法律，汉杂霸道，盖欲化而不能，岂能之而不欲邪！魏徵书生，未识时务，若信其虚论，必败国家。"徵曰："五帝、三王不易民而化，昔黄帝征蚩尤④，颛顼诛九黎⑤，汤放桀⑥，武王伐纣，皆能身致太平，岂非承大乱之后邪！若谓古人淳朴，渐至浇讹，则至于今日，当悉化为鬼魅矣，人主安得而治之！"上卒从徵言。

## 【注释】

①骄佚：骄奢安逸。

②三代：指夏、商、周三代。

③浇讹：浮薄诈伪。

④蚩尤：传说中的古代九黎族首领，与黄帝战于涿鹿，失败被杀。

⑤颛顼诛九黎：传说中颛顼消灭南方的九黎族。颛顼，远古传说中的帝王，号高阳氏。

⑥桀：夏朝最后一位君主，是个暴君。

## 【译文】

太宗刚刚即位的时候，曾经和群臣讨论教化，太宗说："如今刚经过一场大劫乱，我担心百姓不容易教化。"魏徵回答说："不是这样的。长久安定的百姓容易骄逸，骄逸则难以教化；经过战乱的百姓易于忧患，忧患倒容易接受教化。这如同饥饿的人容易吃得下食物，口渴了的人容易喝得下水一样。"太宗深表赞同。封德彝不同意这种观点，说道："夏、商、周三代以后，人心逐渐浮薄诈伪，所以秦朝专用法律，汉代除了采用王道的同时还同时加以霸道，都是因为想教化百姓而不能收效，哪里是有能力做却不想去做呢！魏徵一介书生，不识时务，如果相信他的空谈，必然败坏国家。"魏徵说："五帝、三王不是换掉百姓而施教化，昔日黄帝征伐蚩尤，颛顼诛杀九黎，成汤放逐夏桀，武王伐纣，都能够亲身努力造就太平盛世，这些难道不是承接大乱之后的缘故吗！如果说上古人淳朴，后代渐渐变得浮薄奸诈，那么到了今天，人早就全部化为鬼魅了，人主哪里还有天下治理！"太宗最后接受了魏徵的意见。

## 【原文】

元年，关中饥，米斗直绢一匹。二年，天下蝗。三年，大水。上勤而抚之，民虽东西就食①，未尝嗟怨②。是岁，天下大稔③，流散者咸归乡里，米斗不过三、四钱，终岁断死刑才二十九人。东至于海，南及五岭，皆外户不闭，行旅不赍粮④，取给于道路焉⑤。上谓长孙无忌曰："贞观之初，上书者皆云：'人主当独运威权，不可委之臣下。'又云：'宜震耀威武，征讨四夷。'唯魏徵劝朕'偃武修文⑥，中国既安，四夷自服。'朕用其言。今颉利成擒⑦，其酋长并带刀宿卫，部落皆袭衣冠，徵之力也，但恨不使封德彝见之耳！"徵再拜谢曰："突厥破灭，海内康宁，皆陛下威德，臣何力焉！"上曰："朕能任公，公能称所任，则其功岂独在朕乎！"

【注释】

①就食：谓出外谋生。

②嗟怨：嗟叹怨恨。

③稔：庄稼成熟。

④赍粮：携带干粮。

⑤取给：取得物力或人力以供需用。

⑥偃武修文：停止战备，提倡文教。偃，停息。

⑦颉利成擒：唐大败突厥，俘虏了颉利可汗。

【译文】

贞观元年（公元627年），关中闹饥荒，一斗米值一匹绢。贞观二年（公元628年），全国遭受蝗灾。贞观三年（公元629年），发大水。太宗勤勉听政，抚慰百姓，百姓虽然东乞西讨，却不曾嗟叹怨恨。到了贞观四年（公元630年），天下丰收，流散在外的人都回到了家乡，每斗米不过三四钱，一年内被判死刑的才二十九人。东面到大海，南面到五岭，治安好到外门不关，出外旅行可以不必携带干粮，在路上就可以得到需要的物品。太宗对长孙无忌说："贞观初年，上书的大臣都说：'君王应当独自运用权威，不能委任给臣下。'又说：'应当炫耀武力，征讨四夷。'只有魏徵劝朕说'停止战备，提倡文教，只要中原安定，四夷自然臣服。'朕采纳了他的意见。如今突厥颉利可汗成了俘虏，其部族首领成为朝廷的带刀宿卫，其族人都改穿我们的衣服，戴我们的帽子，这都是魏徵的功劳，只恨没能让封德彝见到这些啊！"魏徵再拜辞让说："突厥灭亡，天下太平，都是陛下的威德，我又做了什么呢！"太宗说："朕能够任用你，你能够胜任这一职位，那么天下太平的功劳岂是朕一个人的！"

# 后梁纪

## 朱温之死

⊙ **导语**

公元907年二月，朱温逼迫唐昭宣帝退位，自己称帝，建国号为梁，定都汴，建年号为"开平"，史称后梁。朱温称帝后，改名朱晃。他改革了一些唐末的弊政，但因连年用兵，又经常诛杀将帅功臣，致使统治集团内部矛盾日益尖锐，政权不稳。

公元912年，朱温亲自率领五十万大军乘虚进攻成德镇。他日夜兼程赶到观津冢时，巡逻兵报告说，后唐李克用之子李存勖的大军来了。朱温曾几次败在李存勖手下，听到消息后，他仓皇逃奔到枣强。黄昏时，李存勖派兵数百冲进朱温军营中乱砍滥杀。朱温以为李存勖大军杀到，连夜烧营狂逃，急奔冀州，辎重损失无数。事后知道只有李存勖的几百兵士冲营，朱温羞恼，因此大病。返回洛阳，便卧床不起。

朱温沉迷于女色，淫乱如禽兽，连儿媳们都要入宫侍候，儿子们也借此谋取继承权。公元912年五月，朱温在病中应允儿媳王氏的要求，要将皇位传于朱友文。三子朱友珪和妻张氏听到后，十分妒恨，决心杀死朱温，夺取皇位。

六月，朱友珪和家将冯廷谔带着五百牙兵，混入皇宫，分散埋伏。夜深人静时，牙兵集中起来，冲进朱温寝宫。左右侍从早就怨恨朱温荒淫暴虐，都纷纷逃散，只剩朱温一人。冯廷谔一剑刺入朱温腹部，将其刺死。

## 【原文】

乾化二年（壬申，公元912年）

闰月壬戌，帝疾增甚，谓近臣曰："我经营天下三十年，不意太原余孽更昌炽如此！吾观其志不小，天复夺我年，我死，诸儿非彼敌也，吾无葬地矣！"因哽咽，绝而复苏。

高季昌潜有据荆南之志，乃奏筑江陵外郭，增广之。

丙寅，蜀门下侍郎、同平章事王锴罢为兵部尚书。

帝长子郴王友裕早卒①。次假子博王友文②，帝特爱之，常留守东都，兼建昌宫使。次郢王友珪，其母亳州营倡也，为左右控鹤都指挥使，无宠。次均王友贞，为东都马步都挥指使。

初，元贞张皇后严整多智，帝敬惮之。后殂③，帝纵意声色，诸子虽在外，常征其妇入侍，帝往往乱之。友文妇王氏色美，帝尤宠之，虽未以友文为太子，帝意常属之。友珪心不平。友珪尝有过，帝挞之，友珪益不自安。帝疾甚，命王氏召友文于东都，欲与之诀，且付以后事。友珪妇张氏亦朝夕侍帝侧，知之，密告友珪曰："大家以传国宝付王氏，怀往东都，吾属死无日矣！"夫妇相泣。左右或说之曰："事急计生，何不改图？时不可失！"

六月丁丑朔，帝命敬翔出友珪为莱州刺史，即令之官。已宣旨，未行敕。时左迁者多追赐死，友珪益恐。

## 【注释】

①卒：死。

②假子：非亲生的儿子，如干儿子、前夫之子等。

③殂：死亡。

## 【译文】

乾化二年（壬申，公元912年）

闰五月壬戌（十五日），后梁太祖的病情加重，对亲近的大臣说："我管理天下三十年，想不到太原李克用的余孽更加强大了，以至到了这般地步！我看他的志向不小，上天又削除我的年寿，我死了，我的儿子们都不是他们的敌手，我没有葬身之地了！"于是哽咽失声，呼吸停止后又苏醒过来。

荆南节度使高季昌暗中有盘踞荆南的志向，于是奏请修筑江陵的外城，把它增修扩大。

丙寅（十九日），前蜀门下侍郎、同平章事王锴被免职，降为兵部尚书。

后梁太祖的长子郴王朱友裕早死。次养子博王朱友文，特别受太祖喜爱，经常留守东都大梁，兼任建昌宫使。郢王朱友珪，担任左右控鹤都指挥使，他的母亲是亳州营妓。均王朱友贞担任东都马步都指使。

当初，元贞张皇后严肃端正，聪明多智，后梁太祖对她既恭敬又畏惧。张皇后死后，后梁太祖纵情歌舞女色，儿子们即使在外地，也常征召他们的妻子入宫侍奉，太祖往往与她们淫乱。朱友文的妻子王氏容貌美丽，太祖尤其宠爱她，虽然没有立友文为太子，太祖的意向也经常放在他身上。朱友珪心里愤愤不平。朱友珪曾经犯过错，太祖用鞭子打了他，朱友珪更加不能自安。后梁太祖病情严重，命王氏到东都大梁召朱友文来西都洛阳，想要与他诀别，并且将后事托付给他。朱友珪的妻子张氏也日夜侍奉在太祖身边，知道了这件事，秘密地告知朱友珪说："皇上把传国宝玺交给王氏带往东都，我们的死期没有几天了。"夫妇二人相对流泪。左右有人劝解他们说："事情紧急了就要另外想计策，为什么不想别的办法呢，时机不可错过啊！"

六月丁丑朔（初一），后梁太祖命敬翔将朱友珪调出任莱州刺史，立即让他赴任。已经传旨了，但没有颁行敕书。当时贬官者大多追命赐死，朱友珪越发恐慌。

## 【原文】

戊寅，友珪易服微行入左龙虎军①。见统军韩勍，以情告之。勍亦见功臣宿将多以小过被诛，惧不自保，遂相与合谋。勋以牙兵五百人从友珪杂控鹤士入，伏于禁中，中夜斩关入，至寝殿，侍疾者皆散走。帝惊起，问："反者为谁？"友珪曰："非他人也！"帝曰："我固疑此贼，恨不早杀之。汝悖逆如此，天地岂容汝乎！"友珪曰："老贼万段！"友珪仆夫冯廷谔刺帝腹，刃出于背。友珪自以败氈裹之②，瘗于寝殿，秘不发丧。遣供奉官丁昭溥驰诣东都，命均王友贞杀友文。

己卯，矫诏称："博王友文谋逆，遣兵突入殿中，赖郢王友珪忠孝，将兵诛之，保全朕躬。然疾因震惊，弥致危殆，宜令友珪权主军国之务。"韩勋为友珪谋，多出府库金帛赐诸军及百官以取悦。

辛巳，丁昭溥还，闻友文已死，乃发丧，宣遗制，友珪即皇帝位。

时朝廷新有内难，中外人情恟恟。许州军士更相告变，匡国节度使韩建皆不之省，亦不为备。丙申，马步都指挥使张厚作乱，杀建，友珪不敢诘。甲辰，以厚为陈州刺史。

秋，七月丁未，大赦。

丙寅，废建昌宫使，以河南尹张宗奭为国计使，凡天下金谷旧隶建昌宫者悉主之。

## 【注释】

①微行：便服私访。

②氈：同"毡"。

## 【译文】

戊寅（初二），朱友珪改换服装隐藏身份，进入左龙虎军，会见统军韩勋，把实情告诉了他。韩勋也见功臣老将多因小的过错被杀，害怕不能保全自己，于是与朱友珪共同策划。韩勋领牙兵五百人随从朱友珪混杂在控鹤军士中进入皇宫，埋伏在宫内，半夜砍断门闩进入，到达寝殿，侍候病人的都逃散了。后梁太祖惊起，问："谋反的是谁？"朱友珪说："不是别人。"太祖说:"我原来怀疑你这贼子,只恨没有早把你杀死。你如此叛逆,天地难道能容你吗!"朱友珪说:"把老贼碎尸万段。"朱友珪的马夫冯廷谔猛刺太祖的肚子,刀尖从背上穿出。朱友珪亲自用毁坏的毡子把太祖裹起来,埋在寝殿里,封锁消息,不发丧。派遣供奉官丁昭溥驰往东都大梁,命令均王朱友贞杀死朱友文。

己卯(初三),朱友珪假造诏令称:"博王朱友文谋反,派兵冲入殿中,朕依赖郢王朱友珪忠诚孝敬,率领军队把朱友文杀死,保全朕身。但朕的病因为震动惊恐,更加危险,应令朱友珪暂时主持军队国家事务。"韩勍替朱友珪谋划,大量取出府库内的金帛赐给各军及百官来取悦他们。

辛巳(初五),供奉官丁昭溥返回,朱友珪听说朱友文已经死了,这才发丧,宣布先帝遗留的制书,朱友珪即皇帝位。

当时朝廷内部出现新的变故,内外人情纷扰不安。许州军士轮番报告事变,匡国节度使韩建不检查,也不防备;丙申(二十日),马步都指挥使张厚发动叛乱,杀死韩建,朱友珪不敢追究,甲辰(二十八日),任命张厚为陈州刺史。

秋季,七月丁未(初二),后梁宣布大赦。

丙寅(二十一日),后梁撤销建昌宫使,任命河南尹张宗奭为国计使,凡天下钱粮过去隶属于建昌宫的,都由他掌管。

# 后唐纪

## 后唐灭梁

⊙ **导语**

五代十国是继春秋战国、三国鼎立、南北朝之后，又一个天下大乱、事态百变的动荡纷争时期。在五代十国的历史事件中，"后唐灭梁"可谓重中之重。

《通鉴纪事本末》中记载：李存勖进取大梁之前，"魏遣魏国夫人刘氏、皇子继发归兴唐，与之决曰：'事之成败，在此一举，若其不济，当聚吾家于魏宫而焚之。'"这表现了李存勖破釜沉舟的志气，明末史学家张溥在《通鉴纪事本末·后唐灭梁》篇末史论中，盛赞"晋王志气远大"。

唐朝末年，各藩镇借抗击黄巢农民起义为名，拥兵割据。朱全忠消灭了许多割据者，初步统一了黄河流域，朱全忠本来参加黄巢的起义，后叛变降唐，被封为梁王。他逼唐哀帝以禅让形式将帝位让给自己，国号梁，是为五代十国的梁太祖。

唐昭宣帝天佑四年（公元907年）四月，朱全忠篡唐称帝后，对其威胁最大的是河东李克用的割据势力。李克用原为唐朝河东节度使，拥有一支较强的骑兵部队，因镇压黄巢起义有功，被唐朝封为晋王。李克用父子，用了六年的时间与梁展开了殊死的争夺战，其中反反复复，有胜有败。其间柏乡（河北柏乡西南）与魏州之战，是两次规模较大的作战，对争夺河北，乃至晋、梁最后的胜败兴亡起了较为重要的作用。公元908年，朱全忠称帝次年，李克用病死，其子李存勖继位，据有太原，与后梁连年混战。

李存勖整顿军纪，训练士卒，作战时亲自冲锋陷阵。不久，李存勖与后梁在潞州作战中取胜，稳定了晋的统治地位，继而又在政治、军事上采取了一些改进措施，为与后梁争夺北方统治权创造了条件。

李存勖父亲李克用活着的时候，对梁的威胁很忧虑，"晋王慰以养尊待时，勿轻沮丧"。他说，"夫为天下者，不顾小怨"。李存勖一即帝位，立即直入大梁，"兵败而复胜，师正而出奇，询谋良将，决断胸中，履险若夷，及锋即用"。早年他牢记父亲遗恨，卧薪尝胆，夙夜忧劳和朱全忠血战二十年，终于于公元923年在上党打败朱梁军队，得以报仇雪恨。梁末帝自杀后，李存勖自立为帝，是为庄宗，国号唐，史学家称之为"后唐"。

## 【原文】

开平二年（戊辰，公元908年）

夹寨奏余吾晋兵已引去，帝以援兵不能复来①，潞州必可取，丙午，自泽州南还；壬子，至大梁。梁兵在夹寨者亦不复设备②。晋王与诸将谋曰③："上党，河东之藩蔽④，无上党，是无河东也。且朱温所惮者独先王耳⑤，闻吾新立，以为童子未闲军旅⑥，必有骄怠之心。若简精兵倍道趣之，出其不意，破之必矣。取威定霸，在此一举，不可失也！"张承业亦劝之行。乃遣承业及判官王缄乞于凤翔，又遣使赂契丹王阿保机求骑兵。岐王衰老，兵弱财竭，意不能应。晋王大阅士卒，以前昭义节度使丁会为都招讨使。甲子，帅周德威等发晋阳。

## 【注释】

①帝：指后梁太祖朱温。曾被赐名朱全忠，称帝后改名朱晃。晚年大肆荒淫，后为三子朱友珪所杀，传位给后梁末帝朱友贞。

②设备：布置防备。

③晋王：李存勖，即后唐庄宗，五代时期后唐政权的建立者。唐末河

东节度使、晋王李克用的长子。沙陀人，本姓朱邪氏，小名"亚子"。公元908年继承晋国王位，之后经过多年的南征北战，北却契丹、南击朱梁，东灭桀燕，使得晋国逐渐强大起来。公元923年四月在魏州称帝，国号"唐"，史称后唐，是为后唐庄宗。同年十二月灭后梁，实现了对中国北方的统一。

④藩蔽：屏障。

⑤惮：害怕，畏惧。

⑥闲：熟习。这个意义后来写作"娴"。

## 【译文】

开平二年（戊辰，公元908年）

潞州夹寨的后梁军将领奏报余吾寨的晋兵已经退走，后梁太祖以为晋的援兵不再来，潞州一定能够夺取，丙午（初六），自泽州南下返回；壬子（十二日），到大梁。后梁兵在夹寨也不再布置防备。晋王李存勖与诸将商议说："上党是河东的屏障；没有上党，就没有河东啊。况且朱温惧怕的只是先王罢了，听说我新立为王，以为小孩不熟习军事，一定有骄傲懈怠的心理。如果选派精锐部队兼程急速前去，出其不意，一定能打败梁军。取得威势，确定霸业，在此一举，不可失掉机会啊！"张承业也劝他亲自出征。于是，李存勖派张承业及判官王缄到凤翔请求李茂贞发兵援助，又派使者贿赂契丹王阿保机请求借给骑兵。岐王李茂贞衰老，兵弱财竭，结果没能答应出兵。李存勖大阅士卒，任命前昭义节度使丁会为都招讨使。甲子（二十四日），晋王率领周德威等由晋阳出发。

## 【原文】

己巳，晋王军于黄碾<sup>①</sup>，距上党四十五里。五月辛未朔，晋王伏兵三垂冈下，诘旦大雾<sup>②</sup>，进兵直抵夹寨。梁军无斥候<sup>③</sup>，不意晋兵之至，将士尚未起，军中惊扰。晋王命周德威、李嗣源分兵为二道，德威攻西北隅，嗣源攻东北隅，填堑烧寨④，鼓噪而入。梁兵大溃，南走，招讨使符道昭马倒，为晋人所杀；失亡将校士卒以万计，委弃资粮、器械山积⑤。

**【注释】**

①军：驻扎军队。

②诘旦：次日凌晨。

③斥候：侦察敌情的士兵。

④堑：深沟。

⑤委弃：丢弃，抛弃。山积：堆积如山。

**【译文】**

己巳（二十九日），李存勖在黄碾驻扎军队，此地距上党四十五里。五月，辛未朔（初一），李存勖在三垂冈下埋伏军队，次日清晨大雾，晋军直达夹寨。后梁军没有侦察放哨的士兵，没有预料到晋兵的到来，将士们还没起床，军中一片混乱。李存勖命周德威、李嗣源分兵两路，周德威进攻西北角，李嗣源进攻东北角，填渠沟烧营寨，擂鼓呐喊攻入敌营。后梁兵溃不成军，向南逃跑，招讨使符道昭的战马倒地，被晋兵杀死；后梁逃失死亡将士以万计，丢弃的物资、粮草和军用器械堆积如山。

**【原文】**

周德威等至城下，呼李嗣昭曰："先王已薨，今王自来，破贼夹寨。贼已去矣，可开门！"嗣昭不信，曰："此必为贼所得，使来诳我耳。"欲射之。左右止之，嗣昭曰："王果来①，可见乎？"王自往呼之。嗣昭见王白服，大恸几绝②，城中皆哭，遂开门。初，德威与嗣昭有隙③，晋王克用临终谓晋王存勖曰："进通忠孝，吾爱之深。今不出重围，岂德威不忘旧怨邪！汝为吾以此意谕之④。若潞围不解，吾死不瞑目。"进通，嗣昭小名也。晋王存勖以告德威，德威感泣，由是战夹寨甚力；既与嗣昭相见，遂欢好如初。

## 【注释】

①果：果真。

②几：差一点儿，几乎。

③隙：缝隙，此指感情上的隔阂。

④谕：告诉。

## 【译文】

周德威等人到了潞州城下，呼唤李嗣昭说："先王已经去世，现在嗣王亲自前来，已攻破梁贼夹寨。梁贼已逃走了，可以开城门！"李嗣昭不信，说："这一定是被后梁贼兵俘获了，让他来骗我们的。"想用箭射周德威。左右的人阻止了他。李嗣昭说："嗣王果真来了，可以相见吗？"李存勖自己到前面呼喊他。李嗣昭见李存勖穿着白色孝服，放声痛哭，几乎气绝，城中的人都哭了，于是开了城门。当初，周德威与李嗣昭有仇怨，晋王李克用临终前对李存勖说："进通忠诚孝敬，我很爱他。现在没有突出重围，难道周德威还没有忘记过去的仇怨吗！你替我把这个意思告诉他。如果潞州的重围不解除，我死不瞑目。"进通是李嗣昭的小名。李存勖将这番话告诉给周德威，周德威感激哭泣，由此他攻打夹寨非常卖力；与嗣昭相见后，两人和好如初。

## 【原文】

康怀贞以百馀骑自天井关遁归①。帝闻夹寨不守，大惊，既而叹曰："生子当如李亚子，克用为不亡矣！至如吾儿，豚犬耳！"诏所在安集散兵。

## 【注释】

①遁：逃跑。

## 【译文】

后梁潞州行营都虞候康怀贞率领骑兵一百余人自天井关逃回大梁。后梁太祖朱温听说潞州夹寨没有守住,大惊失色,过了一会儿感叹说:"生子当如李亚子,李克用的家业是不会亡的了!至于我的儿子,只是猪狗罢了!"诏令当地安抚召集逃散的兵卒。

## 【原文】

周德威、李存璋乘胜进趣泽州①,刺史王班素失人心,众不为用。龙虎统军牛存节自西都将兵应接夹寨溃兵,至天井关,谓其众曰:"泽州要害地,不可失也;虽无诏旨②,当救之。"众皆不欲③,曰:"晋人胜气方锐,且众寡不敌。"存节曰:"见危不救,非义也;畏敌强而避之,非勇也。"遂举策引众而前④。至泽州,城中人已纵火喧噪⑤,欲应晋王,班闭牙城自守,存节至,乃定。晋兵寻至⑥,缘城穿地道攻之,存节昼夜拒战,凡旬有三日;刘知俊自晋州引兵救之,德威焚攻具,退保高平。

## 【注释】

①趣:奔赴。

②诏旨:诏书圣旨。

③欲:愿望。

④策:马鞭子。

⑤喧噪:喧嚣叫嚷。

⑥寻:随即,不久。

## 【译文】

周德威、李存璋乘胜进赴泽州,泽州刺史王班一向不得人心,众人不愿跟从他。龙虎统军牛存节自西都率军前来接应夹寨溃败的士卒,到天井关,对他的部下说:"泽州是要害之地,不可丢失;即使没有诏书圣旨,也应当救援。"众人都不想救,说:"晋军胜气正锐,况且众寡不敌。"牛存节说:"见到危难不救,是不义;怕强敌而躲避,是不勇。"于是挥鞭带领众士卒前进。到了泽州,城中人已放火喧嚷,想要响应晋王李存勖,刺史王班关闭牙城自己坚守,牛存节到后,城中才安定下来。晋兵随后赶到,沿城挖掘地道进攻,牛存节日夜抵御作战,一共十三天;刘知俊率军从晋州来救援,周德威焚烧了攻城的器械,撤军退保高平。

## 【原文】

晋王归晋阳,休兵行赏,以周德威为振武节度使、同平章事。命州县举贤才,黜贪残①,宽租赋,抚孤穷,伸冤滥,禁奸盗,境内大治。以河东地狭兵少,乃训练士卒,令骑兵不见敌无得乘马;部分已定,无得相逾越,及留绝以避险;分道并进,期会无得差晷刻②。犯者必斩。故能兼山东,取河南,由士卒精整故也。

## 【注释】

①黜:贬退,清除。
②晷:按日影测定时刻的仪器。

## 【译文】

晋王李存勖回到晋阳,整顿军队,论功行赏,任命周德威为振武节度使、同平章事。诏令州县举荐有才德的人,罢斥贪婪凶残的官吏,减轻田租赋税,抚恤孤寡贫困,昭雪冤案,禁止奸诈偷盗,境内太平。由于河东地狭兵少,于是训练士卒,命骑兵不见敌人不准骑马。军队的部署及职分定下后,不得相互超越和停留、中断来躲避危险;军队分路并进,约定会合的时间不得相差片刻。有违犯者,一律斩首。晋之所以能兼并山东、攻取河南,是军队精锐整齐的缘故。

## 【原文】

同光元年（癸未，公元923年）

晋王筑坛于魏州牙城之南，夏，四月己巳，升坛，祭告上帝，遂即皇帝位，国号大唐，大赦，改元。尊母晋国太夫人曹氏为皇太后，嫡母秦国夫人刘氏为皇太妃①。以豆卢革为门下侍郎，卢程为中书侍郎，并同平章事；郭崇韬、张居翰为枢密使，卢质、冯道为翰林学士，张宪为工部侍郎、租庸使，又以义武掌书记李德休为御史中丞。

## 【注释】

①嫡母：妾所生的子女称父亲的正妻为嫡母。

## 【译文】

同光元年（癸未，公元923年）

晋王在魏州牙城南面修筑坛宇，夏季，四月己巳（二十五日），晋王登上祭坛，祭告上帝，随即登皇帝位，国号大唐，实行大赦，改年号。尊其母晋国太夫人曹氏为皇太后，尊嫡母秦国夫人刘氏为皇太妃。任命豆卢革为门下侍郎，卢程为中书侍郎，两人都为同平章事；任命郭崇韬、张居翰为枢密使，卢质、冯道为翰林学士，张宪为工部侍郎、租庸使，又任命义武节度掌书记李德休为御史中丞。

## 【原文】

以魏州为兴唐府①，建东京；又于太原府建西京②，又以镇州为真定府，建北都。以魏博节度判官王正言为礼部尚书，行兴唐尹；太原马步都虞候孟知祥为太原尹，充西京副留守③；潞州观察判官任圜为工部尚书，兼真定尹，充北京副留守；皇子继岌为北都留守、兴圣宫使，判六军诸卫事④。时唐国所有凡十三节度、五十州。

## 【注释】

①魏州：古地名，今河北大名东北。同光初，升为东京兴唐府。三年，改东京为邺都。

②西京：指即位前的晋王旧都太原府。

③充：担任。

④六军诸卫事：官名。

## 【译文】

后唐把魏州升为兴唐府，在这里建东京，又在太原府建西京，同时把镇州升为真定府，建北都。任命魏博节度判官王正言为礼部尚书，兼任兴唐尹。任命太原马步都虞候孟知祥为太原尹，担任西京副留守。任命潞州观察判官任圜为工部尚书，兼真定尹，担任北京副留守。任命皇子李继岌为北都留守、兴圣宫使，兼管六军诸卫事。当时的南唐共有十三个节度、五十个州。

## 【原文】

闰月，追尊皇曾祖执宜曰懿祖昭烈皇帝，祖国昌曰献祖文皇帝，考晋王曰太祖武皇帝①。立宗庙于晋阳，以高祖、太宗、懿宗、昭宗洎懿祖以下为七室。

## 【注释】

①考：原指父亲，后多指已死的父亲。

## 【译文】

闰三月，庄宗李存勖追尊曾祖父李执宜为懿祖昭烈皇帝，追尊祖父李国昌为献祖文皇帝，追尊父亲晋王李克用为太祖武皇帝。在晋阳建立宗庙，从高祖、太宗、懿宗、昭宗至懿祖以下，共七个庙宇。

## 【原文】

时契丹屡入寇，钞掠馈运，幽州食不支半年，卫州为梁所取，潞州内叛，人情岌岌，以为梁未可取，帝患之。会郓州将卢顺密来奔。先是，梁天平节度使戴思远屯杨村，留顺密与巡检使刘遂严、都指挥使燕颙守郓州。顺密言于帝曰："郓州守兵不满千人，遂严、颙皆失众心，可袭取也。"郭崇韬等皆以为"悬军远袭，万一不利，虚弃数千人，顺密不可从"。帝密召李嗣源于帐中谋之曰："梁人志在吞泽潞，不备东方，若得东平，则溃其心腹。东平果可取乎？"嗣源自胡柳有渡河之惭，常欲立奇功以补过，对曰："今用兵岁久①，生民疲弊，苟非出奇取胜，大功何由可成！臣愿独当此役，必有以报。"帝悦。壬寅，遣嗣源将所部精兵五千自德胜趣郓州。比及杨刘，日已暮，阴雨道黑，将士皆不欲进，高行周曰："此天赞我也，彼必无备。"夜，渡河至城下，郓人不知，李从珂先登，杀守卒，启关纳外兵，进攻牙城，城中大扰。癸卯旦，嗣源兵尽入，遂拔牙城，刘遂严、燕颙奔大梁。嗣源禁焚掠，抚吏民，执知州事节度副使崔笃、判官赵凤送兴唐。帝大喜曰："总管真奇才，吾事集矣。"即以嗣源为天平节度使。

## 【注释】

①岁久：长时间。

## 【译文】

当时契丹经常入侵后唐，抢夺他们的粮食，幽州的粮食不够半年用。卫州被后梁夺取，潞州发生叛乱，人们都感到很危险，认为不能消灭后梁，庄宗也为此担忧。这时正好后梁郓州将领卢顺密来投奔。在此之前，后梁天平节度使戴思远驻扎在杨村，留下卢顺密和巡检使刘遂严、都指挥使燕颙驻守郓州。卢顺密告诉庄宗说："驻守郓州的士兵不足一千人，刘遂严和燕颙都失掉了民心，可以攻取。"郭崇韬等都认为"孤军远袭，万一不利，白白损失数千人，卢顺密的话不可听"。庄宗在帷帐中秘密召见李嗣源，谋划说："梁人志在吞并泽州、潞州，东边没有什么防备，如果能取得东平，就击败了他的心腹之地。东平真的可以夺取吗？"李嗣源自从在胡柳战役中因为没有跟从晋王，率兵北渡黄河，一直感到惭愧，经常想建立奇功来弥补过错。于是回答说："现在长时间用兵，百姓们很疲惫，如果不出奇制胜，怎能成就大的功业呢！我希望一个人担当这一战的重任，定会有好消息报告。"庄宗很高兴。壬寅（二十八日），庄宗派李嗣源率领他的五千精锐军马从德胜直取郓州。到达杨刘时，太阳已经落山，阴雨绵绵，道路漆黑，将士们都不想继续走了。高行周说："这是上天帮助我们，他们一定毫无准备。"黑夜，渡过黄河到了城下，郓州人没有发觉，李从珂先登上城，杀死守城门的士卒，打开城门让队伍进去，接着进攻牙城，城中大乱。癸卯（二十九日）早晨，李嗣源的军马全部进入城内，攻取了牙城。刘遂严、燕颙逃奔到大梁。李嗣源禁止士卒在城内焚烧抢掠，安抚百姓，把知州事节度副使崔笃、判官赵凤押送到兴唐。庄宗十分高兴地说："总管真是奇才，我们的事情成功了。"马上任命李嗣源为天平节度使。

## 【原文】

梁主闻郓州失守，大惧，斩刘遂严、燕颙于市，罢戴思远招讨使，降授宣化留后，遣使诘让北面诸将段凝、王彦章等，趣令进战。敬翔知梁室已危，以绳内靴中，入见梁主曰："先帝取天下，不以臣为不肖，所谋无不用。今敌势益强，而陛下弃忽臣言，臣身无用，不如死。"引绳将自经。梁主止之，问所欲言，翔曰："事急矣，非用王彦章为大将，不可救也。"梁主从之，以彦章代思远为北面招讨使，仍以段凝为副。

## 【译文】

后梁主听说郓州失守，十分惊惧，在街市上把刘遂严、燕颙斩了，罢免了戴思远的招讨使官职，降为宣化留后，派使者去责问驻守在北面的段凝、王彦章等将领，命令他们前进作战。敬翔知道后梁王室已经很危险了，把绳子装在靴子里，进宫求见后梁主说："先帝夺取天下的时候，不认为我没有才能，无论什么谋划都让我参与。现在敌人的势力越来越强大，而陛下不听或忽视我的话，我已经没有什么用了，不如死去。"把绳子从靴子里取出来要上吊自缢。后梁主制止了他，并问他有什么话想说。敬翔说："现在的事情十分紧急，不用王彦章为大将，则不能挽救梁王室的危亡。"后梁主听从了他的建议，让王彦章代替戴思远为北面招讨使，仍然用段凝为副招讨使。

**【原文】**

帝闻之，自将亲军屯澶州，命蕃汉马步都虞候朱守殷守德胜，戒之曰："王铁枪勇决，乘愤激之气，必来唐突，宜谨备之！"守殷，王幼时所役苍头也①。

**【注释】**

①苍头：奴仆。

**【译文】**

庄宗听说这件事后，亲自率领亲军驻守在澶州，命蕃汉马步都虞候朱守殷守卫德胜，告诫他说："王铁枪勇敢果断，他们乘士卒愤怒激动的气势，一定会来骚扰，应当谨慎小心地防备他们。"朱守殷是庄宗小时候用的奴仆。

**【原文】**

梁主召问王彦章以破敌之期，彦章对曰："三日。"左右皆失笑。彦章出，两日，驰至滑州。辛酉，置酒大会，阴遣人具舟于杨村；夜，命甲士六百，皆持巨斧，载冶者，具鞴炭①，乘流而下。会饮尚未散，彦章阳起更衣，引精兵数千循河南岸趋德胜。天微雨，朱守殷不为备，舟中兵举锁烧断之，因以巨斧斩浮桥，而彦章引兵急击南城。浮桥断，南城遂破，时受命适三日矣。守殷以小舟载甲士济河救之，不及。彦章进攻潘张、麻家口、景店诸寨，皆拔之，声势大振。

## 【注释】

①鞴炭：鼓风囊和木炭。泛指冶具。

## 【译文】

后梁主召见王彦章，问他击败敌人的时间，王彦章回答说："三天。"左右大臣都不禁笑起来。王彦章率兵出发，两天后，飞速到达滑州。辛酉（十八日），王彦章大办宴会，秘密派人在杨村准备舟船。晚上，命六百名全副武装的士卒都拿着大斧，船上载着冶炼的工匠，准备了吹火用的鼓风囊和炭，顺流而下。这时宴会还没有结束，王彦章装作换衣服，实际上率领数千精兵沿着黄河南岸直奔德胜。天下着小雨，朱守殷没有防备，王彦章船上的士兵将城门的锁用火烧断，用大斧把浮桥砍断。王彦章率兵迅速向南城发起进攻。浮桥被砍断，南城很快就被攻破了，此时正好是接受命令后的第三天。朱守殷用小船载着全副武装的士卒渡过黄河援救，但已来不及了。王彦章又向潘张、麻家口、景店诸寨发起进攻，都攻了下来，后梁军声势大振。

## 【原文】

帝遣宦者焦彦宾急趣杨刘，与镇使李周固守，命守殷弃德胜北城，撤屋为筏，载兵械浮河东下，助杨刘守备，徙其刍粮薪炭于澶州①，所耗失殆半。王彦章亦撤南城屋材浮河而下，各行一岸，每遇湾曲，辄于中流交斗，飞矢雨集，或全舟覆没，一日百战，互有胜负。比及杨刘，殂亡士卒之半。己巳，王彦章、段凝以十万之众攻杨刘，百道俱进，昼夜不息，连巨舰九艘，横亘河津以绝援兵。城垂陷者数四，赖李周悉力拒之，与士卒同甘苦，彦章不能克，退屯城南，为连营以守之。

【注释】

①刍粮：粮草。

【译文】

庄宗派宦官焦彦宾急速赶到杨刘，与杨刘镇使李周坚守杨刘，命朱守殷放弃德胜北城，把房屋拆掉做成木筏，载着士兵和武器从黄河向东顺流而下，帮助杨刘坚守，把德胜的粮草薪炭运往澶州，损失近一半。王彦章也把德胜南城的房屋拆掉，做成木筏，顺着黄河漂下去。王彦章和朱守殷各走一边，每遇上弯曲的地方，就在河中间交战，射出的箭像雨一般密集，有时整船覆没，一日交战百次，两军互有胜负。等到了杨刘，朱守殷的士卒有一半伤亡。己巳（二十六日），王彦章、段凝率领十万大军向杨刘发起进攻，四面八方一齐推进，昼夜不停。把九艘大船连在一起，横放在黄河的渡口上，来阻挡朱守殷的援兵。杨刘城几次都险些被攻陷，全靠李周与士卒同甘共苦，全力抵御，王彦章才没攻下，于是退兵到城南驻扎，把营寨连起来坚守。

【原文】

杨刘告急于帝，请日行百里以赴之；帝引兵救之，曰："李周在内，何忧！"日行六十里，不废畋猎①，六月乙亥，至杨刘。梁兵堑垒重复，严不可入，帝患之，问计于郭崇韬，对曰："今彦章据守津要，意谓可以坐取东平；苟大军不南，则东平不守矣。臣请筑垒于博州东岸以固河津，既得以应接东平，又可以分贼兵势。但虑彦章诇知，径来薄我②，城不能就。愿陛下募敢死之士，日令挑战以缀之，苟彦章旬日不东，则城成矣。"时李嗣源守郓州，河北声问不通，人心渐离，不保朝夕。会梁右先锋指挥使康延孝密请降于嗣源，延孝者，太原胡人，有罪，亡奔梁，时隶段凝麾下。嗣源遣押牙临漳范延光送延孝蜡书诣帝，延光因言于帝曰："杨刘控扼已固，梁人必不能取，请筑垒马家口以通郓州之路。"帝从之，遣崇韬将万人夜发，倍道趣博州，至马家口渡河，筑城昼夜不息。帝在杨刘，与梁人昼夜苦战。崇韬筑新城凡六日，王彦章闻之，将兵数万人驰至，戊子，急攻新城，连巨舰十馀艘于中流以绝援路。时板筑仅毕，城犹卑下，沙土疏恶，未有楼橹及守备；崇韬慰劳士卒，以身先之，四面拒战，遣间使告急于帝。帝自杨刘引大军救之，陈于新城西岸，城中望之增气，大呼叱梁军，梁人断绁敛舰③；帝舣舟将渡，彦章解围，退保邹家口。郓州奏报始通。

## 【注释】

①畋猎：打猎。

②薄：迫近。

③绁：绳索。

## 【译文】

杨刘方面向庄宗告急，请求皇帝日行百里赶赴杨刘。庄宗率兵救援杨刘，说："有李周在那里，有什么忧虑的。"于是日行六十里，在路上照常打猎。六月乙亥（初二），到达杨刘。后梁军修筑了重重营垒，防守十分严密，无法进去，庄宗十分担忧，向郭崇韬问计，郭崇韬回答说："现在王彦章据守着重要的渡口，意思是想坐取东平。如果大军不向南开进，那么东平就难以坚守。我请求在博州东岸修筑营垒来巩固黄河渡口，这样既可以接应东平，又可以分散敌人的兵力。只是担心王彦章得知我们的情况，直接逼近我们，那时城还没修好。希望陛下招募敢死的士卒，每天让他们向敌人挑战，以此牵制他们，如果王彦章十天不向东去，城垒就可以修好。"当时李嗣源在郓州坚守,黄河以北的消息一点也不知晓,人心离散,朝不保夕。恰好后梁军右先锋指挥使康延孝秘密请求投降李嗣源,康延孝是太原胡人,因为有罪,逃奔到后梁,当时属于段凝的部下。李嗣源派押牙临漳人范延光把康延孝请求投降的信用蜡封好送到庄宗那里,范延光为此对庄宗说:"杨刘防守很坚固,梁军一定攻不下来,请在马家口修筑城堡,打通通往郓州的道路。"庄宗听从了他的意见,派郭崇韬率领万人连夜出发,兼程赶奔博州,到马家口渡过黄河,昼夜不停地修筑城堡。庄宗在杨刘,与后梁军昼夜苦战。郭崇韬修筑新城共用了六天,王彦章听到此事,率数万大军直奔新城,戊子(十五日),向新城突然发起进攻,把十余艘战船连起来放到河的中间,断绝郭崇韬的援兵。当时马家口城垒的板墙刚刚修好,城墙还很低,修墙用的沙土质量不好,没有修建瞭望台和守备设施。郭崇韬慰劳部下,身先士卒,四面抗击,同时派出密使向庄宗告急。庄宗从杨刘率大军援救郭崇韬,在新城西岸摆开阵势,城里的士卒望见援兵来到,斗志倍增,大声斥骂后梁军,后梁军砍断了连接战船的绳子收回了战船。庄宗的船刚要渡河,王彦章便撤除了包围,退到邹家口坚守。郓州向庄宗奏报的道路才打通。

## 【原文】

秋,七月丁未,帝引兵循河而南,彦章等弃邹家口,复趋杨刘。甲寅,游弈将李绍兴败梁游兵于清丘驿南。段凝以为唐兵已自上流渡,惊骇失色①,面数彦章,尤其深入。

## 【注释】

①惊骇失色:惊慌害怕得变了脸色。

## 【译文】

秋季,七月丁未(初五),庄宗率军沿着黄河向南开进,王彦章等放弃了邹家口,又奔向杨刘。甲寅(十二日),游弈将李绍兴在清丘驿的南面击败了后梁军的流动部队。段凝以为后唐兵已从上游渡过了黄河,惊慌害怕得变了脸色,当面指责王彦章不该深入郓州之境。

## 【原文】

戊午,帝遣骑将李绍荣直抵梁营,擒其斥候,梁人益恐,又以火筏焚其连舰。王彦章等闻帝引兵已至邹家口,己未,解杨刘围,走保杨村;唐兵追击之,复屯德胜。梁兵前后急攻诸城,士卒遭矢石、溺水、暍死者且万人,委弃资粮、铠仗、锅幕,动以千计。杨刘比至围解①,城中无食已三日矣。

梁主命于滑州决河,东注曹、濮及郓以限唐兵。

## 【注释】

①比至:及至,到。

## 【译文】

戊午(十六日),庄宗派骑将李绍荣直抵后梁大营,抓获后梁军的侦察兵,后梁军更加恐惧,李绍荣又用火点着木筏焚烧了后梁军连在一起的战船。王彦章等听说庄宗率兵已经到达邹家口,己未(十七日),撤去对杨刘的包围,逃到杨村去坚守;后唐军追击后梁军,再次驻扎在德胜。后梁军先后紧急攻打后唐的几座城,士卒们遭到箭石射击、河水淹死、中暑而死的近万人,丢弃的物资、粮食、铠甲、武器、军锅、幕帐等,常常数以千计。等到杨刘解除包围时,城中已经三天没有粮食吃了。

后梁主命令从滑州打开黄河堤,引水向东灌注曹、濮以及郓州三城,来阻止后唐兵。

## 【原文】

初，梁主遣段凝监大军于河上，敬翔、李振屡请罢之，梁主曰："凝未有过。"振曰："俟其有过，则社稷危矣。"至是，凝厚赂赵、张求为招讨使，翔、振力争以为不可[1]；赵、张主之，竟代王彦章为北面招讨使，于是宿将愤怒，士卒亦不服。天下兵马副元帅张宗奭言于梁主曰："臣为副元帅，虽衰朽，犹足为陛下扞御北方[2]。段凝晚进，功名未能服人，众议讻讻，恐贻国家深忧[3]。"敬翔曰："将帅系国安危，今国势已尔，陛下岂可尚不留意邪！"梁主皆不听。

## 【注释】

①力争：极力争辩。

②扞御：保卫，防御。

③贻：留下。

## 【译文】

当初，后梁主曾派段凝在黄河上监督大军作战，敬翔、李振多次请求罢免他，后梁主说："段凝没有过错。"李振说："等到他有了过错时，国家就危险了。"这时，段凝用厚礼贿赂赵岩、张汉杰，请求出任招讨使，敬翔、李振极力争辩说不能任命段凝；最后由赵岩、张汉杰做主，竟用段凝代替了王彦章北面招讨使的职务，于是老将们很愤怒，士卒们也不服气。天下兵马副元帅张宗奭对后梁主说："我做天下兵马副元帅，虽然已经老了，但足以为陛下保卫北方。段凝是个晚辈，他的功名不能服人，众人议论纷纷，恐怕要给国家留下深深的忧患。"敬翔说："军队的将帅关系到国家的安危，现在国家的形势已经危急，陛下怎么能还不留意呢！"这些话后梁主都没有听进去。

## 【原文】

戊戌，康延孝帅百馀骑来奔，帝解所御锦袍玉带赐之，以为南面招讨都指挥使，领博州刺史。帝屏人问延孝以梁事，对曰："梁朝地不为狭，兵不可少；然迹其行事，终必败亡。何则？主既暗懦，赵、张兄弟擅权，内结宫掖①，外纳货赂，官之高下唯视赂之多少，不择才德，不校勋劳。段凝智勇俱无，一旦居王彦章、霍彦威之右，自将兵以来，专率敛行伍以奉权贵。每出一军，不能专任将帅，常以近臣监之，进止可否动为所制。近又闻欲数道出兵，令董璋引陕、虢、泽、潞之兵自石会关趣太原，霍彦威以汝、洛之兵自相、卫、邢、洺寇镇定，王彦章、张汉杰以禁军攻郓州，段凝、杜晏球以大军当陛下②，决以十月大举。臣窃观梁兵聚则不少，分则不多。愿陛下养勇蓄力以待其分兵，帅精骑五千自郓州直抵大梁，擒其伪主，旬月之间，天下定矣。"帝大悦。

## 【注释】

①宫掖：宫廷，皇宫。掖，掖廷，宫中的旁舍，妃嫔居住的地方。
②当：阻挡。

## 【译文】

戊戌（二十七日），康延孝率一百多骑兵来投奔后唐，庄宗脱下身上的锦袍玉带赏赐给他，并任命他为南面招讨都指挥使，兼任博州刺史。庄宗屏退身边的人，然后向康延孝询问后梁的事情。康延孝回答说："梁朝的地盘不算小，兵力也不算少，然而看看过去所干的事情，最后一定会灭亡。为什么呢？梁主愚昧软弱，赵岩、张汉杰兄弟独揽大权，在内勾结皇宫的人，外面接受贿赂，官职的高低只看贿赂的多少而定，用人不是看人的才能和品德，也不管有无功劳。段凝智勇都没有，一夜之间竟升到王彦章、霍彦威的上面，自从段凝统兵以来，任意约束士卒，以此来讨好权贵。梁王每次出兵，不能把军权交给将帅，常常用亲信的大臣来监军，军队前进与否常受这些人制约。最近又听说梁主打算四面出击,令董璋率领陕州、虢州、泽州、潞州的军马从石会关直驱太原,命令霍彦威率汝州、洛州的军马从相州、卫州、邢州、洺州侵犯镇定,命令王彦章、张汉杰率领禁卫军攻打郓州,段凝、杜晏球率领大军抵挡陛下,决定在十月大举进攻。我认为梁兵集中在一起确实不少,但一分散开就不多了。希望陛下养精蓄锐等待他们分兵作战,到那时您率领五千精锐的骑兵从郓州出发直捣大梁,抓获后梁王,十天一个月之间,天下即可平定。"庄宗十分高兴。

## 【原文】

帝在朝城,梁段凝进至临河之南,澶西、相南,日有寇掠。自德胜失利以来,丧刍粮数百万,租庸副使孔谦暴敛以供军,民多流亡,租税益少,仓廪之积不支半岁。泽、潞未下。卢文进、王郁引契丹屡过瀛、涿之南,传闻俟草枯冰合,深入为寇,又闻梁人欲大举数道入寇,帝深以为忧,召诸将会议。宣徽使李绍宏等皆以为郓州城门之外皆为寇境,孤远难守,有之不如无之,请以易卫州及黎阳于梁,与之约和,以河为境,休兵息民①,俟财力稍集,更图后举。帝不悦,曰:"如此吾无葬地矣。"乃罢诸将,独召郭崇韬问之。对曰:"陛下不栉沐,不解甲,十五馀年,其志欲以雪家国之雠耻也。今已正尊号②,河北士庶日望升平,始得郓州尺寸之地,不能守而弃之,安能尽有中原乎!臣恐将士解体,将来食尽众散,虽画河为境,谁为陛下守之!臣尝细询康延孝以河南之事,度己料彼,日夜思之,成败之机决在今岁。梁今悉以精兵授段凝,据我南鄙,又决河自固,谓我猝不能渡,恃此不复为备。使王彦章侵逼郓州,其意冀有奸人动摇③,变生于内耳。段凝本非将材,不能临机决策,无足可畏。降者皆言大梁无兵,陛下若留兵守魏,固保杨刘,自以精兵与郓州合势,长驱入汴,彼城中既空虚,必望风自溃。苟伪主授首④,则诸将自降矣。不然,今秋谷不登,军粮将尽,若非陛下决志,大功何由可成!谚曰:'当道筑室,三年不成。'帝王应运,必有天命,在陛下勿疑耳。"帝曰:"此正合朕志。丈夫得则为王,失则为虏,吾行决矣!"司天奏⑤:"今岁天道不利,深入必无功。"帝不听。

## 【注释】

①息民:谓使人民得到休养生息。

②尊号:皇帝、皇太后在世时的称呼。

③冀:希望。

④授首:投降或被杀。

⑤司天:运气术语。司,值掌。这里指司天监,官名,掌管观察天文。

## 【译文】

庄宗在朝城,段凝率兵到临河县南面,澶州西面、相州南面每天都有敌人来侵扰。自从德胜失利以来,损失粮草数百万,租庸副使孔谦残暴地收取赋税以供应军需,很多百姓逃跑了,收上来的租税越来越少,仓库里的积蓄支持不了半年。泽州、潞州尚未攻下,卢文进、王郁率领契丹人多次经过瀛、涿的南面,传说等到草枯结冰时就进一步深入后唐境。又听说后梁主准备从四面八方大举进攻后唐,庄宗为此深感忧患,召集诸将商议对策。宣徽使李绍宏等都认为郓州城门之外都是敌人占领区,孤立遥远,难以坚守,占有不如放弃,请求用这些地方换取后梁的卫州和黎阳,和后梁定约和好,以黄河为界,停止战争,使人民得到休养生息,等到财力稍有积蓄时,再计划以后的行动。庄宗听后很不高兴,说:"这样下去我就没有葬身之地了。"于是停止与诸将商议,单独召见郭崇韬问他有什么想法。郭崇韬回答说:"陛下不梳头洗浴、不解甲已经十五年多了,您的志向是想雪洗国家的耻辱。现在已经名正言顺地做了皇帝,黄河以北的士卒百姓们天天盼望天下太平,现在刚刚得到郓州这块很小的地方,不能坚守而要放弃它,怎么能占有整个中原呢!我担心将士们灰心丧气,将来粮食吃完了,大家都散了,虽然划河为界,又有谁来为陛下坚守它呢!我曾详细地向康延孝询问过黄河以南的情况，揣度自己，估计敌人，日夜思考这些事，我认为成败的时机就在今年。梁国现在将全部精锐部队交给段凝，占领我们的南边，又把河堤决开来保护自己，说我们不能很快渡过黄河，他依靠这些有利条件不再设防。他们派王彦章逼近郓州，目的是希望有奸人动摇，在我们内部发生变故。段凝本来不是将材，他不能临阵决策，没有什么可畏惧的。投降过来的人都说大梁没有什么军队，如果陛下留下部分兵力坚守魏州，保卫杨刘，之后亲自率领精锐部队与郓州人马会合，长驱直入汴梁，梁国城中本来就空虚，一定会望风自溃。如果伪主投降或者被杀，那么他们的将领自然也会投降。不然的话，今年秋天粮食不丰收，军粮将要吃完，如果陛下不下决心，大的功业怎么可以成功！俗谚说：'当道筑室，三年不成。'帝王顺应天运，一定会有天命，关键是陛下不能再迟疑了。"庄宗说："这话正合乎我的想法。大丈夫成则为王，败则为虏，我已经决定行动了！"有司天监上奏说："今年天道不利，深入敌境一定不会成功。"庄宗没有听这话。

## 【原文】

王彦章引兵逾汶水，将攻郓州，李嗣源遣李从珂将骑兵逆战，败其前锋于递坊镇，获将士三百人，斩首二百级，彦章退保中都。戊辰，捷奏至朝城，帝大喜，谓郭崇韬曰："郓州告捷，足壮吾气。"己巳，命将士悉遣其家属归兴唐。

## 【译文】

王彦章率兵过了汶水，将进攻郓州，李嗣源派李从珂率骑兵迎战，在递坊镇打败了王彦章的前锋部队，擒获三百多名将士，斩杀二百多人，王彦章退守中都。戊辰（二十七日），捷报上奏到朝城，庄宗十分高兴，对郭崇韬说："郓州首战告捷，足以鼓舞我们的士气。"己巳（二十八日），命令将士们把全部家属送回兴唐府。

## 【原文】

壬申，帝以大军自杨刘济河，癸酉，至郓州，中夜，进军逾汶，以李嗣源为前锋，甲戌旦，遇梁兵，一战败之，追至中都，围其城。城无守备，少顷，梁兵溃围出，追击，破之。王彦章以数十骑走，龙武大将军李绍奇单骑追之，识其声，曰："王铁枪也！"拔矟刺之，彦章重伤，马踬①，遂擒之，并擒都监张汉杰、曹州刺史李知节、裨将赵廷隐、刘嗣彬等二百馀人，斩首数千级。

## 【注释】

①踬：被东西绊倒。

## 【译文】

壬申（初二），庄宗率大军从杨刘渡过黄河，癸酉（初三），到达郓州，半夜，大军过了汶水，命李嗣源为前锋部队，甲戌（初四）早晨，与后梁军相遇，一战打败了后梁军，一直追到中都，包围了中都城。城中没有防备，时间不长，后梁军冲出包围，后唐军追击，打败后梁军。王彦章率数十名骑兵逃跑，龙武大将军李绍奇单枪匹马追击，李绍奇听出是王彦章的声音，说："王铁枪！"拔出长槊刺向王彦章，王彦章负重伤，马被东西绊倒，李绍奇抓获了王彦章，同时抓获了后梁军都监张汉杰、曹州刺史李知节、副将赵廷隐、刘嗣彬等二百多人，斩杀了几千人。

## 【原文】

彦章尝谓人曰："李亚子斗鸡小儿，何足畏！"至是，帝谓彦章曰："尔常谓我小儿，今日服未？"又问："尔名善将，何不守兖州？中都无壁垒，何以自固？"彦章对曰："天命已去，无足言者。"帝惜彦章之材，欲用之，赐药傅其创，屡遣人诱谕之①。彦章曰："余本匹夫，蒙梁恩，位至上将，与皇帝交战十五年；今兵败力穷，死自其分，纵皇帝怜而生我，我何面目见天下之人乎！岂有朝为梁将，暮为唐臣！此我所不为也。"帝复遣李嗣源自往谕之，彦章卧谓嗣源曰："汝非邈佶烈乎？"彦章素轻嗣源，故以小名呼之。于是诸将称贺，帝举酒属嗣源曰："今日之功，公与崇韬之力也。向从绍宏辈语，大事去矣。"

## 【注释】

①诱谕：诱导教喻。

## 【译文】

王彦章曾经对人说："李存勖是个斗鸡小儿，有什么可怕的！"到现在，庄宗对王彦章说："你常说我是小儿，今天服不服？"又问王彦章说："你名为善战将领，为什么不坚守兖州？中都没有修筑防御工事，怎么能守住？"王彦章回答说："天命已去，没有什么可说的。"庄宗怜惜王彦章的才能，打算起用他，赐药让他疗治伤口，曾多次派人去诱导劝说他。王彦章说："我本是个平民，承蒙梁国的恩爱，把我提拔成上将，与皇帝交战了十五年。今天兵败力穷，死是预料之中的事，纵使皇帝可怜我让我活着，我有什么面目去见天下的人呢？哪里有早晨还是梁国的将领，晚上就变成唐朝的大臣的道理呢？这是我不能做的。"庄宗又派李嗣源去说服他，王彦章躺着对李嗣源说："你不是邈佶烈吗？"王彦章平素轻视李嗣源，所以用小名来叫他。这时，各位将领都在举杯庆贺胜利，庄宗也举杯对李嗣源说："今日之功，全靠你和郭崇韬的力量。如果从前听了李绍宏等人的话，大事就完了。"

## 【原文】

帝又谓诸将曰："向所患惟王彦章，今已就擒，是天意灭梁也。段凝犹在河上，进退之计，宜何向而可？"诸将以为："传者虽云大梁无备，未知虚实。今东方诸镇兵皆在段凝麾下，所馀空城耳，以陛下天威临之，无不下者。若先广地，东傅于海，然后观衅而动，可以万全。"康延孝固请亟取大梁。李嗣源曰："兵贵神速。今彦章就擒，段凝必未之知；就使有人走告，疑信之间尚须三日。设若知吾所向，即发救兵，直路则阻决河，须自白马南渡，数万之众，舟楫亦难猝办。此去大梁至近，前无山险，方陈横行，昼夜兼程，信宿可至①。段凝未离河上，友贞已为吾擒矣。延孝之言是也。请陛下以大军徐进，臣愿以千骑前驱。"帝从之。令下，诸军皆踊跃愿行②。

【注释】

①信宿：连宿两夜。
②踊跃：争先恐后。

【译文】

庄宗又对各位将领说："过去我所忧患的只有王彦章，今天他已被抓获，这是天意要灭掉梁国。段凝目前还在黄河边上，是进是退，应该向哪个方向去呢？"诸将领认为："虽然传话的人说梁国没有什么防备，但不知道是真是假。现在东方各镇的兵力都集中到段凝的手中，剩下的全是空城，靠陛下的天威去攻打这些城，没有攻不下的。如果先扩大我们占据的地方，东面靠近海边，然后乘机会行动，可以万无一失。"康延孝坚决请求急速攻取大梁。李嗣源说："兵贵神速。现在王彦章已被抓获，段凝一定还不知道，即使有人跑去告诉他，段凝是否相信也需要三天时间来决定。假使他知道了我军所向，就会发兵援救。我们从直路去，有决口的黄河阻挡，需从白马以南渡过黄河，数万人马，船只和船桨也难以很快筹办到。从这里去大梁最近，前面没有高山险要的地方，把部队排成方阵，昼夜兼程，过两个晚上就能到达。段凝还没离开黄河边，朱友贞就会被我们抓获。康延孝的话是对的，请陛下率领大军慢慢前进，我愿率领一千骑兵作为前锋。"庄宗听从了他的意见。命令下达后，各路军马都争先恐后希望赶快行动。

## 【原文】

是夕，嗣源帅前军倍道趣大梁。乙亥，帝发中都，舁王彦章自随①，遣中使问彦章曰："吾此行克乎？"对曰："段凝有精兵六万，虽主将非材，亦未肯遽尔倒戈②，殆难克也。"帝知其终不为用，遂斩之。

## 【注释】

①舁：抬着。
②遽尔：迅速。

## 【译文】

这天晚上，李嗣源率领前锋部队快速行军直奔大梁。乙亥（初五），庄宗从中都出发，抬着王彦章跟随在后面。庄宗派中使问王彦章说："我们此行能得胜吗？"王彦章回答说："段凝率领精锐部队六万人，虽然主将没有才能，但也不会马上投降，几乎很难击败他们。"庄宗知道他最终也不会为己所用，于是就把他杀了。

## 【原文】

丁丑，至曹州，梁守将降。

王彦章败卒有先至大梁，告梁主以"彦章就擒，唐军长驱且至"者，梁主聚族哭曰："运祚尽矣①！"召群臣问策，皆莫能对。梁主谓敬翔曰："朕居常忽卿所言②，以至于此。今事急矣，卿勿以为怼③。将若之何？"翔泣曰："臣受先帝厚恩，殆将三纪，名为宰相，其实朱氏老奴，事陛下如郎君。臣前后献言④，莫匪尽忠⑤。陛下初用段凝，臣极言不可，小人朋比⑥，致有今日。今唐兵且至，段凝限于水北，不能赴救。臣欲请陛下出避狄，陛下必不听从；请陛下出奇合战，陛下必不果决；虽使良、平更生，谁能为陛下计者！臣愿先赐死，不忍见宗庙之亡也。"因与梁主相向恸哭。

## 【注释】

①运祚：犹言国运祚福。

②居常：平时，经常。

③怼：怨恨。

④献言：进言，进献意见。

⑤莫匪：同"莫非"。尽忠：竭尽忠诚。

⑥朋比：依附，互相勾结。

## 【译文】

丁丑（初七），后唐军到达曹州，后梁军的将领投降了后唐军。

王彦章的败卒有先到大梁的，告诉后梁主"王彦章已经被后唐军抓获，后唐军长驱直入，不久就到来了"的话。后梁主把全家聚在一起哭着说："国家的气数已经尽了。"召集大臣们问询办法，大臣都不能回答。后梁主对敬翔说："我平时忽视你所说的话，才到了今天这地步。现在事情非常紧急，你不要对我有怨恨。眼下该怎么办呢？"敬翔哭着说："我蒙受先帝的厚恩，差不多三十年了，名为宰相，其实是朱家的老奴，侍奉陛下如同少主人一般。我前后所提出的意见，无一不是竭尽忠诚。陛下当初起用段凝时，我极力说不可，小人们互相勾结，才导致有今天这样的结果。现在唐军就要到来，段凝隔在黄河以北，不能赶来援救。我打算请陛下到北面契丹那里躲避一下，陛下一定不会听我的意见；请求陛下出奇兵与唐军交战，陛下一定不会果断决定。即使张良、陈平再生，谁又能为陛下想出好办法来呢？我希望陛下赐我先死，我不忍看到国家的灭亡。"于是和后梁主面对面痛哭。

## 【原文】

时城中尚有控鹤军数千，朱珪请帅之出战；梁主不从，命开封尹王瓒驱市人乘城为备。

梁主登建国楼，面择亲信厚赐之，使衣野服，赍蜡诏，促段凝军，既辞，皆亡匿。或请幸洛阳，收集诸军以拒唐，唐虽得都城，势不能久留。或请幸段凝军，控鹤都指挥使皇甫麟曰："凝本非将才，官由幸进，今危窘之际，望其临机制胜①，转败为功②，难矣。且凝闻彦章败，其胆已破，安知能终为陛下尽节乎！"赵岩曰："事势如此，一下此楼，谁心可保！"梁主乃止。复召宰相谋之，郑珏请自怀传国宝诈降以纾国难③，梁主曰："今日固不敢爱宝，但如卿此策，竟可了否？"珏俯首久之，曰："但恐未了。"左右皆缩颈而笑。梁主日夜涕泣，不知所为；置传国宝于卧内，忽失之，已为左右窃之迎唐军矣。

## 【注释】

①临机制胜：抓住机会，以谋略取胜。

②转败为功：将失败转化为胜利。

③纾：缓和，解除。

## 【译文】

当时城中还有几千控鹤军，朱珪请求率领他们出去迎战，后梁主没有答应，命令开封尹王瓒驱赶市民登城守备。

后梁主登上建国楼，当面选择亲信，丰厚地赏赐他们，让他们穿上百姓的衣服，送给他们一份用蜡封的诏书，让他们去催促段凝的军队，刚刚告别，这些人就都逃跑躲藏起来了。有人请后梁主到洛阳，集合各军抵御后唐军，后唐军虽然占领了都城，势必不能在那里久留。有人请求到段凝的军队那里，控鹤都指挥使皇甫麟说："段凝本不是将才，他的官位是因为他妹妹才晋升的，现正值危难之际，希望他抓住机会以谋略取胜，将失败转化为胜利，很难啊。况且段凝听到王彦章已被击败，他的胆子已被吓破，怎么知道他能在最后时刻为陛下尽忠尽节呢！"赵岩说："事态到现在这样，一下此楼，谁的心都难保证。"后梁主于是不这样做了。又召来宰相郑珏商量，郑珏请求自己拿着传国之宝去假装投降后唐军来缓解国难。后梁主说："今天一定不是吝惜国宝，只是如果按你的办法去办，真能解除国难吗？"郑珏低下头好久，说："恐怕不能。"左右大臣们都缩着脖子发笑。后梁主日夜哭泣，不知道怎么办。他把传国之宝放在卧室里，忽然没有了，原来是左右大臣偷去迎接后唐军去了。

## 【原文】

梁主谓皇甫麟曰："李氏吾世雠，理难降首，不可俟彼刀锯。吾不能自裁，卿可断吾首。"麟泣曰："臣为陛下挥剑死唐军则可矣，不敢奉此诏。"梁主曰："卿欲卖我邪？"麟欲自刭，梁主持之曰："与卿俱死。"麟遂弑梁主，因自杀。梁主为人温恭约，无荒淫之失；但宠信赵、张，使擅威福，疏弃敬、李旧臣，不用其言，以至于亡。

## 【译文】

后梁主对皇甫麟说："李氏是我世世代代的仇人，按理难向他们投降，不能等着让他们杀害我。我不能自杀，你可以把我的头砍下来。"皇甫麟哭着说："我为陛下挥剑抗战死于唐军之手是可以的，但不敢接受这个诏令。"后梁主说："你打算出卖我吗？"皇甫麟想自杀，后梁主拉住他说："我和你一起死。"皇甫麟于是杀了梁主，随即自杀。后梁主为人温和恭敬，而且简朴，没有荒淫方面的过失；只是宠信赵岩、张汉杰，使他们独断专行，作威作福，丢弃和疏远了敬翔、李振等旧臣，不采用他们的意见，所以导致灭亡了。

## 【原文】

己卯旦，李嗣源军至大梁，攻封丘门，王瓒开门出降，嗣源入城，抚安军民。是日，帝入自梁门，百官迎谒于马首①，拜伏请罪，帝慰劳之，使各复其位。李嗣源迎贺，帝喜不自胜，手引嗣源衣，以头触之曰："吾有天下，卿父子之功也，天下与尔共之。"帝命访求梁主，顷之，或以其首献。

【注释】

①迎谒：迎接拜见。

【译文】

己卯（初九）早晨，李嗣源的军队到达大梁城，向封丘门发起进攻，王瓒开门出来投降，李嗣源进城，安抚军民。这一天，庄宗从梁门进入城内，后梁国的百官在庄宗的马前迎接庄宗，跪在地上请罪，庄宗慰劳他们，让他们恢复各自的官位。李嗣源出来迎接并祝贺庄宗，庄宗喜不自胜，用手拉着李嗣源的衣服，用头撞了一下李嗣源说："我取得天下，是你父子二人的功劳，我和你们共享天下。"庄宗命令访求后梁主，不久，有人拿着后梁主的首级献给了庄宗。

【原文】

李振谓敬翔曰："有诏洗涤吾辈①，相与朝新君乎？"翔曰："吾二人为梁宰相，君错不能谏，国亡不能救，新君若问，将何辞以对！"是夕未曙，或报翔曰："崇政李太保已入朝矣。"翔叹曰："李振谬为丈夫②！朱氏与新君世为仇雠③，今国亡君死，纵新君不诛，何面目入建国门乎！"乃缢而死。

【注释】

①洗涤：除去。

②谬为：假装。

③仇雠：仇敌，仇家。

【译文】

李振对敬翔说："如果唐帝下诏除去我们的罪过，我们朝见新君吗？"敬翔说："我二人是梁国的宰相，君主昏庸不能接受进谏，国家灭亡了不能拯救，新君如果问我们，将用什么话来回答呢！"这天晚上天还未亮的时候，有人来报敬翔说："崇政使太保李振已经入朝投降了。"敬翔叹息说："李振枉为大丈夫！朱氏与新君世代为仇敌，现在国亡君死，即使新君不杀我，我还有什么脸再进大梁的建国门呢！"于是自缢而死。

## 【原文】

庚辰，梁百官复待罪于朝堂，帝宣敕赦之。

段凝自滑州济河入援，以诸军排陈使杜晏球为前锋；至封丘，遇李从珂，晏球先降。壬午，凝将其众五万至封丘，亦解甲请降。凝帅诸大将先诣阙待罪①，帝劳赐之，慰谕士卒②，使各复其所。凝出入公卿间，扬扬自得无愧色，梁之旧臣见者皆欲龁其面③，抉其心。

## 【注释】

①诣阙：谓赴朝堂。

②慰谕：宽慰晓喻。

③龁：咬。

## 【译文】

庚辰（初十），后梁百官又在朝廷大堂内等待治罪，庄宗宣布赦免他们。

段凝从滑州渡过黄河前往增援，命令诸军排阵，命杜晏球为前锋；到封丘后，遇上李从珂的部队，杜晏球先投降了。壬午（十二日），段凝率领五万大军到达封丘，也脱去铠甲请求投降。段凝带领将领先到朝堂等待治罪，庄宗慰劳赏赐了他们，并宽慰晓喻士卒，让他们各自回到自己住的地方。段凝出入于后唐公卿之间，扬扬自得，脸上没有一点愧色，后梁的旧臣见了，都想咬他的脸，挖他的心。

**【原文】**

段凝、杜晏球上言："伪梁要人赵岩、赵鹄、张希逸、张汉伦、张汉杰、张汉融、朱珪等，窃弄威福①，残蠹群生，不可不诛。"诏："敬翔、李振首佐朱温，共倾唐祚；契丹撒剌阿拨叛兄弃母，负恩背国，宜与岩等并族诛于市；自馀文武将吏一切不问。"又诏追废朱温、朱友贞为庶人②，毁其宗庙神主。

**【注释】**

①窃弄：盗用；玩弄。威福：指当权者妄自尊大，恃势弄权。
②追废：废除死者原有的封诰。

**【译文】**

段凝、杜晏球上书庄宗说："伪梁的要害人物赵岩、赵鹄、张希逸、张汉伦、张汉杰、张汉融、朱珪等窃取权力，作威作福，残害百姓，不可不杀。"庄宗下诏："敬翔、李振带头帮助朱温颠覆唐帝。契丹撒剌阿拨叛兄弃母，辜负恩德，背叛国家，应当和赵岩等在街市上诛灭全族；其余的文武将吏一概不追究。"又下诏废除朱温、朱友贞原有的封诰，降为平民，毁掉他们的宗庙神主。

**【原文】**

梁诸藩镇稍稍入朝①，或上表待罪，帝皆慰释之②。宋州节度使袁象先首来入朝，陕州留后霍彦威次之。象先辇珍货数十万，遍赂刘夫人及权贵、伶官、宦者，旬日③，中外争誉之，恩宠隆异④。己丑，诏伪庭节度⑤、观察、防御、团练使、刺史及诸将校，并不议改更，将校官吏先奔伪庭者一切不问。

帝遣使宣谕诸道，梁所除节度使五十馀人皆上表入贡。

【注释】

①稍稍入朝：逐渐谒见天子。稍稍，逐渐。入朝，属国使臣或地方官员谒见天子。

②慰释：宽慰，宽解。

③旬日：十天。亦指较短的时日。

④隆异：优厚异常。

⑤伪庭：亦作"伪廷"，犹伪朝。这里指后梁。

【译文】

后梁的各藩镇逐渐进朝投降，有的上表请求治罪，庄宗都宽慰、释放了他们。宋州节度使袁象先首先谒见庄宗投降，陕州留后霍彦威稍晚一点。袁象先首先用车拉着数十万珍宝财货，贿赂了刘夫人以及权贵、伶官、宦者等人，十几天来，朝内朝外都争相说他好，受到庄宗格外的宠爱。己丑（十九日），庄宗下诏，后梁的节度使、观察使、防御使、团练使、刺史以及各位将校官员，都不更改，将校官吏中原先投奔后梁的人一律不追究。

庄宗派使者去各道宣谕，后梁任命的五十多名节度使都向庄宗上表进贡。

# 后晋纪

## 割让幽蓟

⊙ 导语

在中国的政治格局和历史进程中,发生过一件影响持续四百年的大事,这就是割让幽云十六州。而始作俑者就是石敬瑭。

幽云十六州,又称燕云十六州、幽蓟十六州。清泰三年(公元936年)五月,作为河东节度使的石敬瑭反于晋阳,后唐发兵讨伐。石敬瑭求救于契丹,向契丹主耶律德光称臣,并以父礼事之,约定解围称帝事成后割让卢龙一道及雁门关以北诸州。九月,耶律德光亲率骑兵击破包围晋阳的后唐军队。十一月,耶律德光立石敬瑭为"大晋皇帝"。石敬瑭依前约,将幽云十六州割付契丹。

长城以北的少数民族在东汉末、西晋至北朝、唐代都曾进入长城以南,正因如此,才导致了当时激烈的民族矛盾以及随之而来的大规模的民族融合。作为北方的天然屏障,幽云十六州是重要的战略要冲,进可攻,退可守,中原政权占据它,就能抵御游牧民族的侵扰,而游牧民族占据它,则是冲击中原的跳板。它是重要的生产资料供应基地,还是中原汉民族和其他游牧民族分片而居的天然分界线。唐玄宗时期,安禄山和史思明就是凭借幽云之地作为强有力的战略后方,把唐帝国推入了万劫不复的深渊。这次割让的直接恶果是,燕云十六州从此脱离中原政权的控制,北部边防几乎无险可守,中原完全暴露在契丹铁蹄之下,而契丹昼夜之间即可饮马黄河。

但是有一点要说明的是,胡三省在《资治通鉴》的注文中也谈到自撤藩篱并不始于石敬瑭。契丹是自己起兵灭了赵延寿,才得到幽州的。

纵观石敬瑭之一生，初以骁勇善战发迹，继因廉政而闻名。在战乱频繁之际，他借助契丹援助得以问鼎、建立后晋王朝。

因为石敬瑭割让幽云十六州以及岁输布帛三十万给契丹，并甘当百依百顺的"儿皇帝"以换取契丹对自己的支持，将北方百姓置于契丹铁蹄之下，所以民心尽失。

石敬瑭的帝位并不稳固。他对契丹的屈辱行为，遭到人民的唾弃；尽管石敬瑭卑屈地侍奉契丹，仍常遭到契丹的责备。天福七年，石敬瑭忧郁而死，契丹得石知敬瑭死讯，契丹主驱兵南下。

## 【原文】

天福元年（丙申，公元936年）

初，石敬瑭欲尝唐主之意①，累表自陈羸疾②，乞解兵柄，移他镇③；帝与执政议从其请④，移镇郓州⑤。房暠、李崧、吕琦等皆力谏⑥，以为不可，帝犹豫久之。

## 【注释】

①尝：试探。唐主：后唐末帝李从珂。

②羸：瘦弱。

③乞解兵柄，移他镇：石敬瑭当时是河东节度使、北面总管。

④帝：后唐末帝李从珂。镇州（今河北正定）人，五代时期后唐皇帝，原为后唐明宗李嗣源义子，本姓王。公元934年至公元936年在位，死后无谥号及庙号，史称后唐末帝或后唐废帝。执政：宰相。

⑤郓州：今山东东平。

⑥房暠、李崧、吕琦：都是后唐的重要官员。

## 【译文】

天福元年（丙申，公元936年）

最初，石敬瑭想试探后唐朝廷的意图，多次上表陈述身体羸弱，请求解除他的兵权，调迁到别的镇所；末帝与执政大臣商议后答应了他的请求，调迁郓州。房暠、李崧、吕琦等人都极力谏劝，认为不能这样，末帝犹疑了很久。

## 【原文】

五月庚寅夜，李崧请急在外①，薛文遇独直，帝与之议河东事，文遇曰："谚有之：'当道筑室，三年不成②。'兹事断自圣志；群臣各为身谋，安肯尽言！以臣观之，河东移亦反，不移亦反，在旦暮耳，不若先事图之。"先是，术者言国家今年应得贤佐，出奇谋，定天下，帝意文遇当之，闻其言，大喜，曰："卿言殊豁吾意，成败吾决行之。"即为除目③，付学士院使草制④。辛卯，以敬瑭为天平节度使⑤，以马军都指挥使、河阳节度使宋审虔为河东节度使⑥。制出，两班闻呼敬瑭名⑦，相顾失色。

## 【注释】

①请急：请假。请假一般要有急事，所以说请急。

②当道筑室，三年不成：意思是在路边盖房子，过路人会纷纷议论，使主人不知听谁的好，这样闹上三年也盖不成房子。

③除目：御笔亲自任免付外执行的叫除目。

④草制：起草诏制。从唐玄宗以后，多由翰林学士起草诏制。

⑤天平节度使：治所在郓州，即今山东东平。

⑥河阳节度使：治所在今河南孟州。

⑦两班：上朝时文武官员分班排列叫两班。

## 【译文】

五月庚寅（初二）夜间，李崧有急事请假在外，薛文遇独自值夜班，末帝与他议论河东的事，薛文遇说："俗谚说：'在道路当中盖房，三年也盖不成。'这种事只能由主上根据自己的意志来决断。群臣各为自身打算，怎么肯把心里的话都说出来呢！以臣看来，河东方面的事，移镇反，不移也要反，这是早晚的事，不如先动手把这事解决了。"以前，术士说国家今年当有贤人辅佐，提出奇谋，安定天下，末帝还以为这个人当由薛文遇来应验，听到他的话，心里很高兴，于是说道："爱卿的话使我豁然开朗，不论成败我决心这样做了。"立即让薛文遇起草封授官职的拟议，交付学士院草拟任命制书。辛卯（初三），任命石敬瑭为天平节度使，任用马军都指挥使、河阳节度使宋审虔为河东节度使。制令一出，文武两班听到叫石敬瑭的名字，相顾失色。

**【原文】**

甲午，以建雄节度使张敬达为西北蕃汉马步都部署①，趣敬瑭之郓州。敬瑭疑惧，谋于将佐曰："吾之再来河东也，主上面许终身不除代②；今忽有是命，得非如今年千春节与公主所言乎③？我不兴乱，朝廷发之，安能束手死于道路乎！今且发表称疾以观其意，若其宽我，我当事之；若加兵于我，我则改图耳。"幕僚段希尧极言拒之，敬瑭以其朴直，不责也。节度判官华阴赵莹劝敬瑭赴郓州；观察判官平遥薛融曰："融书生，不习军旅。"都押牙刘知远曰④："明公久将兵，得士卒心；今据形胜之地，士马精强，若称兵传檄，帝业可成，奈何以一纸制书自投虎口乎！"掌书记洛阳桑维翰曰："主上初即位，明公入朝，主上岂不知蛟龙不可纵之深渊邪？然卒以河东复授公，此乃天意假公以利器。明宗遗爱在人，主上以庶孽代之⑤，群情不附。公明宗之爱婿，今主上以反逆见待，此非首谢可免，但力为自全之计。契丹素与明宗约为兄弟⑥，今部落近在云、应⑦，公诚能推心屈节事之，万一有急，朝呼夕至，何患无成。"敬瑭意遂决。

**【注释】**

①建雄节度使：治所在今山西临汾。

②除代：委派人接替职务。

③千春节：即唐主末帝诞辰。自唐玄宗开元年间开始，屡有以皇帝诞辰为节日的规定。

④都押牙：当时节度使手下的重要武官。刘知远：后来后汉的开国皇帝。

⑤庶孽：不是正妻所生的儿子。

⑥契丹：后改国号为辽。

⑦云、应：云州在今山西大同，应州在今山西应县。

### 【译文】

甲午（初六），末帝任命建雄节度使张敬达为西北蕃汉马步都部署，催石敬瑭赶赴郓州。石敬瑭又疑惑又害怕，便与他的将佐计议说："我第二次来河东时，主上当面答应我终身不派别人接替我；现在忽然来了这样的命令，莫不是像今年过千春节时，主上同公主所说的那样吗？我如果不起兵，朝廷先发制人，怎么能束手被擒，死于道路之间呢！今天暂且上表说有病，以此观察朝廷对我的意向，如果他对我宽容，我就以臣子之礼对他；如果他对我用兵，那我就要另做打算了。"幕僚段希尧极力反对，石敬瑭因为段希尧为人直率，没有责怪他。节度判官华阴人赵莹劝石敬瑭赶赴郓州；观察判官平遥人薛融说："我是个书生，不懂得带兵作战的事。"都押牙刘知远说："明公您长期统率兵将，受到士兵的拥护；现在占据着有利的地方，人马都很精锐强悍，如果起兵，传发檄文宣示各道，可以完成帝王大业，怎么能只为一道朝廷制令便自投虎口呢！"掌书记洛阳人桑维翰说："主上当初即位的时候，明公您入京朝贺，主上岂能不知道蛟龙不可放归深渊的道理？然而最后还是把河东再次交给您，这是天意要借一把快刀给您。先帝明宗把遗爱留给了后人，主上却用旁支的庶子取代大位，众人心里是不愿依附他的。您是明宗的爱婿，可是现在主上却把您当作叛逆看待，这不是仅仅靠表示低头服从就能取得宽免的，为保全自己只能努力想办法了。契丹向来同明宗协约做兄弟之邦,现在,他们的部落近在云州、应州,您如果能推心置腹地曲意讨好他们,万一有急事,早上叫他晚上就能到,还担心不能成功吗?"石敬瑭于是下了反叛的决心。

## 【原文】

戊戌,昭义节度使皇甫立奏敬瑭反①。敬瑭表:"帝养子,不应承祀②,请传位许王。"帝手裂其表抵地,以诏答之曰:"卿于鄂王固非疏远,卫州之事,天下皆知;许王之言,何人肯信!"壬寅,制削夺敬瑭官爵。乙巳,以张敬达兼太原四面排陈使,河阳节度使张彦琪为马步军都指挥使,以安国节度使安审琦为马军都指挥使,以保义节度使相里金为步军都指挥使,以右监门上将军武廷翰为壕寨使。丙午,以张敬达为太原四面兵马都部署,以义武节度使杨光远为副部署。丁未,又以张敬达知太原行府事③,以前彰武节度使高行周为太原四面招抚、排陈等使。光远既行,定州军乱,牙将千乘方太讨平之。

## 【注释】

①昭义节度使:治所在今山西长治。
②承祀:祀是祭祀,在古代祭是国之大事,因此,继承帝位也叫承祀。
③知:主管。

## 【译文】

戊戌(初十),昭义节度使皇甫立奏报石敬瑭叛乱。石敬瑭上表说:"皇帝是养子,不应继承帝位,请把皇位传给许王李从益。"末帝把石敬瑭的表章撕碎扔在地上,用诏书回答他说:"你与鄂王李从厚本来并不疏远,卫州的事情,天下人都知道;许王的话,谁能相信!"壬寅(十四日),末帝下制令,削夺石敬瑭的官爵。乙巳(十七日),任命张敬达兼太原四面排陈使,河阳节度使张彦琪为马步军都指挥使,任命安国节度使安审琦为马军都指挥使，任命保义节度使相里金为步军都指挥使，任命右监门上将军武廷翰为壕寨使。丙午（十八日），任命张敬达为太原四面兵马都部署，任命义武节度使杨光远为副部署。丁未（十九日），又任命张敬达主管太原行府事，任命前彰武节度使高行周为太原四面招抚、排陈等使。杨光远离任后，定州军作乱，牙将千乘县人方太讨伐平定了定州军的叛乱。

### 【原文】

石敬瑭遣间使求救于契丹，令桑维翰草表称臣于契丹主①，且请以父礼事之，约事捷之日，割卢龙一道及雁门关以北诸州与之。刘知远谏曰："称臣可矣，以父事之太过。厚以金帛赂之，自足致其兵②，不必许以土田，恐异日大为中国之患，悔之无及。"敬瑭不从。表至契丹，契丹主大喜，白其母曰："儿比梦石郎遣使来③，今果然，此天意也。"乃为复书，许俟仲秋倾国赴援。

### 【注释】

①草表：草拟奏章。
②致其兵：达到让他们出兵的目的。
③比：近来。

### 【译文】

石敬瑭派使者向契丹求救，让桑维翰草拟表章向契丹主称臣，并请求用对待父亲的礼节来侍奉他，约定事情成功之日，划割卢龙一道及雁门关以北诸州给契丹。刘知远劝谏他说："称臣就可以了，用父亲的礼节对待他就太过分了。用丰厚的金银财宝贿赂他，就足以达到让他们出兵的目的了，不必许诺割给他土地，恐怕那样以后要成中原的大患，后悔就来不及了。"石敬瑭不听。表章送到契丹，契丹国主耶律德光非常高兴，告诉他的母亲说："孩儿最近梦见石郎派遣使者来，现在果然来了，这真是天意啊。"于是给石敬瑭写了回信，答应等到仲秋时节，发动所有人马去支援他。

## 【原文】

九月，契丹主将五万骑，号三十万，自扬武谷而南，旌旗不绝五十馀里。代州刺史张朗、忻州刺史丁审琦婴城自守①，虏骑过城下，亦不诱胁②。

## 【注释】

①婴城：谓环城而守。
②诱胁：引诱恐吓。

## 【译文】

九月，契丹主耶律德光率领五万骑兵，号称三十万，从代州扬武谷向南进发，旌旗连绵不断达五十余里。代州刺史张朗、忻州刺史丁审琦绕城自守，敌人骑兵经过城下时，也不引诱恐吓。

## 【原文】

辛丑，契丹主至晋阳，陈于汾北之虎北口。先遣人谓敬瑭曰："吾欲今日即破贼可乎？"敬瑭遣人驰告曰："南军甚厚，不可轻，请俟明日议战未晚也。"使者未至，契丹已与唐骑将高行周、符彦卿合战，敬瑭乃遣刘知远出兵助之①。张敬达、杨光远、安审琦以步兵陈于城西北山下，契丹遣轻骑三千，不被甲，直犯其陈。唐兵见其羸②，争逐之，至汾曲③，契丹涉水而去。唐兵循岸而进，契丹伏兵自东北起，冲唐兵断而为二，步兵在北者多为契丹所杀，骑兵在南者引归晋安寨④。契丹纵兵乘之，唐兵大败，步兵死者近万人，骑兵独全。敬达等收馀众保晋安，契丹亦引兵归虎北口。敬瑭得唐降兵千馀人，刘知远劝敬瑭尽杀之。

【注释】

①助：帮助协同。

②羸：弱。

③汾曲：汾河东南流经太原市至新绛县西折入黄河，其西折处谓汾曲。

④引归：率军退回。

【译文】

辛丑（十五日），契丹主率军到达晋阳，把兵马分布在汾北的虎北口。先派人对石敬瑭说："我打算今天攻打贼兵，可以吗？"石敬瑭派人立刻告诉他说："南军力量很雄厚，不可以轻敌，请等到明天商议好再开战也不晚。"使者还没到达契丹军营，契丹兵已经同后唐骑将高行周、符彦卿打了起来，石敬瑭便派刘知远出兵协同契丹作战。张敬达、杨光远、安审琦用步兵在城西北山下列阵，契丹派轻骑兵三千人，不披铠甲，直冲后唐兵阵列。后唐兵看到契丹兵单薄，争相驱赶，到了汾水西折处，契丹兵涉水逃跑。后唐兵沿着河岸追击，契丹伏兵从东北冲出来，把后唐兵冲截为两段，在北面的步兵大多被契丹所杀，在南面的骑兵退回到晋安营寨。契丹放开兵马乘乱攻击，后唐兵大败，步兵死亡近万人，只有骑兵保全了。张敬达等收集余众退保晋安，契丹也率兵返回虎北口。石敬瑭俘获后唐降兵一千余人，刘知远劝石敬瑭把他们都杀了。

【原文】

是夕，敬瑭出北门，见契丹主。契丹主执敬瑭手，恨相见之晚。敬瑭问曰："皇帝远来，士马疲倦，遽与唐战而大胜，何也？"契丹主曰："始吾自北来，谓唐必断雁门诸路，伏兵险要，则吾不可得进矣。使人侦视，皆无之，吾是以长驱深入，知大事必济也①。兵既相接，我气方锐②，彼气方沮，若不乘此急击之，旷日持久，则胜负未可知矣。此吾所以亟战而胜,不可以劳逸常理论也。"敬瑭甚叹伏。

【注释】

①济:成。

②锐:勇往直前的气势。

【译文】

这天晚上,石敬瑭出北门,会见契丹主。契丹主握住石敬瑭的手,只恨相见晚了。石敬瑭问道:"皇帝远道而来,兵马疲倦,仓促之间同后唐兵作战却获大胜,这是什么原因?"契丹主说:"开始我从北面来,以为后唐兵一定会切断雁门的各条道路,埋伏兵众在险要之地,那样我就不能顺利前进了。我使人侦察,发现断路和埋伏都没有,我才得以长驱直入,知道大事必然成功。兵马相接以后,我方气势正旺盛,对方却是意志消沉,如果不乘此时急速攻击他,时间拖得久了,那谁胜谁负就不知道了。这就是我之所以速战而胜的道理,不能用谁紧张谁安逸的通常道理来衡量了。"石敬瑭很是叹服。

【原文】

壬寅,敬瑭引兵会契丹围晋安寨,置营于晋安之南,长百馀里,厚五十里,多设铃索吠犬①,人跬步不能过②。敬达等士卒犹五万人,马万匹,四顾无所之。甲辰,敬达遣使告败于唐,自是声问不复通。唐主大惧,遣彰圣都指挥使符彦饶将洛阳步骑兵屯河阳,诏天雄节度使兼中书令范延光将魏州兵二万由青山趣榆次,卢龙节度使、东北面招讨使兼中书令北平王赵德钧将幽州兵出契丹军后,耀州防御使潘环纠合西路戍兵,由晋、绛两乳岭出慈、隰,共救晋安寨。契丹主移帐于柳林,游骑过石会关,不见唐兵。

【注释】

①吠犬:善于叫的狗。

②跬步：半步，跨一脚。

## 【译文】

壬寅（十六日），石敬瑭率领兵马会合契丹包围晋安寨，在晋安的南面安营扎寨，长一百多里，宽五十里，密布带铃索善叫的狗，人们连半步也不能过去。张敬达等率领的士兵尚有五万人，马有万匹，四面张望不知往哪里去好。甲辰（十八日），张敬达派出使者把打败仗的经过向后唐朝廷报告，此后再没通音信。末帝极为恐惧，派彰圣都指挥使符彦饶率洛阳的步兵、骑兵屯扎在河阳，末帝下诏命天雄节度使兼中书令范延光率领魏州兵两万从邢州青山赶奔榆次，卢龙节度使、东北面招讨使兼中书令北平王赵德钧率领幽州兵从契丹军后面出击，耀州防御使潘环会合西路守戍的兵士从晋州、绛州间的两乳岭出兵慈州、隰州，共同营救晋安寨。契丹主把军帐移到柳林，流动的骑兵过了石会关，没有遇到后唐兵。

## 【原文】

丁未，唐主下诏亲征。雍王重美曰："陛下目疾未平，未可远涉风沙；臣虽童稚①，愿代陛下北行。"帝意本不欲行，闻之，颇悦。张延朗、刘延皓及宣徽南院使刘延朗皆劝帝行，帝不得已，戊申，发洛阳，谓卢文纪曰："朕雅闻卿有相业②，故排众议首用卿，今祸难如此，卿嘉谋皆安在乎③？"文纪但拜谢，不能对。己酉，遣刘延朗监侍卫步军都指挥使符彦饶军赴潞州，为大军后援。诸军自凤翔推戴以来，骄悍不为用④，彦饶恐其为乱，不敢束之以法。

## 【注释】

①童稚：童年。

②雅：素常，向来。

③嘉谋：好的计谋。

④不为用：不听指挥。

## 【译文】

丁未（二十一日），末帝下诏宣布亲征。雍王李重美说："陛下眼疾还没有好，不能长途跋涉到风沙之地，为臣虽然尚在童稚之年，愿意代替陛下去北方征讨。"末帝心里本来不想北行，听了这些话，颇为高兴。张延朗、刘延皓和宣徽南院使刘延朗都劝末帝亲征，末帝不得已，戊申（二十二日），从洛阳出发，对卢文纪说："朕向来听说你有宰相才干，所以排除众议首先任用你，现在遭到如此祸难，你的好谋略都在哪里呢？"卢文纪只是拜谢，不能回答。己酉（二十三日），末帝命刘延朗监督侍卫步军都指挥使符彦饶的部队开赴潞州，为前线晋安寨的大军做后援。诸路军马自从凤翔推戴李从珂以来，日益骄悍不听指挥，符彦饶害怕他们作乱，不敢用法纪来约束他们。

## 【原文】

帝至河阳，心惮北行，召宰相、枢密使议进取方略①，卢文纪希帝旨②，言"国家根本，太半在河南③。胡兵倏来忽往④，不能久留；晋安大寨甚固，况已发三道兵救之。河阳天下津要，车驾宜留此镇抚南北，且遣近臣往督战，苟不能解围，进亦未晚。"张延朗欲因事令赵延寿得解枢务⑤，因曰："文纪言是也。"帝访于馀人⑥，无敢异言者。泽州刺史刘遂凝郢之子也，潜自通于石敬瑭，表称车驾不可逾太行。帝议近臣可使北行者，张延朗与翰林学士须昌和凝等皆曰："赵延寿父德钧以卢龙兵来赴难，宜遣延寿会之。"庚戌，遣枢密使、忠武节度使、随驾诸军都部署、兼侍中赵延寿将兵二万如潞州。辛亥，帝如怀州。以右神武统军康思立为北面行营马军都指挥使，帅扈从骑兵赴团柏谷⑦。思立，晋阳胡人也。

## 【注释】

①进取方略：进攻的方法与谋略。

②希：迎合。

③太半：大半，多半。河南：黄河的南面。

④倏来忽往：倏，极快的；忽，突然。指来去迅速。

⑤枢务：枢府的政务。

⑥访于馀人：向其他的人询问。

⑦扈从：随从。

**【译文】**

末帝到了河阳，心里害怕北行，召集宰相、枢密使讨论进攻的方法与谋略，卢文纪迎合末帝的想法，说："国家的根本，大半在黄河之南。契丹军来去迅速，不能久留；晋安的大寨非常坚固，况且已经派出范延光、赵德钧、潘环三路兵马救援那里。河阳是天下的津渡要路，主上的车驾应该留在这里镇守，安抚南方和北方。可以暂且派近臣前去督战，如果不能解围，再向前进发也不晚。"张延朗想借个因由使赵延寿解除枢府的政务，便说："文纪的意见是对的。"末帝向其他的人询问，没有敢讲不同意见的。泽州刺史刘遂凝，是刘鄩的儿子，暗中和石敬瑭有来往，上表言称车驾不可越过太行山。末帝同他们商议近臣中可派去北边的人。张延朗与翰林学士须昌人和凝等人都说："赵延寿的父亲赵德钧带着卢龙兵马来勤王赴难，应该派赵延寿去与他会合。"庚戌（二十四日），末帝派枢密使、忠武节度使、随驾诸军都部署、兼侍中赵延寿率兵二万人开赴潞州。辛亥（二十五日），末帝到怀州。任命右神武统军康思立为北面行营马军都指挥使，率随从骑兵开赴团柏谷。康思立是晋阳的胡人。

**【原文】**

帝以晋安为忧，问策于群臣，吏部侍郎永清龙敏请立李赞华为契丹主，令天雄、卢龙两镇分兵送之，自幽州趣西楼，朝廷露檄言之①，契丹主必有内顾之忧②，然后选募军中精锐以击之，此亦解围之一策也。帝深以为然，而执政恐其无成，议竟不决。

【注释】

①露檄：发布公告。

②内顾之忧：形容没有妻子，身在外又要顾虑家事。这里指有内部的忧虑。

【译文】

末帝忧虑晋安的形势，向群臣询问对策，吏部侍郎永清人龙敏建议立李赞华为契丹国主，命天雄、卢龙二镇分兵送他归国，从幽州到西楼，朝廷透露了檄文讲出这件事情，契丹主必有内顾不安的忧虑，然后选拔募集军中的精锐之兵攻击他，这也是解围的一种办法。末帝认为这个意见可行，而执政诸人担心不能成功，只是议论竟然做不出决定。

【原文】

帝忧沮形于神色，但日夕酣饮悲歌。群臣或劝其北行，则曰："卿勿言，石郎使我心胆堕地！"

冬，十月壬戌，诏大括天下将吏及民间马①；又发民为兵，每七户出征夫一人，自备铠仗，谓之"义军"，期以十一月俱集，命陈州刺史郎万金教以战陈②，用张延朗之谋也。凡得马二千馀匹，征夫五千人，实无益于用，而民间大扰。

【注释】

①括：搜求。

②战陈：犹"战阵"，指作战的阵势。

【译文】

末帝的忧愁沮丧在神色上表现出来，从早到晚只是酣饮悲歌。群臣有人劝他北行，末帝却说："你不要说了，石郎已经使我的心胆掉落在地上了！"

冬季，十月壬戌（初七），下诏大力搜求天下将吏以及民间的马匹，又发动百姓当兵，每七户出一个征夫，自己准备铠甲兵器，称作"义军"，定期在十一月全部集中，命令陈州刺史郎万金训练他们作战的阵势，这是采用张延朗的谋划。结果只得到马二千余匹，征夫五千人，实在没有多大用处，但民间却因此受到很大骚扰。

## 【原文】

初，赵德钧阴蓄异志，欲因乱取中原，自请救晋安寨。唐主命自飞狐踵契丹后①，钞其部落②，德钧请将银鞍契丹直三千骑③，由土门路西入，帝许之。赵州刺史、北面行营都指挥使刘在明先将兵戍易州，德钧过易州，命在明以其众自随。在明，幽州人也。德钧至镇州，以董温琪领招讨副使，邀与偕行，又表称兵少，须合泽潞兵；乃自吴儿谷趣潞州，癸酉，至乱柳。时范延光受诏将部兵二万屯辽州，德钧又请与魏博军合；延光知德钧合诸军，志取难测，表称魏博兵已入贼境，无容南行数百里与德钧合，乃止。

## 【注释】

①踵：走到。

②钞：同"抄"。

③银鞍契丹直：契丹直，是一支契丹族骑兵部队。古来，中原王朝都有招募能征惯战的边地民族充实军队的传统。后唐屡败契丹军，将俘获的契丹降军组成部队。最多的一次，定州（今属河北）战役后，明宗两败耶律德光，俘获甚多，从中挑选了五千多名健壮精兵充实到"契丹直"中。赵德钧的幽州镇，有一支名为"银鞍契丹直"的骑兵部队。

## 【译文】

起初,赵德钧暗中怀有异志,想乘乱夺取中原,自己请求去救援晋安寨。末帝命他从飞狐道出代州,绕到契丹后面,抄袭其部落,赵德钧请求率领银鞍契丹直三千骑兵,从土门路向西进军,末帝同意了。赵州刺史、北面行营都指挥使刘在明原先领兵戍守易州,赵德钧过易州,命令刘在明带着自己的兵马跟随他。刘在明是幽州人。赵德钧到了镇州,任用董温琪为招讨副使,邀他一起行动。又上表朝廷说自己兵少,要同泽潞的兵力会合;于是从吴儿谷向潞州进发,癸酉(十八日),到达乱柳。当时范延光受诏命率领所属兵士二万人屯驻在辽州,赵德钧又请求与魏博军会合;范延光知道赵德钧会合诸军,其意图难于测料,便上表称魏博的军马已经进入贼境,不能再向南行军数百里与赵德钧会合,赵德钧便停止会合的打算。

## 【原文】

十一月,以赵德钧为诸道行营都统,依前东北面行营招讨使。以赵延寿为河东道南面行营招讨使,以翰林学士张砺为判官。庚寅,以范延光为河东道东南面行营招讨使,以宣武节度使、同平章事李周副之。辛卯,以刘延朗为河东道南面行营招讨副使。赵延寿遇赵德钧于西汤,悉以兵属德钧。唐主遣吕琦赐德钧敕告,且犒军。德钧志在并范延光军,逗留不进①,诏书屡趣之,德钧乃引兵北屯团柏谷口。

## 【注释】

①逗留:中途停留。

## 【译文】

十一月,末帝任命赵德钧为诸道行营都统,依旧任东北面行营招讨使。任命赵延寿为河东道南面行营招讨使,任用翰林学士张砺为判官。庚寅

（初五），任用范延光为河东道东南面行营招讨使，任命宣武节度使、同平章事李周为副使。辛卯（初六），任用刘延朗为河东道南面行营招讨副使。赵延寿在西汤遇到赵德钧，把所统领的兵马全部交给赵德钧。末帝派吕琦赐给赵德钧敕告，并且犒赏军队。赵德钧的意图是要兼并范延光的军队，逗留不肯前进，末帝屡次下达诏书催促他，赵德钧于是率领部队向北屯驻在团柏谷口。

## 【原文】

契丹主谓石敬瑭曰："吾三千里赴难，必有成功。观汝器貌识量，真中原之主也。吾欲立汝为天子。"敬瑭辞让者数四，将吏复劝进，乃许之。契丹主作册书，命敬瑭为大晋皇帝，自解衣冠授之，筑坛于柳林，是日，即皇帝位。割幽、蓟、瀛、莫、涿、檀、顺、新、妫、儒、武、云、应、寰、朔、蔚十六州以与契丹①，仍许岁输帛三十万匹。己亥，制改长兴七年为天福元年，大赦；敕命法制，皆遵明宗之旧②。以节度判官赵莹为翰林学士承旨、户部侍郎、知河东军府事，掌书记桑维翰为翰林学士、礼部侍郎、权知枢密使事，观察判官薛融为侍御史知杂事，节度推官白水窦贞固为翰林学士，军城都巡检使刘知远为侍卫马军都指挥使，客将景延广为步军都指挥使。延广，陕州人也。立晋国长公主为皇后。

## 【注释】

①十六州：即燕云十六州，又称"幽云十六州""幽蓟十六州"。"燕云"一名最早见于《宋史·地理志》。幽、蓟、瀛、莫、涿、檀、顺七州位于太行山北支的东南方，其余九州在山的西北，十六州大致是今北京、天津和河北北部、山西北部的大片土地。石敬瑭把燕云十六州之地献出来，使得契丹的疆域扩展到长城沿线。

②明宗：李嗣源，是五代时期的开明皇帝，其统治时期国家稳定，政治清明，人民休养生息，对历史起了一定的促进作用。

## 【译文】

契丹主对石敬瑭说："我南下三千里帮助你解决危难,必然会成功。看你的器宇容貌和见识气量,真是中原的国主啊。我想立你做天子。"石敬瑭假意辞让了好几次,将吏又反复劝他进大位,于是便答应了。契丹主制作册封的文书,命石敬瑭为大晋皇帝,解下衣服冠冕亲自授给他,在柳林搭筑坛台,就在这一天,即了皇帝之位。割让幽、蓟、瀛、莫、涿、檀、顺、新、妫、儒、武、云、应、寰、朔、蔚十六个州给契丹,仍答应每年输送帛三十万匹与契丹。己亥(十四日),石敬瑭下制令更改长兴七年为天福元年(公元936年),实行大赦;敕命各种法制都遵守明宗时的旧规。任命节度判官赵莹为翰林学士承旨、户部侍郎、知河东军府事,掌书记桑维翰为翰林学士、礼部侍郎、权知枢密使事,观察判官薛融为侍御史知杂事,节度推官白水人窦贞固为翰林学士,军城都巡检使刘知远为侍卫马军都指挥使,客将景延广为步军都指挥使。景延广是陕州人。立晋国长公主为皇后。

# 后汉纪

## 严酷之政

⊙ **导语**

公元947年，刘知远在太原正式建国称帝。刘知远称帝后，立即下令清除境内的契丹势力。

位居邺都留守的杜重威打了败仗后，在契丹引诱下遣使送表，屈膝投降。刘知远称帝后，不惜亲自出征率军进行讨伐，兵临邺都城下逼杜重威归顺。对这位反复无常、生性难驯的邺都叛帅，刘知远在临终前还不时提醒左右"善防重威"，并授意将其诛杀。

刘知远来自沙陀部族，长期生活在军旅之中，既无礼义仁爱之心，更无治国安邦之能。因此，在他统治时期，中原地区政治腐败，社会黑暗，兵灾不止，人民生活在水深火热之中。

【原文】

天福十二年（丁未，公元947年）

逢吉为人，文深好杀。在河东幕府，帝尝令静狱以祈福①，逢吉尽杀狱囚还报。及为相，朝廷草创，帝悉以军旅之事委杨邠、郭威，百司庶务委逢吉及苏禹珪。二相决事，皆出胸臆，不拘旧制。虽事无留滞，而用舍黜陟②，惟其所欲。帝方倚信之，无敢言者。逢吉尤贪诈，公求货财，无所顾避。继母死，不为服；庶兄自外至，不白逢吉而见诸子，逢吉怒，密语郭威，以他事杖杀之。

初，帝与吏部尚书窦贞固俱事晋高祖，雅相知重，及即位，欲以为相，问苏逢吉："其次谁可相者？"逢吉与翰林学士李涛善，因荐之，曰："昔涛乞斩张彦泽，陛下在太原，尝重之，此可相也。"

会高行周、慕容彦超共讨杜重威于邺都，彦超欲急攻城，行周欲缓之以待其弊。行周女为重威子妇，彦超扬言："行周以女故，爱贼不攻。"由是二将不协。帝恐生他变，欲自将击重威，意未决。涛上疏请亲征。帝大悦，以涛有宰相器。九月，甲戌，加逢吉左仆射兼门下侍郎，苏禹珪右仆射兼中书侍郎，贞固司空兼门下侍郎，涛户部尚书兼中书侍郎，并同平章事。

## 【注释】

①尝：曾。

②黜陟：罢免或升迁。

## 【译文】

天福十二年（丁未，公元947年）

苏逢吉为人，用法苛严、喜好杀戮。在河东幕府时，后汉高祖曾经命他"静狱"来祈求福祐，苏逢吉将狱中囚犯都杀死后回来报告。等苏逢吉做到宰相时，朝廷才刚刚建立，高祖将一切军务都委交给杨邠、郭威，各部的事务委交给苏逢吉和苏禹珪。这两位宰相决断事务，都根据自己的想法，不拘泥于旧有的典章制度；虽然事情没有被耽搁滞留，但他们的任用舍弃、罢免升迁，只是随心所欲而已。当时高祖正依靠、信任他们，没有人敢说他们。苏逢吉尤其贪婪奸诈，公开索取钱财，毫无顾忌避讳。他的继母死后，他不为继母服丧；他的异母哥哥从外地归来，没禀报他就去看各个侄子，苏逢吉十分恼怒，私下告诉郭威，以其他事由将哥哥用杖打死。

当初，后汉高祖和吏部尚书窦贞固都在后晋高祖处供职，他们互相了解并敬重对方，等到后汉高祖当了皇帝，想任命窦贞固为宰相，就问苏逢吉道:"除了你之外,还有谁能做宰相呢?"苏逢吉和翰林学士李涛交好,于是就推荐李涛,说:"过去李涛请求斩掉张彦泽,陛下在太原时,曾经看重他,此人可以做宰相。"

正好高行周、慕容彦超到邺都共同讨伐杜重威,慕容彦超想要加紧攻城,但是高行周想要放慢进攻来等待敌人的漏洞。高行周的女儿是杜重威的儿媳,慕容彦超扬言道:"高行周是因为他女儿的缘故,所以爱护敌人而不发动进攻。"从此他们二人不和。高祖怕生出别的变故,就想亲自去攻打杜重威,但是还没拿定主意。李涛上疏请求皇帝御驾亲征。高祖十分高兴,认为李涛有宰相的才器。九月甲戌(二十三日),苏逢吉加官为左仆射兼门下侍郎,苏禹珪加官为右仆射兼中书侍郎,窦贞固加官为司空兼门下侍郎,李涛加官为户部尚书兼中书侍郎,都为同平章事。

## 【原文】

戊戌,帝至邺都城下,舍于高行周营。行周言于帝曰:"城中食未尽,急攻,徒杀士卒,未易克也。不若缓之,彼食尽自溃。"帝然之。慕容彦超数因事陵轹行周,行周泣诉于执政,掬粪壤实其口,苏逢吉、杨邠密以白帝。帝深知彦超之曲,犹命二臣和解之。又召彦超于帐中责之,且使诣行周谢。

杜重威声言车驾至即降,帝遣给事中陈观往谕指①,重威复闭门拒之。城中食浸竭,将士多出降者。慕容彦超固请攻城,帝从之。丙午,亲督诸将攻城,自寅至辰,士卒伤者万余人,死者千余人,不克而止。彦超乃不敢复言。

初,契丹留幽州兵千五百人戍大梁。帝入大梁,或告幽州兵将为变,帝尽杀之于繁台之下。乃围邺都,张琏将幽州兵二千助重威拒守,帝屡遣人招谕,许以不死。琏曰:"繁台之卒,何罪而戮?今守此,以死为期耳。"由是城久不下。十一月,丙辰,内殿直韩训献攻城之具,帝曰:"城之所恃者,众心耳。众心苟离,城无所保,用此何为!"

杜重威之叛，观察判官金乡王敏屡泣谏，不听。及食竭力尽，甲戌，遣敏奉表出降。乙亥，重威子弘琏来见；丙子，妻石氏来见。石氏，即晋之宋国长公主也，帝复遣入城。丁丑，重威开门出降，城中馁死者什七八，存者皆尪瘠无人状②。张琏先邀朝廷信誓，诏许以归乡里。及出降，杀琏等将校数十人，纵其士卒北归。将出境，大掠而去。

郭威请杀重威牙将百余人，并重威家赀籍之以赏战士，从之。以重威为太傅兼中书令、楚国公。重威每出入，路人往往掷瓦砾诟之。

臣光曰：汉高祖杀幽州无辜千五百人，非仁也；诱张琏而诛之，非信也；杜重威罪大而赦之，非刑也。仁以合众，信以行令，刑以惩奸，失此三者，何以守国！其祚运之不延也，宜哉！

## 【注释】

①谕：旧时上告下的通称。

②瘠：身体瘦弱。

## 【译文】

戊戌（十七日），高祖来到邺都城下，在高行周的军营中住了下来。高行周对高祖说："城中粮食未尽，现在猛攻，只是白白地损失士卒，不容易攻克城池，不如慢慢围困它，城中粮食吃光了，敌人自然就会溃败的。"后汉高祖认为他说得对。慕容彦超屡次寻找事端凌辱高行周，高行周向执政大臣哭诉，慕容彦超将粪土塞进他的嘴里，苏逢吉、杨邠将这个情况密报给了高祖。高祖深知慕容彦超理屈，但仍然命令两位大臣和解；高祖又把慕容彦超召到营帐里责备，并让他去向高行周道歉。

杜重威曾声称后汉高祖的车驾到达就投降，高祖派遣事中陈观前去宣布旨意，杜重威却又关闭城门拒绝投降。城中粮食渐渐被吃光了，将士多有出城投降的。慕容彦超坚持请求攻城，后汉高祖同意了他的请求。丙午（二十五日），高祖亲自监督众将攻城，从寅时攻到辰时，士卒伤了一万多人，死了一千多人，却仍然未能攻下城池，后汉高祖收兵。慕容彦超于是不敢再说攻城。

当初，契丹留下幽州兵一千五百人守卫大梁。高祖进入大梁后，有人密报说幽州兵将要发动兵变，高祖将在繁台下面的所有幽州兵都杀死了。如今围困邺都，张琏率领幽州兵两千人帮助杜重威拒守，后汉高祖屡次派人劝谕招降，许诺不杀他们。张琏说："繁台下面的幽州士兵，有什么罪而要遭到杀戮呢？现在坚守此城，只求一死。"因此城池久攻不下。十一月丙辰（初六），内殿直韩训进献攻城的器械，高祖说："守城所倚仗的，不过是众人的心罢了。如果众人离心离德，城池就没有人保卫了，还用这些器械干什么啊！"

杜重威背叛后汉，观察判官金乡人王敏屡次哭泣着劝谏，杜重威不听从他的话。等到粮食吃光、气力用尽时，甲戌（二十四日），杜重威派王敏出城奉上降表。乙亥（二十五日），杜重威的儿子杜弘琏前来朝见；丙子（二十六日），杜重威的妻子石氏前来朝见。石氏就是后晋的宋国长公主。后汉高祖再次派人将他们送回城中。丁丑（二十七日），杜重威大开城门，出城投降，这时，城中的人十有七八都饿死了，活着的也都骨瘦如柴没有人样。张琏先要求朝廷遵守信用发誓，后汉高祖下诏令允许士兵返归家乡，等到出去投降以后，高祖杀死了张琏等将领军校几十人；释放其他士兵北归家乡，那些幽州兵将要离开魏州地界时，大肆抢掠而去。

郭威请求杀死杜重威的一百多名牙将，并抄没杜重威家中的资财赏给战士们，高祖同意了他的请求。高祖任命杜重威为太傅兼中书令、楚国公。杜重威每次出入，路上的人经常向他扔碎砖烂瓦诟骂他。

臣司马光说：后汉高祖杀害无辜的幽州士卒一千五百人，这是不讲仁义；引诱张琏投降而又杀死他，这是不讲信用；杜重威罪刑严重却赦免了他，这是不讲刑罚。仁义是用来团结大众的，信用是用来执行命令的，刑罚是用来惩罚奸佞的。失掉这三者，还凭借什么守卫国家！他的皇位不能够延续，也是理所当然的啊！

# 后周纪

## 高平之战

⊙ **导语**

五代十国时期,继后梁、后唐、后晋、后汉四个短命朝代之后,郭威建立了后周,虽然历史极短促,但在历史趋势上却出现了转机。周朝整顿纲纪,减轻民困,准备统一,改革了五代不少的积弊,开辟了统一全国的道路,推动社会向前发展。高平之战发生于公元954年,这时周世宗刚继位,北汉主刘崇勾结辽国,大举入侵。周军与北汉军决战于高平,后周大胜。这是决定存亡的一次战争,具有重要意义,它稳固了历史逐渐向统一方向发展的趋势。

【原文】

显德元年(甲寅,公元954年)

北汉主闻太祖晏驾①,甚喜,谋大举入寇,遣使请兵于契丹②。二月,契丹遣其武定节度使、政事令杨衮将万馀骑如晋阳③。北汉主自将兵三万④,以义成节度使白从晖为行军都部署,武宁节度使张元徽为前锋都指挥使,与契丹自团柏南趣潞州⑤。

【注释】

①北汉主:即刘崇,本为后汉河东节度使,郭威即位建立后周后,他在晋阳称帝,史称北汉。太祖:后周太祖郭威。晏驾:指帝王去世。

②契丹：北部少数民族契丹族所建立的契丹国。

③如：到，往。

④将兵：率领军队。

⑤趣：奔赴。

## 【译文】

显德元年（甲寅，公元954年）

北汉主听说后周太祖去世的消息，极为高兴，图谋大举入侵后周，于是派遣使者到契丹请求出兵。二月，契丹派遣它的武定节度使、政事令杨衮率领一万多骑兵到晋阳。北汉主亲自领兵三万，任命义成节度使白从晖为行军都部署，武宁节度使张元徽为前锋都指挥使，与契丹军队一起从团柏南下奔赴潞州。

## 【原文】

北汉兵屯梁侯驿，昭义节度使李筠遣其将穆令均将步骑二千逆战①，筠自将大军壁于太平驿②。张元徽与令均战，阳不胜而北③，令均逐之，伏发④，杀令均，俘斩士卒千馀人。筠遁归上党，婴城自守⑤。筠，即李荣也，避上名改焉。

## 【注释】

①逆战：迎战。逆，迎。

②壁：安营扎寨。

③阳：通"佯"。假装。北：败退。

④伏发：伏兵突然出击。

⑤婴城：环城固守。

## 【译文】

北汉刘崇的部队驻扎在梁侯驿，昭义节度使李筠派他的属将穆令均率领两千步兵和骑兵迎战，李筠自己率领大军驻扎在太平驿。张元徽与穆令均交战，假装打败仓惶而逃，穆令均紧追不舍，张元徽埋伏的人马突然出击，杀死穆令均，俘虏斩杀后周士兵一千多人。李筠逃回上党，坚城自守。李筠就是李荣，为避世宗柴荣的名讳而改了名。

## 【原文】

世宗闻北汉主入寇①，欲自将兵御之，群臣皆曰："刘崇自平阳遁走以来，势蹙气沮②，必不敢自来。陛下新即位，山陵有日③，人心易摇，不宜轻动，宜命将御之。"帝曰："崇幸我大丧④，轻朕年少新立，有吞天下之心，此必自来，朕不可不往。"冯道固争之⑤，帝曰："昔唐太宗定天下，未尝不自行，朕何敢偷安⑥。"道曰："未审陛下能为唐太宗否⑦？"帝曰："以吾兵力之强，破刘崇如山压卵耳！"道曰："未审陛下能为山否？"帝不悦。惟王溥劝行⑧，帝从之。

## 【注释】

①世宗：周世宗柴荣。

②蹙：穷，困。沮：颓丧。

③山陵：山岳与高原，因其高而固用来比喻帝王。

④幸：庆幸。大丧：帝王、皇后及其嫡长子的丧礼。此指后周太祖的去世。

⑤冯道：时为太师、中书令。固：固执。

⑥偷安：不顾将来，只求眼前安全。

⑦审：详知，明悉。

⑧王溥：时为中书侍郎、同平章事。

## 【译文】

后周世宗柴荣得知北汉主率兵入侵的消息后,准备亲自率领军队抗击,大臣们都说:"刘崇从平阳逃跑以来,势力大减,士气沮丧,一定不敢亲自来。君主刚刚继位,得天下不久,人心容易动摇,不宜轻举妄动,应该派遣将帅去抵御。"世宗说:"刘崇乘我父丧之机入侵我们,他这是轻视我年少新即位,有吞并天下的野心,这次他必定会亲自来,我不能不去。"太师冯道再三争执,世宗说:"过去唐太宗平定天下,没有不亲自出征的,我怎么敢苟且偷安。"冯道说:"不知道陛下是否能成为唐太宗?"世宗说:"以我军强大的兵力,打败刘崇如同用大山压鸡蛋一般。"冯道说:"不知道陛下是否能成为大山?"世宗很不高兴。只有王溥一人支持世宗出征,世宗就按王溥的意见行动了。

## 【原文】

北汉乘胜进逼潞州。丁丑,诏天雄节度使符彦卿引兵自磁州固镇出北汉军后,以镇宁节使度郭崇副之①;又诏河中节度使王彦超引兵自晋州东北邀北汉军②,以保义节度使韩通副之;又命马军都指挥使宁江节度使樊爱能、步军都指挥使清淮节度使何徽、义成节度使白重赞、郑州防御使史彦超、前耀州团练使符彦能将兵先趣泽州,宣徽使向训监之③。重赞,宪州人也。

## 【注释】

①副:做副帅。
②邀:半路拦截。
③监:监督、监视。

## 【译文】

北汉的军队乘胜向潞州逼近。丁丑(初三),世宗命天雄节度使符彦卿领兵从磁州固镇出击北汉军队的背后，任命镇宁节度使郭崇为副帅，同时诏令河中节度使王彦超率兵从晋州的东北拦截北汉的军队，任命保义节度使韩通为副帅；又任命马军都指挥使、宁江节度使樊爱能，步军都指挥使、清淮节度使何徽，义成节度使白重赞，郑州防御使史彦超，前耀州团练使符彦能带领军队率先奔赴泽州，宣徽使向训监督各部队的行动。白重赞是宪州人。

**【原文】**

乙酉，帝发大梁①；庚寅，至怀州。帝欲兼行速进②，控鹤都指挥使真定赵晁私谓通事舍人郑好谦曰："贼势方盛③，宜持重以挫之④。"好谦言于帝，帝怒曰："汝安得此言！必为人所使，言其人则生，不然必死。"好谦以实对，帝命并晁械于州狱⑤。壬辰，帝过泽州，宿于州东北。

**【注释】**

①大梁：后周都城，即今开封。
②兼行：加倍赶路。
③方：正，正当。
④持重：慎重，稳重。挫：挫败。
⑤械：用刑具拘系。

**【译文】**

乙酉（十一日），世宗从大梁出发，庚寅（十六日），到达怀州。世宗想日夜兼程快速进军，控鹤都指挥使真定人赵晁私下对通事舍人郑好谦说："眼下敌人气势正旺盛，应慎重进兵，以此挫败敌人的锐气。"郑好谦把这话告诉了世宗，世宗发怒说："你从哪里听来的这种话！一定是他人唆使你这样说的，说出那人就饶你性命，不然的话只有死路一条。"

郑好谦只好说出实情,世宗下令将他和赵晁一同拘押在怀州狱中。壬辰(十八日),世宗率军经过泽州,就驻扎在泽州城的东北。

## 【原文】

北汉主不知帝至,过潞州不攻,引兵而南,是夕,军于高平之南①。癸巳,前锋与北汉军遇,击之,北汉兵却②;帝虑其遁去,趣诸军亟进③。北汉主以中军陈于巴公原,张元徽军其东,杨衮军其西,众颇严整。时河阳节度使刘词将后军未至,众心危惧,而帝志气益锐④,命白重赞与侍卫马步都虞候李重进将左军居西,樊爱能、何徽将右军居东,向训、史彦超将精骑居中央,殿前都指挥使张永德将禁兵卫帝⑤。帝介马自临陈督战。

## 【注释】

①军:驻扎。

②却:退却。

③趣:催促。亟:急速,赶快。

④益:更加。

⑤张永德:后周太祖女婿,跟随周世宗征伐北汉、南唐,战功卓著。

## 【译文】

北汉主不知道世宗率兵到达了这里,所以经过潞州时没有进攻而绕了过去,率领军队向南去了,这天晚上,军队驻扎在高平城南。癸巳(十九日),后周的前锋部队与北汉军队相遇,便攻打他们,北汉军队退却。世宗怕敌军逃走,督促各路部队急速前进。北汉主把中军布置在巴公原,张元徽率部在东边,杨衮率部在西边,队伍十分严整。此时,周将河阳节度使刘词所率的后续部队还未到达,大家都感到危险惧怕,而此时世宗斗志却更加的坚定,命令白重赞与侍卫马步都虞候李重进率领左路军在西边,樊爱能、何徽率领右路军在东边,向训、史彦超率领精锐骑兵在中央,殿前都指挥使张永德率领禁兵护卫世宗。世宗骑着披甲的战马亲自临阵督战。

## 【原文】

北汉主见周军少，悔召契丹，谓诸将曰："吾自用汉军可破也，何必契丹！今日不惟克周，亦可使契丹心服。"诸将皆以为然。杨衮策马前望周军，退谓北汉主曰："勍敌也，未可轻进！"北汉主奋髯曰："时不可失，请公勿言，试观我战。"衮默然不悦。时东北风方盛，俄而忽转南风，北汉副枢密使王延嗣使司天监李义白北汉主云："时可战矣。"北汉主从之。枢密直学士王得中扣马谏曰①："义可斩也！风势如此，岂助我者邪！"北汉主曰："吾计已决，老书生勿妄言，且斩汝！"麾东军先进，张元徽将千骑击周右军。

## 【注释】

①扣马：牵马使停下来。谏：直言规劝，使改正错误。

## 【译文】

北汉主见后周军队人数少，后悔召来契丹军，他对诸将说："我只用汉家军队就可以打败周军，何必再用契丹军！今天不但可以战胜周军，并且还可以让契丹心悦诚服。"诸将都认为他说得对。杨衮策马上前观望北周的军队，退回来对北汉主说："周军是劲敌啊，不可冒然出击！"北汉主愤然说道："机不可失，请你不要说了，试看我出战。"杨衮沉默不快。这时东北风正大，一会儿忽然转成南风，北汉副枢密使王延嗣让司天监李义禀报北汉主说："现然可以开战了。"北汉主听从所言。枢密直学士王得中牵住北汉主的马劝谏说："李义当斩！这样的风向，哪里是在帮助我军呢！"北汉主说："我的主意已定，老书生不要胡言乱语，再说就杀了你！"于是指挥东面军队首先发起进攻，张元徽率领一千骑兵攻击北周右路的军队。

## 【原文】

　　合战未几①，樊爱能、何徽引骑兵先遁，右军溃；步兵千馀人解甲呼万岁，降于北汉。帝见军势危，自引亲兵犯矢石督战。太祖皇帝时为宿卫将②，谓同列曰："主危如此，吾属何得不致死！"又谓张永德曰："贼气骄，力战可破也！公麾下多能左射者，请引兵乘高出为左翼，我引兵为右翼以击之。国家安危，在此一举！"永德从之，各将二千人进战。太祖皇帝身先士卒，驰犯其锋，士卒死战，无不一当百，北汉兵披靡。内殿直夏津马仁瑀谓众曰："使乘舆受敌③，安用我辈！"跃马引弓大呼④，连毙数十人，士气益振。殿前右番行首马全义言于帝曰："贼势极矣⑤，将为我擒，愿陛下按辔勿动⑥，徐观诸将破之。"即引数百骑进陷陈⑦。

## 【注释】

①未几：不久。

②太祖皇帝：指宋太祖赵匡胤，此时仕于后周。

③乘舆：皇帝乘坐的车子，借指皇帝。

④引弓：拉开弓。

⑤极：到达尽头，尽。

⑥按辔：扣紧马缰，使马慢走。辔，马缰。

⑦陷陈：深入敌阵。

## 【译文】

　　交战不久，樊爱能、何徽就领着骑兵首先逃跑了，右路军溃散，一千多步兵脱下盔甲高呼万岁，投降了北汉。世宗见军情危急，亲自率领亲兵冒着流矢飞石督战。宋太祖赵匡胤当时是后周的宿卫将领，这时他对同伴们说："主上如此危险，我等怎能不拼死力战！"又对张永德说："敌人只不过气焰嚣张，只要我们全力作战就可以打败他们！你的部下中有许多能左手射箭的士兵，请领兵登上高处从左翼攻击敌人，我领兵作为右翼进攻敌军。国家安危存亡，就在此一举！"张永德听从了赵匡胤的指挥，各自率领两千人进行战斗。太祖赵匡胤身先士卒，策马冲向北汉的前锋，士兵们都拼力死战，无不以一挡百，北汉军队四处逃散。内殿直夏津人马仁瑀对众人说："如果让皇上受到敌人的攻击，那还用我们干什么！"策马飞奔，拉弓射敌，大声呼喊，连续击敌数十人，后周军队的士气更加振奋。殿前右番行首马全义对世宗说："敌军气势已经尽了，就要被我们擒获，请陛下抓住马缰别动，慢慢观看众将如何打败敌军。"随即带领数百名骑兵冲进敌阵。

## 【原文】

北汉主知帝自临陈，褒赏张元徽，趣使乘胜进兵①。元徽前略陈②，马倒，为周兵所杀。元徽，北汉之骁将也，北军由是夺气③。时南风益盛，周兵争奋，北汉兵大败，北汉主自举赤帜以收兵，不能止。杨衮畏周兵之强，不敢救，且恨北汉主之语，全军而退④。

## 【注释】

①趣：催促。

②略陈：攻阵。

③夺气：慑于威势，丧失胆气。

④全军：保全队伍。

## 【译文】

北汉主得知世宗亲临战场，便嘉奖重赏张元徽，催促他乘胜进军。张元徽上前攻阵，坐骑摔倒，被后周士兵杀了。张元徽是北汉的一员猛将，北汉军队由此丧失了士气。这时南风越刮越大，后周士兵人人奋勇争先，北汉兵大败。北汉主亲自举红旗收集败阵的人马，但还是不能阻止士兵的溃散。杨衮畏惧后周军队的强大，不敢来救援，而且嫉恨北汉主的大话，便保全自己的部队撤退了。

**【原文】**

樊爱能、何徽引数千骑南走，控弦露刃①，剽掠辎重②，役徒惊走，失亡甚多。帝遣近臣及亲军校追谕止之，莫肯奉诏，使者或为军士所杀，扬言："契丹大至，官军败绩③，馀众已降虏矣。"刘词遇爱能等于涂，爱能等止之，词不从，引后而北。时北汉主尚有馀众万馀人，阻涧而陈④，薄暮⑤，词至，复与诸军击之，北汉兵又败，杀王延嗣，追至高平，僵尸满山谷，委弃御物及辎重、器械、杂畜不可胜纪。

**【注释】**

①控弦露刃：拉满弓，露出刀刃。

②剽掠：抢劫掠夺。辎重：军用物资。

③败绩：军队溃败。

④阻涧：隔着山涧。陈：列阵。

⑤薄暮：接近日落，傍晚。

**【译文】**

樊爱能、何徽带领数千骑兵向南溃逃，箭上弦、刀出鞘，抢劫军用物资，负责运送的役徒惊慌奔逃，走失、死亡的很多。世宗派身边的大臣和军校追赶他们，去宣命制止他们抢掠，但没有人肯接受诏令，派去的人有的被士兵杀死，他们还扬言："契丹的大军来了，官军溃败，其他的人都已投降做俘虏了。"刘词在路上遇见樊爱能等人，樊爱能等劝阻他，刘词不听，率领军队继续向北。当时北汉主还有余部一万多人，凭借山涧摆下阵式，傍晚，刘词到达，又联合各军进攻，北汉军队又被击败，后周军杀死了王延嗣，一直追击北汉溃败的人马到高平，僵卧的尸体布满山谷，丢弃的皇帝专用物品以及军用物资、用具、各种牲畜不计其数。

## 【原文】

是夕，帝宿于野次①，得步兵之降敌者，皆杀之。樊爱能等闻周兵大捷，与士卒稍稍复还②，有达曙不至者。甲午，休兵于高平，选北汉降卒数千人为效顺指挥，命前武胜行军司马唐景思将之，使戍淮上③，馀二千馀人赐赍装纵遣之④。李谷为乱兵所迫，潜窜山谷，数日乃出。丁酉，帝至潞州。

## 【注释】

①野次：野外。

②稍稍：逐渐。

③戍：防守。

④赍装：路费服装。纵遣：释放遣归。

## 【译文】

这天晚上，世宗在野外宿营，碰到投降敌人的步兵，把他们都杀了。樊爱能等听说后周大捷，才同士卒逐渐回来，有的至天亮还没有到。甲午（二十日），世宗在高平休整部队，挑选北汉投降的几千名士卒组成效顺指挥，任命前武胜行军司马唐景思率领，派他们戍守淮上，其余二千多人发给路费和衣服释放遣送回北汉。李谷被乱兵逼迫，潜逃山谷之中，数日之后才出来。丁酉（二十三日），世宗到达潞州。

## 【原文】

北汉主自高平被褐戴笠①，乘契丹所赠黄骝②，帅百馀骑由雕窠岭遁归，宵迷，俘村民为导，误之晋州③，行百馀里，乃觉之，杀导者。昼夜北走，所至，得食未举箸④，或传周兵至，辄苍黄而去⑤。北汉主衰老力惫，伏于马上，昼夜驰骤⑥，殆不能支⑦，仅得入晋阳。

## 【注释】

①被褐：穿着粗布衣服。

②黄骝：一种骏马。

③之：去，往。

④举箸：拿起筷子。箸，筷子。

⑤辄：就。苍黄：急遽，慌张。

⑥驰骤：疾奔。

⑦殆：几乎，近乎于。

## 【译文】

北汉主从高平起就穿着粗布衣服，戴着斗笠，乘着契丹赠送的黄骝马，率领一百多个骑兵从雕窠岭逃往北汉，夜晚迷失了道路，抓来村民做向导，错向晋州行走，走了一百多里才发觉，于是杀死向导。北汉主日夜兼程向北奔逃，刚到一处，得到食物还未来得及举起筷子，有人传言后周的追兵到了，就又丢下筷子仓皇逃走。北汉主年老体衰，伏在马上，日夜疾驰，身体几乎不能支撑了，才勉强到了晋阳。

## 【原文】

帝欲诛樊爱能等以肃军政①，犹豫未决。己亥，昼卧行宫帐中②，张永德侍侧，帝以其事访之，对曰："爱能等素无大功，骤冒节钺③，望敌先逃，死未塞责④。且陛下方欲削平四海，苟军法不立，虽有熊罴之士⑤，百万之众，安得而用之！"帝掷枕于地，大呼称善。即收爱能、徽及所部军使以上七十馀人，责之曰："汝曹皆累朝宿将，非不能战，今望风奔遁者，无他，正欲以朕为奇货，卖与刘崇耳⑥！"悉斩之。帝以何徽先守晋州有功，欲免之，既而以法不可废，遂并诛之，而给榇车归葬⑦。自是骄将惰卒始知所惧，不行姑息之政矣。

## 【注释】

①樊爱能等：樊为后周马军都指挥使，何徽为步军都指挥使。肃：严肃，整肃。

②行宫：京城以外供帝王出行时居住的宫殿。

③忝：有愧于。节钺：古代朝廷所用的信物。节，符节；钺，大斧。

④塞责：尽责。

⑤熊罴：熊和罴为两种猛兽，借以比喻勇士。

⑥刘崇：郭威（即后周太祖）弑后汉隐帝后，立河东节度使兼中书令刘崇之子为帝，后废之自立，刘崇于是在晋阳称帝，史称北汉。

⑦给槚车：运载棺木的车子。

## 【译文】

世宗想杀掉樊爱能等人以正军法，却又犹豫未决。己亥（二十五日），白天躺在行宫的帐篷中，张永德侍立在旁边，世宗询问他对此事的想法，张永德回答说："樊爱能等人平常就没有什么大功，白当了一方将帅，望见敌人首先逃跑，死也抵塞不了他们的罪责。况且陛下正想平定四海，一统天下，如果军法不严明，即使有勇猛之士，百万大军，又怎能为陛下所用！"世宗把枕头扔到地上，大声称好。随即拘捕了樊爱能、何徽以及他们部队军使以上的军官七十多人，斥责他们说："你们都是历朝的老将，不是不能打仗，如今望风而逃，没有别的原因，正是想将朕当作珍稀货物，出卖给刘崇罢了！"随即下令将他们全部斩首。世宗因何徽先前守卫晋州有功，于是想赦免他，但马上又认为军法不可废弃，于是将他一起斩首了，之后赐给运载棺木的车子将他送回老家安葬。从此骄横的将领、懈怠的士卒开始知道军法的可怕，姑息养奸的政令再也行不通了。

## 【原文】

庚子，赏高平之功，以李重进兼忠武节度使，向训兼义成节度使，张永德兼武信节度使，史彦超为镇国节度使。张永德盛称太祖皇帝之智勇，帝擢太祖皇帝为殿前都虞候①，领严州刺史②，以马仁瑀为控鹤弓箭直指挥使，马全义为散员指挥使；其馀将校迁拜者凡数十人③，士卒有自行间擢主军厢者④。释赵晁之囚。

【注释】

①擢：提拔。

②领：兼任。

③迁拜：升官。

④行间：即行伍间，古代军队编制，五人为伍，二十五人为行。军厢：古代军队的编制，诸军两厢。

【译文】

庚子（二十六日），赏赐高平战役中的有功人员，任命李重进兼忠武节度使，向训兼义成节度使，张永德兼武信节度使，史彦超为镇国节度使。张永德极力称赞赵匡胤的机智勇敢，后周世宗提拔赵匡胤为殿前都虞候，兼任严州刺史，任命马仁瑀为控鹤弓箭直指挥使，马全义为散员指挥使；其余将校升职的有几十人，士兵有从行伍中提拔担任军厢统帅的。解除对赵晁的禁囚。

【原文】

北汉主收散卒，缮甲兵，完城堑以备周。杨衮将其众北屯代州①。

【注释】

①代州：即今忻州市代县，位于山西省东北部，北踞北岳恒山余脉，南跨佛教圣地五台山麓。

## 【译文】

北汉主刘崇收拾残兵,修缮武器装备,加固城池守卫工事以此防备后周。杨衮率领他的部众北上屯驻代州。

全注全译资治通鉴